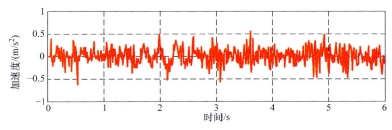

图 7-30 实测加速度信号

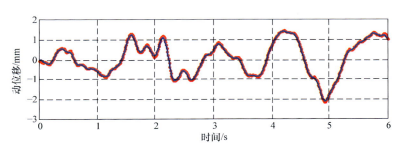

图 7-31 混合积分结果与位移传感器结果对比

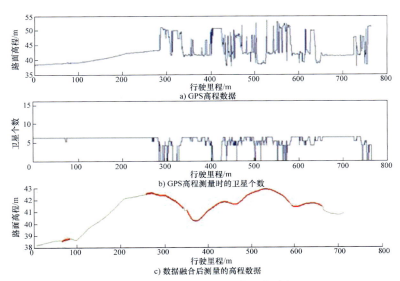

图 7-33 数据融合后的路面大波长

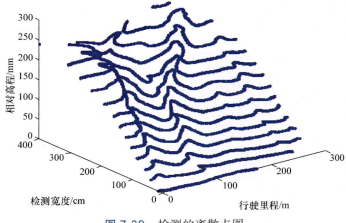

图 7-39 检测的离散点图

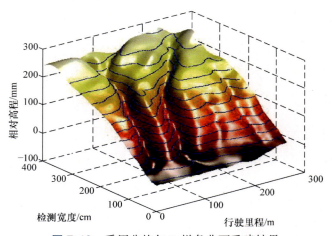

图 7-40 采用非均匀 B 样条曲面重建结果

智能交通研究与开发丛书

车载道路智能检测技术与装备

马 建 宋宏勋 王建锋 冯 镇 著

机械工业出版社

本书是一部全面阐述车载道路智能检测理论与技术的专著，是作者近30年研究成果的总结。书中从道路光电检测理论与方法入手，研究了路面平整度、车辙、抗滑、路面损坏等路面状况的高效率、高精度检测理论与方法，在精确获取路面横断面和纵断面的基础上提出了三维路面重构方法，构建了三维数字路面，开发了车载智能检测装备，通过试验和产业化应用验证了所开发检测装备的性能。

本书适合从事道路检测养护管理、相关专用车辆设计的技术人员以及相关专业硕士、博士研究生阅读，为其开展相关研究、工程应用提供参考。

图书在版编目（CIP）数据

车载道路智能检测技术与装备/马建等著. —北京：机械工业出版社，2022.9

（智能交通研究与开发丛书）

ISBN 978-7-111-71519-1

Ⅰ.①车… Ⅱ.①马… Ⅲ.①道路工程 - 光电检测 Ⅳ.①U41

中国版本图书馆 CIP 数据核字（2022）第 163408 号

机械工业出版社（北京市百万庄大街22号　邮政编码100037）

策划编辑：李　军　　　　责任编辑：李　军　王　婕
责任校对：李　杉　王明欣　封面设计：张　静
责任印制：单爱军
北京虎彩文化传播有限公司印刷
2023年1月第1版第1次印刷
169mm×239mm・21 印张・3 插页・433 千字
标准书号：ISBN 978-7-111-71519-1
定价：199.00元

电话服务　　　　　　　　　网络服务
客服电话：010-88361066　　机 工 官 网：www.cmpbook.com
　　　　　010-88379833　　机 工 官 博：weibo.com/cmp1952
　　　　　010-68326294　　金 书 网：www.golden-book.com
封底无防伪标均为盗版　　　机工教育服务网：www.cmpedu.com

前言

车载道路智能检测技术是以专用车辆为载体平台，利用激光、图像、惯性导航等多源信息传感器获取路面数据信息，利用信号处理、信息融合等方法实现路面技术状况快速检测和评价的技术。作者及团队在道路智能检测理论方面开展了大量的研究，提出了系统的车载道路智能检测理论，开发了系列化道路智能检测装备，建成了比较完整的高效率、高精度道路状况智能检测技术体系。

本书共10章，第1~2章在总结道路智能检测技术特点的基础上研究了道路光电检测理论与方法；第3~6章研究车载路面平整度、车辙、抗滑以及损坏检测理论与技术；第7章研究车载三维数字路面检测技术；第8~10章研究道路检测车及检测系统总布置、智能检测装备与道路检测车开发、车载道路智能检测技术及装备试验。

本书是在总结作者科研团队研究成果的基础上完成的。第1~7章和第9~10章由马建、宋宏勋、王建锋撰写，第8章由宋宏勋、冯镇撰写。全书由马建和王建锋统稿。

道路智能检测技术与装备涉及多个学科，基础知识面广，整体技术复杂，受作者能力和认知的局限，书中错误与疏漏在所难免，希望读者批评指正。

马 建
2022年11月

目录

前言
第1章 绪论 ………………………………………………………………………… 1
  1.1 研究概述 ……………………………………………………………………… 1
  1.2 道路检测需求 ………………………………………………………………… 2
  1.3 道路智能检测特点 …………………………………………………………… 3
    1.3.1 技术特点 ……………………………………………………………… 3
    1.3.2 装备要求 ……………………………………………………………… 3
第2章 道路光电检测理论与方法 ………………………………………………… 4
  2.1 基于激光与图像的位移检测基本原理 ……………………………………… 4
  2.2 光学成像测量基本理论 ……………………………………………………… 6
    2.2.1 三维物空间光学成像测量理论 ……………………………………… 6
    2.2.2 二维物空间光学成像测量理论 ……………………………………… 10
    2.2.3 一维物空间光学成像测量理论 ……………………………………… 11
  2.3 激光路面位移检测理论 ……………………………………………………… 13
    2.3.1 激光位移检测理论 …………………………………………………… 13
    2.3.2 线激光位移检测理论 ………………………………………………… 14
    2.3.3 对称式激光位移检测理论 …………………………………………… 16
  2.4 路面检测光电传感器 ………………………………………………………… 22
    2.4.1 一维数字图像传感器 ………………………………………………… 22
    2.4.2 二维数字图像传感器 ………………………………………………… 24
  2.5 测距定位传感器技术 ………………………………………………………… 25
    2.5.1 光电编码器 …………………………………………………………… 25
    2.5.2 惯性导航系统 ………………………………………………………… 27
    2.5.3 全球定位系统 ………………………………………………………… 27
    2.5.4 多传感器融合 ………………………………………………………… 28
  2.6 路面光电图像检测关键技术 ………………………………………………… 30
第3章 车载路面平整度检测技术 ………………………………………………… 31
  3.1 路面平整度定义及动力学意义 ……………………………………………… 31
    3.1.1 路面平整度定义 ……………………………………………………… 31

3.1.2　路面平整度动力学意义 …………………………………… 32
3.2　国际平整度指数 ………………………………………………… 33
　　3.2.1　国际平整度指数模型 ………………………………………… 34
　　3.2.2　国际平整度指数计算方法 …………………………………… 34
　　3.2.3　国际平整度指数的特点及其影响因素 ……………………… 36
3.3　路面高程测量方法 ……………………………………………… 40
　　3.3.1　水准测量 ……………………………………………………… 40
　　3.3.2　全站仪高程测量 ……………………………………………… 41
　　3.3.3　GPS 和多传感器融合测量 …………………………………… 46
3.4　惯性基准路面平整度检测技术 ………………………………… 51
　　3.4.1　检测原理 ……………………………………………………… 51
　　3.4.2　测量结果及分析 ……………………………………………… 54
3.5　非惯性基准传递路面平整度检测技术 ………………………… 58
　　3.5.1　基于基准传递的路面平整度检测 …………………………… 58
　　3.5.2　基准传递检测系统特点 ……………………………………… 60
3.6　基于阵列信号的路面平整度检测技术 ………………………… 60
　　3.6.1　检测原理 ……………………………………………………… 60
　　3.6.2　信号源个数估计 ……………………………………………… 61
　　3.6.3　信号源来波方向估计 ………………………………………… 62
　　3.6.4　波束形成最佳权向量计算 …………………………………… 63
3.7　路面跳车检测方法 ……………………………………………… 66
　　3.7.1　路面跳车机理 ………………………………………………… 66
　　3.7.2　路面跳车检测 ………………………………………………… 67

第4章　车载路面车辙检测技术 …………………………………… 69
4.1　路面车辙的定义 ………………………………………………… 69
4.2　车辙横断面曲线 ………………………………………………… 69
4.3　车辙深度计算方法 ……………………………………………… 71
　　4.3.1　几种车辙深度计算方法 ……………………………………… 71
　　4.3.2　几种车辙深度计算方法比较 ………………………………… 73
4.4　多点激光车辙检测技术 ………………………………………… 76
4.5　多点激光车辙检测精度分析及改进技术 ……………………… 77
　　4.5.1　激光探头数量对车辙检测精度的影响 ……………………… 77
　　4.5.2　振动误差影响分析及车辙计算改进 ………………………… 81
4.6　线激光车辙检测 ………………………………………………… 82
4.7　对称式激光车辙检测 …………………………………………… 84
　　4.7.1　对称式多点准直激光路面车辙检测技术 …………………… 85
　　4.7.2　对称式线激光路面车辙检测技术 …………………………… 88

第5章　车载路面抗滑检测技术 …………………………………… 94
5.1　路面抗滑性能的定义 …………………………………………… 94

5.1.1　路面构造深度 ……………………………………………………………… 95
　　5.1.2　路面横向力系数 ……………………………………………………………… 96
5.2　基于铺砂法的构造深度检测 ……………………………………………………… 96
　　5.2.1　手工铺砂法 …………………………………………………………………… 96
　　5.2.2　电动铺砂法 …………………………………………………………………… 97
5.3　基于激光位移的构造深度检测 …………………………………………………… 98
　　5.3.1　激光位移构造深度检测方法 ………………………………………………… 99
　　5.3.2　沥青路面构造深度精确检测方法 …………………………………………… 101
5.4　基于图像法的构造深度检测 ……………………………………………………… 105
5.5　基于其他方法的构造深度检测 …………………………………………………… 107
5.6　横向力系数检测 …………………………………………………………………… 108
5.7　路面磨耗检测 ……………………………………………………………………… 109

第6章　车载路面损坏检测技术 ……………………………………………………… 110
6.1　路面损坏的分类及检测指标 ……………………………………………………… 110
　　6.1.1　路面损坏的分类及机理 ……………………………………………………… 110
　　6.1.2　路面损坏的检测指标 ………………………………………………………… 114
　　6.1.3　路面破损评价计算 …………………………………………………………… 115
6.2　路面损坏图像采集系统 …………………………………………………………… 117
　　6.2.1　基于面阵相机的路面损坏检测 ……………………………………………… 117
　　6.2.2　基于线阵相机的路面损坏检测 ……………………………………………… 118
6.3　路面检测辅助照明 ………………………………………………………………… 118
　　6.3.1　车载路面检测连续照明 ……………………………………………………… 118
　　6.3.2　车载路面检测频闪照明 ……………………………………………………… 121
6.4　路面破损图像检测技术 …………………………………………………………… 123
　　6.4.1　路面裂缝图像增强 …………………………………………………………… 123
　　6.4.2　路面裂缝图像分割 …………………………………………………………… 127
　　6.4.3　路面形态学处理 ……………………………………………………………… 130
　　6.4.4　路面裂缝自动分类技术 ……………………………………………………… 133
6.5　基于双相机立体摄影测量的路面裂缝识别 ……………………………………… 138
　　6.5.1　快速检测的原理 ……………………………………………………………… 138
　　6.5.2　测试系统构建 ………………………………………………………………… 140
　　6.5.3　双相机图像映射关系确定 …………………………………………………… 140
　　6.5.4　路面裂缝分割结果 …………………………………………………………… 142
　　6.5.5　识别效果对比分析 …………………………………………………………… 144
6.6　基于多特征融合的路面破损图像自动识别 ……………………………………… 147
　　6.6.1　图像融合的原理及分类 ……………………………………………………… 148
　　6.6.2　基于多特征融合的路面裂缝融合检测算法 ………………………………… 149
　　6.6.3　基于D-S证据理论和裂缝形状参数路面裂缝融合检测 …………………… 152

第7章 车载三维数字路面检测技术 ·············· 158
7.1 三维数字路面检测原理及误差分析 ·············· 158
7.1.1 路面三维定义 ·············· 158
7.1.2 车载路面三维检测模型的建立 ·············· 158
7.1.3 车载路面三维检测模型的误差分析 ·············· 160
7.1.4 车载路面三维检测技术的实现及误差分析 ·············· 168
7.2 路面纵断面检测技术 ·············· 174
7.2.1 基于惯性基准的车载路面纵断面小波长检测方法 ·············· 174
7.2.2 基于基准传递的车载路面纵断面小波长检测方法 ·············· 185
7.2.3 车载路面纵断面大波长检测方法 ·············· 188
7.3 路面横断面检测技术研究 ·············· 190
7.4 三维数字路面重建理论及实现方法 ·············· 190
7.4.1 基于车载检测信息的三维重建思路 ·············· 190
7.4.2 基于Catmull-Rom插值的三维重建 ·············· 192
7.4.3 基于非均匀有理B样条曲面拟合的三维重建 ·············· 194
7.4.4 路面重建结果显示 ·············· 197
7.4.5 路面纹理映射 ·············· 201
7.4.6 三维数字路面重建结果 ·············· 202

第8章 道路检测车及检测系统总布置 ·············· 205
8.1 道路检测车技术要求与特点 ·············· 205
8.2 道路检测车形式选择 ·············· 206
8.3 道路检测车总体布置 ·············· 208
8.3.1 道路检测车总布置原则 ·············· 208
8.3.2 道路检测车总布置参数确定 ·············· 208
8.3.3 道路检测搭载车外形布置设计 ·············· 211
8.3.4 道路检测车内部布置设计 ·············· 219
8.3.5 道路检测车附件布置设计 ·············· 226

第9章 智能检测装备与道路检测车开发 ·············· 232
9.1 智能检测系统关键部件开发 ·············· 232
9.1.1 模块化LED聚光照明系统开发 ·············· 232
9.1.2 多路频闪照明系统开发 ·············· 236
9.1.3 频闪照明触发同步控制器 ·············· 239
9.1.4 激光位移传感器数据采集器 ·············· 241
9.1.5 检测系统信号分配同步控制器 ·············· 248
9.2 智能检测系统软件 ·············· 250
9.2.1 数据采集监控存储系统软件 ·············· 250
9.2.2 路面损坏数字图像采集监控存储传输软件 ·············· 257
9.2.3 道路环境数字图像采集监控存储传输软件 ·············· 258
9.2.4 平整度数据处理软件 ·············· 261

9.2.5 车辙数据处理软件 ……………………………………………………………… 264
   9.2.6 构造深度数据处理软件 …………………………………………………………… 265
   9.2.7 路面损坏数字图像处理软件 ……………………………………………………… 265
   9.2.8 道路环境数字图像处理软件 ……………………………………………………… 266
   9.2.9 数据管理及报表生成软件 ………………………………………………………… 269
   9.2.10 综合检测与处理软件 …………………………………………………………… 269
  9.3 多功能道路检测车研发 ……………………………………………………………… 271
   9.3.1 基于客车车型的智能检测车 …………………………………………………… 271
   9.3.2 基于越野车车型的智能检测车 ………………………………………………… 278
   9.3.3 基于工程车车型的智能检测车 ………………………………………………… 278

第10章 车载道路智能检测技术及装备试验 ……………………………………………… 282
  10.1 智能检测系统关键部件试验 ……………………………………………………… 282
   10.1.1 激光位移传感器试验 …………………………………………………………… 282
   10.1.2 里程距离检测试验 ……………………………………………………………… 287
  10.2 平整度检测试验 …………………………………………………………………… 289
   10.2.1 惯性基准检测原理台架试验 …………………………………………………… 289
   10.2.2 基准传递原理波长试验 ………………………………………………………… 290
   10.2.3 基准传递原理路面试验 ………………………………………………………… 291
   10.2.4 平整度标定试验 ………………………………………………………………… 293
  10.3 车辙检测试验 ……………………………………………………………………… 305
   10.3.1 多点激光位移传感器车辙检测试验 …………………………………………… 305
   10.3.2 车载标定试验 …………………………………………………………………… 307
   10.3.3 车辙试验及对比 ………………………………………………………………… 310
  10.4 构造深度检测试验 ………………………………………………………………… 313
   10.4.1 双激光位移传感器构造深度试验 ……………………………………………… 313
   10.4.2 实车构造深度试验 ……………………………………………………………… 314
   10.4.3 试验结果对比及分析 …………………………………………………………… 316
  10.5 路面损坏检测试验 ………………………………………………………………… 316
   10.5.1 路面损坏数字图像检测试验 …………………………………………………… 317
   10.5.2 同步频闪照明试验 ……………………………………………………………… 318
   10.5.3 LED聚光照明试验 ……………………………………………………………… 318
   10.5.4 裂缝识别试验 …………………………………………………………………… 319
  10.6 环境检测试验 ……………………………………………………………………… 321
  10.7 智能检测系统应用 ………………………………………………………………… 322

参考文献 …………………………………………………………………………………… 328

第1章 绪 论

1.1 研究概述

近年来，中国现代化建设快速发展，基础设施网络规模稳居世界前列，尤其在公路方面，获得了巨大的成就。随着公路里程的不断增加，高速公路网，国、省、县道路网和城市道路网发展迅猛。为进一步提高公路交通运输的社会经济效益，我国在公路建设快速发展的同时，也越来越重视公路交通的运营管理、路面养护和服务水平。公路养护管理工作日益重要，公路技术状况快速检测与评价成为道路科学养护工作的重中之重。道路智能检测方法能够获取道路的技术特征，进而能够判断道路的使用情况以及损坏程度，为道路建设、养护管理提供重要依据。

国内外道路路面检测技术的总体发展趋势经历了从传统的人工检测到半自动化检测，再到无损自动检测3个阶段。传统的人工检测和半自动检测存在以下不足：工作环境恶劣，检测人员的人身安全得不到保证，影响交通的正常运行；费时费力，效率低，难以满足及时检测和周期性检测的需求；受主观人为因素的影响，不利于对路面损坏进行客观和准确的评价。随着检测技术和信息技术快速发展，第3阶段的无损自动检测技术优势主要体现在高速化、自动化和智能化方面，并且集成在多功能道路检测车上，能够同时检测路面损坏、平整度、车辙、抗滑性能（构造深度）、结构强度（弯沉）、道路线形、道路沿线设施等。

30多年来，作者科研团队瞄准道路智能化检测的理论与技术难度，并结合我国道路技术状态特点及智能化检测装备的实际需求，完成了道路智能检测理论、方法、装备及应用技术的系列创新，建立了比较完善的智能化道路检测技术体系，开发了系列化道路智能检测装备并进行了很好的应用推广：

1）提出了基于加速度信号的检测系统动位移精确检测方法，实现了智能检测装备中检测系统动位移的精确检测，为智能系统的准确检测提供基础。

2）提出了基于基准传递的路面平整度检测方法，实现了路面平整度检测不受检测车速大小和车速变化的影响，能够实现高速公路、省道、县道、市政公路等全工况下的路面平整度精确检测。

3）提出了对称式光电位移检测方法，实现了多种路面及不同光照影响下位移的精确检测。

4）提出了基于对称式多点准直激光和对称式线激光的车辙检测方法，实现了路面车辙的精确检测。

5）开发了多模块化高亮度、低功耗、长寿命 LED 频闪照明系统，实现了路面图像信息的可靠获取。

6）提出了三维路面检测理论，利用多信息融合实现了路面纵断面和横断面的精确检测，利用重构理论重构出三维路面，为道路评价和养护等提供可靠的数据。

研究成果在道路检测和专用车辆行业获得广泛的应用，对提升中国道路智能检测、专用车辆的自主开发和科技创新能力，促进道路智能检测技术与装备技术进步，发挥了重要作用。

1.2 道路检测需求

根据道路路面不同的检测与评价内容，需要采用不同的检测技术和仪器设备。在相关标准如 JTG 5210—2018《公路技术状况评定标准》、JTG/T E61—2014《公路路面技术状况自动化检测规程》中已做了相应的规定，并对道路智能检测技术和仪器设备提出相应的检测要求：

1）路面损坏自动化检测应满足下列要求：首先路面损坏自动化检测指标为路面破损率（DR），每隔 10m 统计一次；其次是应采用纵向连续检测的方法。若采用横向检测，检测的宽度至少为车道宽度的 70%；检测设备的分辨率约 1mm，检测数据由机器自动识别，识别准确率应达到 90% 以上。

2）路面平整度自动化检测应满足下列要求：首先应采用断面类检测设备，检测指标应为国际平整度指数（IRI），每隔 10m 计算一次并进行统计；其次是断面类检测设备的检测数据处于有效范围内才能够使用，超出设备有效检测速度或有效检测速度范围的数据应为无效数据。

3）路面车辙自动化检测应满足下列要求：首先应采用断面类检测设备，检测指标应为路面车辙深度（RD），每隔 10m 计算一次并进行统计；其次是当横断面的检测数据出现异常或者是不完整时，检测数据为无效数据。

4）路面跳车自动化检测应满足下列要求：首先应采用断面类检测设备，检测指标应为路面跳车（PB）；其次是检测数据应每隔 10m 计算一次并进行统计。

5）路面磨耗自动化检测应满足下列要求：首先应采用断面类检测设备，检测指标应为路面构造深度（MPD），每隔 10m 计算一次并进行统计；其次是检测位置应为车道的左轮迹带、右轮迹带和无磨损的车道中线。

6）路面抗滑性能自动化检测应满足下列要求：首先应采用横向力系数检测设备或其他具有有效相关关系的自动化检测设备，相关系数至少为 0.95；其次是检测指标应为横向力系数（SFC），每隔10m计算一次并进行统计。

1.3 道路智能检测特点

1.3.1 技术特点

1) 路面损坏智能检测技术：采用面阵相机采集道路图像并结合激光技术，能够实现路面损坏的快速高精度检测，重点开发了多种照明系统，拍摄的路面图像质量较好，为完全实现路面损坏的自动识别和分类提供了基础。

2) 路面平整度智能检测技术：主要是采用激光路面平整度仪，检测效率高，其激光传感器测量数据与 IRI 之间建立了稳定的联系。

3) 路面车辙智能检测技术：通过激光的方法进行路面车辙检测，包括多探头激光车辙仪和线激光数字图像车辙仪等，实现了精确、高效的路面车辙检测。

4) 路面抗滑性能智能检测技术：主要是通过摩擦系数检测车和激光构造深度检测仪检测路面的构造深度、抗滑值（BPN）、横向力系数（SFC）、磨耗等，为探索道路表面抗滑性、透水率与构造深度之间的定量关系奠定基础。

1.3.2 装备要求

1) 路面裂缝自动化检测设备：首先检测设备能够自动识别沥青路面和水泥混凝土路面的裂缝的类型；其次是路面裂缝自动识别软件能够有效剔除路面污渍、标线及其水泥混凝土路面纵横向接缝及其刻槽等非路面病害。

2) 路面平整度自动化检测设备：首先检测设备应该采用激光传感器等距离测量装置；其次距离测量装置的分辨率不得超过 $0.5mm$，采样间距应小于 $0.01m$，每间隔 $0.1m$ 输出一组平均高程数据。

3) 路面车辙自动化检测设备：首先是检测设备应采用梁式多传感器（在同一基准面上，安装多个传感器用来测量横断面不同位置的相对高程，从而计算车辙深度）、扫描式激光传感器（通过激光扫描路面横断面，并根据横断面曲线计算车辙深度）或光学影像传感器等不同装置；其次是横向有效检测的宽度应大于 $3500mm$，横向平均采样间距应小于 $300mm$，而纵向断面采样间距应为 $100mm$。

4) 路面构造深度自动检测设备：首先是自动检测设备应采用激光测距等装置；其次是纵向采样间距不得超过 $2mm$，高程传感器的分辨率应该小于 $0.05mm$。

第 2 章　道路光电检测理论与方法

为了实现道路参数的快速检测，通过激光、图像等方法获取路面的相对位移，从而计算路面的车辙、平整度、构造深度等参数；通过路面图像从而判断路面的病害类型，计算路面的损坏参数等。道路光电检测的核心是如何通过激光、图像等获取路面的相对位移，同时实现检测车在道路里程中的精确定位。

2.1　基于激光与图像的位移检测基本原理

通过激光和图像获取路面相对位移的方法主要有基于激光测距技术的路面位移检测方法和基于数字图像技术的路面位移检测方法。

激光路面位移检测方法主要是通过检测道路表面的相对变形，通过数据处理从而获得道路表面信息。数字图像路面检测方法主要是采集道路表面的高清图像，运用图像处理技术从而获取道路相对位移信息。

（1）基于激光测距技术的路面检测

采用激光技术进行路面检测的基本原理是：将一束或多束准直激光（或线激光）照射到被检测的路表面上，通过架设好的一套或多套光学系统对激光在路表面上的散射光成像，借助于安装在光学系统像面上的线阵光电传感器或面阵光电传感器进行光电信号转换，经过数字信号处理，获取路表面的位移信息或高低不平的面形信息。检测过程中会受到太阳光或其他杂光、电磁等干扰的影响，存在光电信号处理速度过慢以及光学成像系统结构参数的不合理匹配等问题，这些都是需要解决的关键技术问题。

采用激光技术进行路面位移检测的方法主要包括：激光三角位移法、激光成像法、激光准直法、激光多普勒法等。

1）激光三角位移法：采用准直激光束、成像光学系统和光电接收器构成三角结构形式进行位移检测。该方法结构简单，采样频率高，其检测范围一般在 0～1000mm，测量分辨率为 0.1μm～1mm，工作距离为 10～2000mm。激光三角位移法是一种常用的非接触位移检测方法，依据该方法设计的激光传感器通常称为激光位移传感器。其检测原理为由激光器发出的准直激光束垂直聚焦在被测物体表面，然后通过成像镜头对物体表面上的激光光斑进行成像，物体表面激光照射点的位置高度不同，则散射或反射光线的角度也不同，通过光电接收器在像面上找到激光光斑像的位置，从而可以确定物体表面激光照射点的位置高度。当物体沿激光线方向发生移动时，测量结果就将发生改变，从而实现用激光测量物体的位移。

2）激光成像法：采用激光光源、成像光学系统和光电接收器构成一个光电检测系统进行位移检测。工作距离可以相对较长（0.1～100m），测量精度为 0.1μm～10mm，可用于弯沉检测。其检测原理如图 2-1 所示。

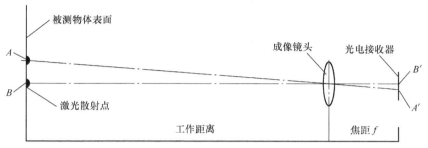

图 2-1　激光成像位移检测原理

3）激光准直法：采用准直激光束和光电接收器构成的系统进行位移检测。其工作原理为将准直激光器发出的准直激光束直接照射在被测物体表面上的光电接收器，光电接收器随物体一起运动，可用于弯沉或桥梁挠度测量。其检测原理如图 2-2 所示。

图 2-2　激光准直位移检测原理

4）激光多普勒法：采用多普勒频移原理测量物体的速度，对速度进行积分得到位移从而进行路面位移和路面变形分析。该方法技术难度相对较大，受外界环境影响较大，可用于弯沉的高速测量。其检测原理如图 2-3 所示。

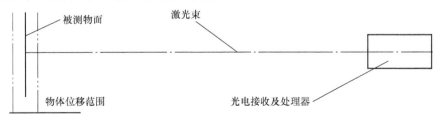

图 2-3　激光多普勒位移检测原理

（2）基于数字图像技术的路面检测

采用数字图像技术进行路面检测的基本原理是：借助于光学成像系统，将需要拍摄的物体或待检测的路表面成像到光学系统像面上的光电传感器上（面阵相机或线阵相机），经过数字信号处理，获得被测物体或路表面的数字图像和有关质量指标。

采用数字图像技术进行路面检测需要解决的关键技术问题包括减小太阳光或其他杂光的干扰、信号传输中的防电磁干扰、光电信号的快速处理、光学成像系统结构参数的合理匹配等。另外，还需要解决高速拍摄中的照明问题，以及被测目标的图像识别等问题。

2.2 光学成像测量基本理论

借助于激光技术和数字图像技术进行路面多种质量指标的检测与评价，其实质就是将特定物空间的光学信息转换到像空间，通过记录得到对应的数字信息，在数学上进行物空间数字信息到像空间数字信息的变换。

根据研究对象不同，主要包括三维物空间光学成像、二维物空间光学成像和一维物空间光学成像，以下分别分析。

2.2.1 三维物空间光学成像测量理论

借助光学系统成像进行摄影测量，特别是采用非测量相机进行摄影测量，其物像空间的物点坐标和像点坐标的关系可通过图2-4所示的三维物像空间成像关系得到。

在图2-4中，物点A经过光学成像系统（其主点为S）成像到成像平面（简称像面）上的点a。

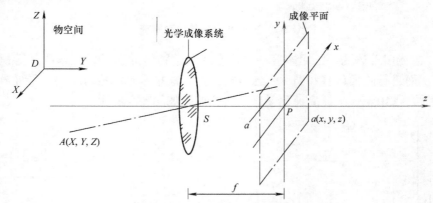

图2-4 三维物像空间成像关系

在图2-4所示的物像空间成像关系中，物空间坐标系为$D-XYZ$，像空间辅助坐标系为$S-X'Y'Z'$（图中没有画出，其坐标轴与物空间坐标系$D-XYZ$对应的坐标轴相互平行），S在$D-XYZ$坐标系中的坐标为(X_S, Y_S, Z_S)，A点在$D-XYZ$坐标系中的坐标为(X, Y, Z)。成像面的坐标系为$P-xyz$，成像面辅助坐标系为$S-x'y'z'$（图中没有画出，其坐标轴与$P-xyz$中z对应的坐标轴相互平行）。S到

成像面的距离 SP 即成像光学系统的焦距 f，像点 a 的像平面坐标为 (x, y)。由于物空间坐标系与像空间辅助坐标系 $S-X'Y'Z'$ 平行，根据相似三角形的关系，可以得到物点在像空间的辅助坐标 (X', Y', Z') 与对应物点的物空间坐标 (X, Y, Z) 之间的关系为

$$\frac{X'}{X-X_S} = \frac{Y'}{Y-Y_S} = \frac{Z'}{Z-Z_S} = \frac{1}{\lambda} \tag{2-1}$$

式中，λ 为比例因子，即光学成像系统的放大倍数。

将式（2-1）写成矩阵形式：

$$\begin{bmatrix} X' \\ Y' \\ Z' \end{bmatrix} = \frac{1}{\lambda} \begin{bmatrix} X-X_S \\ Y-Y_S \\ Z-Z_S \end{bmatrix} \tag{2-2}$$

像点的像平面辅助坐标系 $S-x'y'z'$ 与像空间辅助坐标 $S-X'Y'Z'$ 的关系式为

$$\begin{bmatrix} x' \\ y' \\ z' \end{bmatrix} = \begin{bmatrix} a_1 & b_1 & c_1 \\ a_2 & b_2 & c_2 \\ a_3 & b_3 & c_3 \end{bmatrix} \begin{bmatrix} X' \\ Y' \\ Z' \end{bmatrix} \tag{2-3}$$

式中，a_i、b_i、c_i（$i=1, 2, 3$）为像空间坐标系相对于物空间坐标系的方向余弦。

将式（2-2）代入式（2-3）中可得：

$$\begin{bmatrix} x \\ y \\ f \end{bmatrix} = \frac{1}{\lambda} \begin{bmatrix} a_1 & b_1 & c_1 \\ a_2 & b_2 & c_2 \\ a_3 & b_3 & c_3 \end{bmatrix} \begin{bmatrix} X-X_S \\ Y-Y_S \\ Z-Z_S \end{bmatrix} \tag{2-4}$$

式中，$x=x'$，$y=y'$，$f=z'$。

展开式（2-4）可得：

$$\begin{cases} x = \dfrac{1}{\lambda}[a_1(X-X_S) + b_1(Y-Y_S) + c_1(Z-Z_S)] \\ y = \dfrac{1}{\lambda}[a_2(X-X_S) + b_2(Y-Y_S) + c_2(Z-Z_S)] \\ f = \dfrac{1}{\lambda}[a_3(X-X_S) + b_3(Y-Y_S) + c_3(Z-Z_S)] \end{cases} \tag{2-5}$$

消去比例因子后得到：

$$\begin{cases} x = f\dfrac{a_1(X-X_S) + b_1(Y-Y_S) + c_1(Z-Z_S)}{a_3(X-X_S) + b_3(Y-Y_S) + c_3(Z-Z_S)} \\ y = f\dfrac{a_2(X-X_S) + b_2(Y-Y_S) + c_2(Z-Z_S)}{a_3(X-X_S) + b_3(Y-Y_S) + c_3(Z-Z_S)} \end{cases} \tag{2-6}$$

式（2-6）就是共线条件方程式，其描述的是拍摄瞬间像点、摄影中心和物点三点共线的几何关系，也是拍摄光学系统理想成像的方程式。为描述方便，用 $\bar{x}$、

$\bar{y}$ 代表理想成像的像点坐标，由此可得 A 点和 a 点的关系式为

$$\begin{cases} \bar{x} = f\dfrac{a_1(X-X_S) + b_1(Y-Y_S) + c_1(Z-Z_S)}{a_3(X-X_S) + b_3(Y-Y_S) + c_3(Z-Z_S)} \\ \bar{y} = f\dfrac{a_2(X-X_S) + b_2(Y-Y_S) + c_2(Z-Z_S)}{a_3(X-X_S) + b_3(Y-Y_S) + c_3(Z-Z_S)} \end{cases} \quad (2\text{-}7)$$

对于非测量相机，$\bar{x}$、$\bar{y}$ 可以表示为像点坐标：

$$\begin{cases} \bar{x} = \alpha_1 + \alpha_2 x + \alpha_3 y \\ \bar{y} = \beta_1 + \beta_2 x + \beta_3 y \end{cases} \quad (2\text{-}8)$$

式中，x、y 为像点在像面上任意坐标轴系内的坐标；α_i、β_i（$i=2,3$）为线性校正系数，利用这些系数可以校正由于光学系统成像误差、坐标轴的不垂直等因素引起的线性误差；α_1、β_1 为因坐标原点位移差异而产生的改正数。

将式（2-8）代入式（2-7）可得：

$$\begin{cases} \alpha_1 + \alpha_2 x + \alpha_3 y - f\dfrac{a_1 X + b_1 Y + c_1 Z + \gamma_1}{a_3 X + b_3 Y + c_3 Z + \gamma_3} = 0 \\ \beta_1 + \beta_2 x + \beta_3 y - f\dfrac{a_2 X + b_2 Y + c_2 Z + \gamma_2}{a_3 X + b_3 Y + c_3 Z + \gamma_3} = 0 \end{cases} \quad (2\text{-}9)$$

式（2-9）中

$$\begin{cases} \gamma_1 = -(a_1 X_S + b_1 Y_S + c_1 Z_S) \\ \gamma_2 = -(a_2 X_S + b_2 Y_S + c_2 Z_S) \\ \gamma_3 = -(a_3 X_S + b_3 Y_S + c_3 Z_S) \end{cases}$$

式（2-9）是一个二元一次方程组，通过解方程组，首先消去式（2-9）中的 y，能够得到仅含有 x 的方程，即：

$$d_1 + d_2 x + \dfrac{m_1 X + m_2 Y + m_3 Z + m_4}{a_3 X + b_3 Y + c_3 Z + \gamma_3} = 0 \quad (2\text{-}10)$$

式（2-10）中

$$\begin{cases} d_1 = \alpha_1 \beta_3 - \beta_1 \alpha_3 \\ d_2 = \alpha_2 \beta_3 - \beta_2 \alpha_3 \\ m_1 = -f(a_1 \beta_3 - a_2 \alpha_3) \\ m_2 = -f(b_1 \beta_3 - b_2 \alpha_3) \\ m_3 = -f(c_1 \beta_3 - c_2 \alpha_3) \\ m_4 = -f(\gamma_1 \beta_3 - \gamma_2 \alpha_3) \end{cases}$$

将式（2-10）进一步简化为

$$x + \dfrac{m'_1 X + m'_2 Y + m'_3 Z + m'_4}{a_3 X + b_3 Y + c_3 Z + \gamma_3} = 0 \quad (2\text{-}11)$$

式（2-11）中

$$\begin{cases} m'_1 = \dfrac{m_1 + a_3 d_1}{d_2} \\ m'_2 = \dfrac{m_2 + b_3 d_1}{d_2} \\ m'_3 = \dfrac{m_3 + c_3 d_1}{d_2} \\ m'_4 = \dfrac{m_4 + \gamma_3 d_1}{d_2} \end{cases}$$

同理，消去 x 则得到仅含有 y 的方程式，即：

$$y + \frac{m'_5 X + m'_6 Y + m'_7 Z + m'_8}{a_3 X + b_3 Y + c_3 Z + \gamma_3} = 0 \qquad (2\text{-}12)$$

式（2-12）中

$$\begin{cases} m'_5 = \dfrac{m_5 + a_3 g_1}{g_2} \\ m'_6 = \dfrac{m_6 + b_3 g_1}{g_2} \\ m'_7 = \dfrac{m_7 + c_3 g_1}{g_2} \\ m'_8 = \dfrac{m_8 + \gamma_3 g_1}{g_2} \end{cases} ; \begin{cases} g_1 = \beta_1 \alpha_2 - \alpha_1 \beta_2 \\ g_2 = \alpha_2 \beta_3 - \beta_2 \alpha_3 \\ m_5 = -f(a_2 \alpha_2 - a_1 \beta_2) \\ m_6 = -f(b_2 \alpha_2 - b_1 \beta_2) \\ m_7 = -f(c_2 \alpha_2 - c_1 \beta_2) \\ m_8 = -f(\gamma_2 \alpha_2 - \gamma_1 \beta_2) \end{cases}$$

将式（2-11）和式（2-12）进一步整理，可得到：

$$\begin{cases} x + \dfrac{l_1 X + l_2 Y + l_3 Z + l_4}{l_9 X + l_{10} Y + l_{11} Z + 1} = 0 \\ y + \dfrac{l_5 X + l_6 Y + l_7 Z + l_8}{l_9 X + l_{10} Y + l_{11} Z + 1} = 0 \end{cases} \qquad (2\text{-}13)$$

式（2-13）中

$$\begin{cases} l_1 = \dfrac{m'_1}{\gamma_3}; l_2 = \dfrac{m'_2}{\gamma_3}; l_3 = \dfrac{m'_3}{\gamma_3}; l_4 = \dfrac{m'_4}{\gamma_3} \\ l_5 = \dfrac{m'_5}{\gamma_3}; l_6 = \dfrac{m'_6}{\gamma_3}; l_7 = \dfrac{m'_7}{\gamma_3}; l_8 = \dfrac{m'_8}{\gamma_3} \\ l_9 = \dfrac{a_3}{\gamma_3}; l_{10} = \dfrac{b_3}{\gamma_3}; l_{11} = \dfrac{c_3}{\gamma_3} \end{cases}$$

式（2-13）即为物像空间的直接线性变换的基本公式，它包含了 11 个系数 l_i（$i = 1, 2, \cdots, 11$），通过 11 个系数直接建立了像面上坐标（x, y）与物空间坐标（X, Y, Z）之间的关系式。物空间中每一个已知点（X, Y, Z），可列出如式（2-13）的一对方程。

在式（2-13）中，对于非测量相机，系数 l_i（$i=1, 2, \cdots, 11$）未知。因此要解算出 l_i（$i=1, 2, \cdots, 11$），对于每台相机，至少需要已知物空间 6 个非均匀分布的点的坐标，这 6 个点不能在一个平面上。

由式（2-13）可知，当已知每台相机的 l_i（$i=1, 2, \cdots, 11$）时，为了从像面坐标 (x, y) 得到 (X, Y, Z)，必须对同一个物空间进行立体成像测量，即必须有 2 台以上的相机同时对同一个目标拍摄成像，进而借助多台相机的像面坐标 (x, y) 计算出物空间点的坐标 (X, Y, Z)。

2.2.2 二维物空间光学成像测量理论

当对物空间的一个特定平面或近似平面上的点进行数字图像拍摄测量时（比如采用线激光进行车辙检测，采用单台相机进行路表面损坏状况测量，采用单台相机进行道路环境信息测量等情况），需要分析物像空间的二维数字变换关系。二维物像空间成像关系如图 2-5 所示。

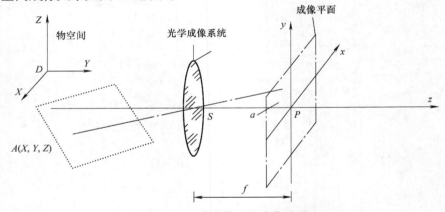

图 2-5 二维物像空间成像关系

当式（2-13）中的 Z 是 (X, Y) 的函数时，即 Z 可表示为

$$Z = AX + BY + C \tag{2-14}$$

将式（2-14）代入式（2-13）中，整理得：

$$\begin{cases} x + \dfrac{\dfrac{l_1 + l_3 A}{l_{11} C + 1} X + \dfrac{l_2 + l_3 B}{l_{11} C + 1} Y + \dfrac{l_3 C + l_4}{l_{11} C + 1}}{\dfrac{l_9 + l_{11} A}{l_{11} C + 1} X + \dfrac{l_{10} + l_{11} B}{l_{11} C + 1} Y + 1} = 0 \\[2ex] y + \dfrac{\dfrac{l_5 + l_7 A}{l_{11} C + 1} X + \dfrac{l_6 + l_7 B}{l_{11} C + 1} Y + \dfrac{l_7 C + l_8}{l_{11} C + 1}}{\dfrac{l_9 + l_{11} A}{l_{11} C + 1} X + \dfrac{l_{10} + l_{11} B}{l_{11} C + 1} Y + 1} = 0 \end{cases} \tag{2-15}$$

令

$$\begin{cases} p_1 = \dfrac{l_1 + l_3 A}{l_{11} C + 1}; p_2 = \dfrac{l_2 + l_3 B}{l_{11} C + 1}; p_3 = \dfrac{l_3 C + l_4}{l_{11} C + 1}; \\ p_4 = \dfrac{l_5 + l_7 A}{l_{11} C + 1}; p_5 = \dfrac{l_6 + l_7 B}{l_{11} C + 1}; p_6 = \dfrac{l_7 C + l_8}{l_{11} C + 1}; \\ p_7 = \dfrac{l_9 + l_{11} A}{l_{11} C + 1}; p_8 = \dfrac{l_{10} + l_{11} B}{l_{11} C + 1} \end{cases}$$

则式（2-15）可简化为

$$\begin{cases} x + \dfrac{p_1 X + p_2 Y + p_3}{p_7 X + p_8 Y + 1} = 0 \\ y + \dfrac{p_4 X + p_5 Y + p_6}{p_7 X + p_8 Y + 1} = 0 \end{cases} \tag{2-16}$$

由式（2-16）可知，原来式（2-13）中 11 个 l_i（$i=1,2,\cdots,11$）系数减少为 8 个系数 p_i（$i=1,2,\cdots,8$）。通过 8 个 p_i（$i=1,2,\cdots,8$）系数直接建立了像面坐标（x,y）与物空间坐标（X,Y）之间的关系式。

物空间平面上的每一已知点（X,Y）都可列出如式（2-16）的一对方程。为了求出 p_i（$i=1,2,\cdots,8$），只要已知物方平面上的 4 个点（这 4 个已知点不能在一条直线上），就可以求出 8 个未知 p_i（$i=1,2,\cdots,8$）值。

当已知每台相机对应的 p_i（$i=1,2,\cdots,8$），由式（2-16）可知，通过单台相机像面上的坐标（x,y）可以计算出物方对应平面上的坐标。

综上可知，采用单台相机可以计算分析道路前方路况及道路两侧环境对应的某一个近似平面上的信息；也可以采用单台相机和线激光束结合，进行路面车辙大小的检测。

2.2.3 一维物空间光学成像测量理论

当对物空间中的一个特定的线段上的点进行测量时，若路面检测中的路表面上下不平（平整度、构造深度）或路面产生微小位移（路面回弹弯沉值），这时的物点变化将被限定在一条线段上，需要分析物像空间的一维数字变换关系。一维物像空间成像关系如图 2-6 所示。

当式（2-16）中 Y 是 X 的函数时，Y 可以表示为

$$Y = aX + b \tag{2-17}$$

将式（2-17）代入式（2-16）可得：

$$\begin{cases} x + \dfrac{p_1 X + p_2 (aX + b) + p_3}{p_7 X + p_8 (aX + b) + 1} = 0 \\ y + \dfrac{p_4 X + p_5 (aX + b) + p_6}{p_7 X + p_8 (aX + b) + 1} = 0 \end{cases} \tag{2-18}$$

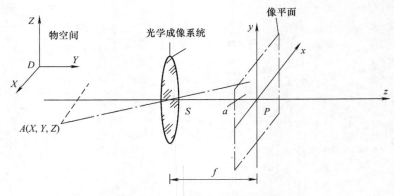

图 2-6 一维物像空间成像关系

整理式（2-18）可得：

$$\begin{cases} x + \dfrac{f_1 X + f_2}{f_5 X + f_6} = 0 \\ y + \dfrac{f_3 X + f_4}{f_5 X + f_6} = 0 \end{cases} \tag{2-19}$$

式（2-19）中

$$\begin{cases} f_1 = p_1 + p_2 a; f_2 = p_2 b + p_3 \\ f_3 = p_4 + p_5 a; f_4 = p_5 b + p_6 \\ f_5 = p_7 + p_8 a; f_6 = p_8 b + 1 \end{cases}$$

进一步简化式（2-19），可得：

$$\begin{cases} x + \dfrac{k_1 X + k_2}{k_5 X + 1} = 0 \\ y + \dfrac{k_3 X + k_4}{k_5 X + 1} = 0 \end{cases} \tag{2-20}$$

式（2-20）中

$$k_1 = \frac{f_1}{f_6}; k_2 = \frac{f_2}{f_6}; k_3 = \frac{f_3}{f_6}; k_4 = \frac{f_4}{f_6}; k_5 = \frac{f_5}{f_6}$$

由式（2-20）可知，通过 5 个系数 k_i（$i=1,2,\cdots,5$）直接建立了像面上坐标（x,y）与物空间坐标 X 之间的关系式。物空间中每一已知点 X 都可列出如式（2-20）的一对方程。因此要解算出 5 个未知 k_i（$i=1,2,\cdots,5$）值，至少需要物空间已知线段上的 3 个已知坐标点。

当已知 k_i（$i=1,2,\cdots,5$），由式（2-20）可以分析计算物空间中沿着直线变化的物点的坐标。

由式（2-20）可知，当物像空间的坐标系相互平行时，即物点在像面坐标系 y

方向的坐标为0，式（2-20）可进一步简化为

$$\begin{cases} x + \dfrac{k_1 X + k_2}{k_5 X + 1} = 0 \\ X = -\dfrac{k_4}{k_3} \end{cases} \quad (2\text{-}21)$$

由式（2-21）可知，当选择坐标系，使物方物点位移 $X=0$ 时，像面上的像点坐标 x 也为0，则 $k_2 = 0$，有：

$$x + \frac{k_1 X}{k_5 X + 1} = 0 \quad (2\text{-}22)$$

由式（2-22）可得：

$$X = \frac{k'_1 x}{k'_5 x + 1} \quad (2\text{-}23)$$

或：

$$H = \frac{k'_1 x}{k'_5 x + 1} \quad (H \text{ 为路表面位移变化量}) \quad (2\text{-}24)$$

式（2-24）中

$$\begin{cases} k'_1 = -\dfrac{1}{k_1} \\ k'_5 = \dfrac{k_5}{k_1} \end{cases}$$

式（2-24）即为激光位移传感器的通用计算公式。

由式（2-24）可知，采用一维的线阵电荷耦合器件（CCD）或互补金属氧化物半导体（CMOS）光电芯片，可以进行物点沿着一个方向上的位移测量。

2.3 激光路面位移检测理论

2.3.1 激光位移检测理论

目前，用于物体位移检测的激光位移传感器一般都采用三角成像原理来实现，其主要特点是结构简单、精度高，并且检测分辨率和精度可以根据使用要求通过调整结构参数来确定，另外其检测采样频率高，可以满足高速运动目标的检测。因此，该类型的激光位移传感器在工业位移检测、厚度检测、形状检测及振动检测等方面得到广泛应用。同样，在道路的多项质量指标检测中，如路面的平整度、车辙、构造深度等指标检测中，该类型的激光位移传感器也得到大量应用。

激光位移传感器工作原理如图2-7所示，该结构形式的激光位移传感器主要由半导体激光器、激光准直光学镜头、激光散射点光能接收成像镜头、光电接收器

（CCD）、CCD驱动电路、接口电路、传感器精密机械结构等组成。其工作原理是，激光器发出的准直激光束照射在路面上，由一套成像镜头将路面上散射激光点成像在对应的光电接收器上，像面上的光点位置与路面的高低变化一一对应。

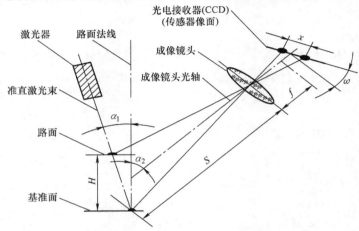

图2-7 激光位移传感器工作原理

由图2-7可以得到激光位移传感器的计算公式为

$$H = \frac{\cos\alpha_1 x \sin\omega (S-f)^2}{\cos(\alpha_1+\alpha_2)[f^2 + x\sin\omega(S-f)]} \tag{2-25}$$

式中，H为路面高低变化值；x为成像点在像面上的位移，$x = N\delta$，δ为像元尺寸；S为激光位移传感器的工作距离；α_1为准直激光束与路面法线的夹角；α_2为成像镜头光轴与路面法线的夹角；ω为像面倾角值；f为成像镜头的焦距。

已知S、α_1、α_2、ω、f，读取x，通过式（2-25）可以计算出路面的高低变化。

从图2-7可知，从整体上讲，该类型的激光位移传感器的精度主要由其结构参数决定，如检测工作距离、检测范围、分辨率等，其精度的高低直接影响着平整度、车辙、构造深度的检测精度。

2.3.2 线激光位移检测理论

在激光三角位移检测原理的基础上，将激光器发出的准直光束在一个方向上扩束形成一条激光光带，将线阵的光电接收器更换成面阵的光电接收器，从而可以实现一定范围的位移检测。线激光路面位移检测理论的基础是激光三角测量法，光学成像模型是小孔成像原理，因此成像系统必须满足斯凯普夫拉格（Scheimpflug）条件才能准确地在像平面上成清晰像。

如图2-8所示，线激光器经过透镜发出一束激光线照射在被测表面上，形成散射光斑，部分散射光经透镜在CCD上成像。如果被测表面高低发生了变化或者微小移动，将导致被测表面散射光束沿着光束移动的方向移动，散射光束在CCD的成像点也随之移动。为了得到清楚的图像，使得更多的散射光在CCD上成像，必须满足 Scheimpflug 条件：物面、主透镜面、成像面都必须交于同一直线。

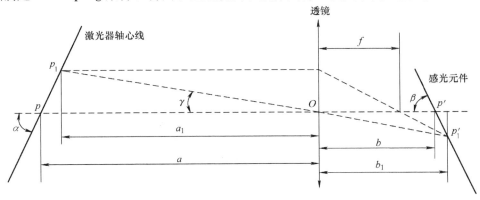

图 2-8　Scheimpflug 条件原理示意图

在图 2-8 中，α 为激光器轴线与透镜光轴的夹角；β 为感光元件平面与透镜光轴的夹角；p' 为物点 p 的像点；p'_1 为物点 p_1 的像点；a 和 b 分别为物点 p 的物距和像距；a_1 和 b_1 分别为物点 p_1 的物距和像距；γ 为 $p_1 p'_1$ 连线与光轴之间的夹角；f 为透镜的焦距。

根据透镜的成像原理可知：

$$\frac{1}{f} = \frac{1}{a} + \frac{1}{b} \tag{2-26}$$

由上图的几何关系得：

$$\begin{cases} a_1 = \dfrac{a\tan\alpha}{\tan\alpha + \tan\gamma} \\ b_1 = \dfrac{b\tan\beta}{\tan\beta - \tan\gamma} \end{cases} \tag{2-27}$$

由于 a_1、b_1 也满足成像原理，有：

$$\frac{1}{f} = \frac{1}{a_1} + \frac{1}{b_1} \tag{2-28}$$

联立式（2-26）~式（2-28），可以得到：

$$\frac{\tan\gamma}{a\tan\alpha} - \frac{\tan\gamma}{b\tan\beta} = 0 \tag{2-29}$$

将式（2-29）化简就可以得到：

$$\tan\alpha = \frac{b}{a}\tan\beta \tag{2-30}$$

由式（2-30）可以看出，该式成立，即满足 Scheimpflug 条件时，被测范围内的物点才都能成像于 CCD 面。因此，在设计线激光车辙检测系统的时候要注意线激光器与相机之间的夹角。

根据 Scheimpflug 条件固定好相机和激光器的位置后，将激光光束通过柱面镜投射到被测路面，在路表面上形成由被测路面形状所调制的条纹。通过相机拍摄路表横断面上的激光条纹，从而可完整地提取路表面不平整的位移信息。直观上即是，条纹在法线方向的位移（或偏移）与路面深度成正比，扭结的条纹表示了平面的变化，不连续显示了表面的物理突变或间隙。然后通过图像处理的一系列方法对条纹图像进行处理，即可获得实际路面车辙深度曲线相对应的准确信息。

由于实际测量中要实现成像条件绝对满足 Scheimpflug 条件是不易做到的，因此，将相机垂直照射地面（即 CCD 平面与地面平行），实现相机垂直拍摄，也能尽量满足被测横断面上激光条纹全部成像在 CCD 平面上。

通过激光头在 CCD 平面上的位置，利用相机标定关系，得到图像坐标与物理坐标之间的映射关系，从而得到路面的位移值。

2.3.3 对称式激光位移检测理论

与激光位移传感器在工业检测或试验研究检测等应用方面不同，用于道路检测的激光位移传感器的使用条件变化多，使用环境更苛刻。工业用激光位移传感器一般在室内使用，如各种生产线上的尺寸检测等，周围使用环境条件变化小，基本上不存在太阳光的干扰，被测物体表面反射率变化范围小，散射比较均匀，被测表面相对来讲比较平滑，无污染物，所以此类检测应用中采用的激光位移传感器，在结构上不需要采取特别的措施就可以达到使用要求。但是，在道路检测中，路表面的实际状况非常复杂，无规律可循。首先，路表面材料分为沥青路面和水泥路面。对于水泥路面，一般来讲路表面的反射强度比较均匀，但也存在特殊的局部镜面和高反射率的材料。另外，水泥路面还存在经过特殊处理的人工刻制沟槽，这些人工刻制的沟槽用于提高路面抗滑性能。以上这些情况在采用激光位移传感器检测路面指标，特别是路面构造深度时，应采用必要的措施以减小或消除各种不利因素造成的影响。对于沥青路面，情况比较复杂。除了路面存在泛油、各种污染物（如油污等）、修补路面等情况外，沥青路表面的级配设计变化使路面的颗粒大小不一，路面使用材料的不同、结构上的构造深度、路面上的标志线、路面长期使用后路面的磨光等都会对激光位移传感器的检测精度产生影响。

从理论分析和实现状况来看，不管是哪种被测表面，不管其材料、颜色、反射率、表面粗糙度等是否均匀，对结果造成的影响主要表现在路表面激光散射点经过光学成像镜头成像后，其像点的大小、形状、光强是随机变化的，成像的光斑是不对称的。在激光位移传感器中，像面上像点光斑的不对称分布是影响激光位移传感器精度的最主要因素。

另外，影响激光位移传感器检测精度的一个重要因素是激光位移传感器中的光电接收芯片的光电特性。当激光位移传感器的接收芯片采用 CCD（电荷耦合器件）芯片时，由于常用的 CCD 芯片在光照很强时会产生饱和拖尾现象，直接造成像点光斑的极大不对称，这对检测结果会产生极大影响，严重降低检测精度。

如何克服由于各种因素导致激光位移传感器像面上的像点光斑不对称对位移检测产生的影响，目前采用的做法大致有以下几种情况：

1）采用抗饱和芯片，消除芯片饱和产生的拖尾现象。但该方法无法减小被测物体表面反射不均匀或由于粗糙度不均匀引起的误差。

2）在工业检测中，可根据不同的被测物体表面反射情况，按照其产生的规律不同从而形成不同形状的光斑，采用不同的数据处理方法提高检测精度。这对工作场合稳定、被测物体表面有规律的情况是完全适用的，但对于被测表面反射情况事先无法知道以及光斑不对称等情况，其检测难度较大。

3）提高采样频率，利用前一次采样得到的结果，分析判断物体表面的反射光强，然后适时调整激光器发射的激光束的强度，以减小由于反射光强变化大而产生的测量误差。这种方法在很大限度上改进了由于饱和产生的误差，但也无法从根本上解决由于物体表面在激光光斑散射的小范围内的反射率不同，以及由于存在表面颗粒变化导致成像光斑不对称等因素产生的测量误差。

为了从根本上消除不管在任何情况下造成的成像光斑不均匀或不对称等因素对激光位移传感器检测精度造成的影响，提出一种对称式激光位移传感检测理论，它可以减小甚至消除由于成像光斑不均匀或不对称产生的测量误差，可有效提高激光位移传感器的位移检测精度。对称式激光位移传感器工作原理如图 2-9 所示。

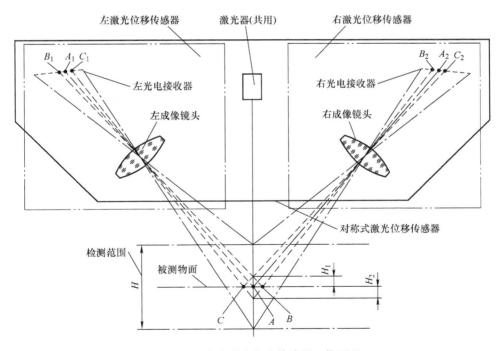

图 2-9 对称式激光位移传感器工作原理

对称式激光位移传感器由左激光位移传感器和右激光位移传感器对称组成,激光器共用,激光器发出准直激光束照射被测表面。

对称式激光位移传感器的工作原理是:激光器发出的准直激光束照射到被测物体的粗糙表面,在照射点形成散射光斑,其分布范围为 CAB,光斑左右对称(光斑一般来说为中心对称型)。左成像镜头将散射光斑在光电接收器上成像,得到像点 C_1、B_1。右成像镜头将散射光斑在光电接收器上成像,得到像点 C_2、B_2。通过图像处理,可以得到左右像点在像面光电接收器上的位置。根据像点的位置,通过数据处理可以得到被测物体表面的位移量。

通常,判定像点在光电接收芯片上位置的方法有光斑前沿法、光斑后沿法、对称中心法、光斑重心法等。在物表面散射均匀时,成像的光斑一般来讲是对称的。在这种情况下,计算像点位置的方法可以采用对称中心法和光斑重心法,也可采用光斑前沿法和光斑后沿法计算像点的位置,其结果仅差一个偏置量,而不影响位移计算。

当物体表面散射很强,造成光电接收器芯片饱和,这时往往出现光电接收器芯片上的成像光斑出现拖尾现象,即在光电接收器芯片上,光斑向像元数增加的方向增大较多,如图 2-10 所示。

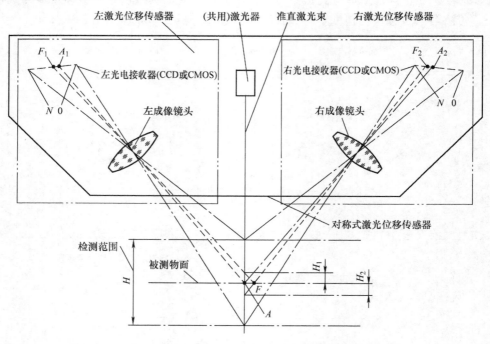

图 2-10 光电接收器出现饱和现象的成像原理

图中 0、N 分别代表光电接收器的第 1 像元和第 N 个像元。在图 2-10 中,A 点在左右光电接收器上的成像光斑向 F_1、F_2 方向增大得更多。在这种情况下，不管是采用对称中心法还是采用光斑重心法，根据像点位置计算物体表面位移往往会产生较大偏差。

当光电接收器出现饱和及拖尾现象时，由图 2-10 可以看出，右光电芯片上的像点光斑按照重心法（其他方法可以有同样的分析结果）测出的位移低于被测面，其大小为 H_2。左光电芯片上的像点光斑按照重心法测出的位移高于被测面，其大小为 H_1。显然，H_1 和 H_2 的平均值可以有效减少或消除测量误差。

对于物体表面散射不均匀现象，造成光电接收器芯片上的成像光斑分布不均匀或不对称，如图 2-11 所示。物体表面由于散射不均匀，当出现只有 AB 范围内成像时（物体表面散射均匀时的散射光斑为 CAB），对应左激光位移传感器的像点范围是 A_1B_1，对应右激光位移传感器的像点范围是 A_2B_2。在这种情况下，不管是采用对称中心法还是采用光斑重心法，根据像点位置计算物体表面位移往往会产生较大偏差。

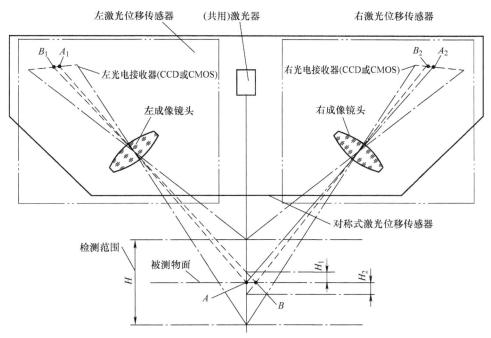

图 2-11 被测面散射光斑不对称的成像原理

实际测量中的其他情况都可以简单地归结为以上两种情况。

对于由于表面散射不均匀的情况，由图 2-11 可以看出，右光电芯片上的像点光斑按照重心法（其他方法可以有同样的分析结果）测出的位移低于被测面，其大小为 H_2。左光电芯片上的像点光斑按照重心法测出的位移高于被测面，其大小为 H_1。显然，H_1 和 H_2 的平均值可以有效减少或消除测量误差。

通过以上分析，提出的对称式位移检测方法在光电接收器饱和及拖尾以及路面表面散射不均匀的情况下均能得到较好的检测效果。对称式激光位移传感器的计算公式如下：

$$H = (H_1 + H_2)/2 \qquad (2\text{-}31)$$

式中，H 为路面高低值；H_1 为根据左激光位移传感器计算出的路面高低值，根据式（2-25）计算，即 $H_1 = \left(\dfrac{\cos\alpha_1 \, x\sin\omega(S-f)^2}{\cos(\alpha_1+\alpha_2)[f^2+x\sin\omega(S-f)]} \right)_1$，括号外的下标 1 表示左激光位移传感器；$H_2$ 为根据右激光位移传感器计算出的路面高低值，根据式（2-25）计算，即 $H_2 = \left(\dfrac{\cos\alpha_1 \, x\sin\omega(S-f)^2}{\cos(\alpha_1+\alpha_2)[f^2+x\sin\omega(S-f)]} \right)_2$，括号外的下标 2 表示右激光位移传感器。

由图 2-11 可知，随着 x 的增加，H_1 随之增加。由图 2-10 和图 2-11 可知，随着 x 的增加，H_2 随之减小。

由式（2-31）可得：

$$\Delta H = (\Delta H_1 + \Delta H_2)/2 \qquad (2\text{-}32)$$

$$\Delta H_1 = H_1' \Delta x_1 \qquad (2\text{-}33)$$

$$\Delta H_2 = H_2' \Delta x_2 \qquad (2\text{-}34)$$

式中，ΔH 为被测物体在某一个位置由于各种原因引起的位移变化量；ΔH_1 为被测物体在某一个位置由于各种原因引起的左激光位移传感器位移变化量；H_1' 为根据左激光位移传感器计算出的路面高低值的导数，由式（2-25）计算可得；Δx_1 为左激光位移传感器像面上对应的光斑位移变化量；ΔH_2 为被测物体在某一个位置由于各种原因引起的右激光位移传感器位移变化量；H_2' 为根据右激光位移传感器计算出的路面高低值的导数，由式（2-25）计算可得；Δx_2 为右激光位移传感器像面上对应的光斑位移变化量。

显然，ΔH_1 和 ΔH_2 大小相等、符号相反，即：

$$\Delta H = (\Delta H_1 + \Delta H_2)/2 = 0 \qquad (2\text{-}35)$$

由此可知，采用对称式激光位移传感器，在理论上可以消除由于路面各种因素产生的测量误差。

图 2-12 所示为对称式激光位移传感器的结构，图 2-13 所示为自主开发的对称式激光位移传感器。根据路面检测的不同要求，通过设计不同结构尺寸的传感器，可以满足路面平整度、车辙、构造深度等指标的检测需要。

采用对称式激光位移传感器进行路面位移的检测，从而计算路面平整度、车辙等参数以提高路面参数检测的精度。

采用单方向的线激光位移检测原理进行路面车辙检测，其优点是检测结构相对简单，检测系统由发射线激光束的激光器和拍摄路面散射线激光束的数字相机组成。其不足之处在于，车辙计算是通过数字图像处理得到车辙值，检测数据存储量

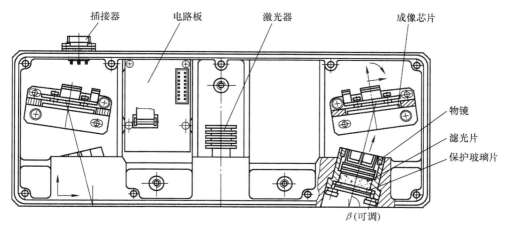

图 2-12 对称式激光位移传感器结构

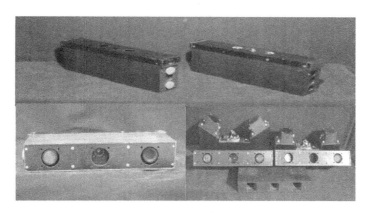

图 2-13 自主开发的对称式激光位移传感器

大;另外还存在目前所有线激光路面车辙检测系统的车辙检测结果受检测车俯仰变化的影响。可以通过提高相机拍摄频率减小采样间距,通过使用高端的数字图像采集卡和专用的图像处理软件减小数据存储量。

针对单方向线激光位移检测的不足,研究提出对称式线激光位移检测原理,该原理可用于路面车辙检测,称为对称式线激光车辙检测原理。

为了克服对称式线激光位移检测中需要较强的线激光光源照明,在线激光位移检测理论及对称式线激光位移检测原理的基础上,提出对称式多点准直激光位移检测原理。在研究开发对称式线激光车辙检测技术的基础上,研究开发了采用多点准直激光束进行车辙检测的技术。采用多点准直激光束进行车辙检测的方法可以避免线激光车辙检测中必须采用大功率激光器的弊端,尽可能避免强线激光束对人眼的伤害。

对称式多点准直激光束车辙检测方法的突出特点是将大功率线激光器改为多个

小功率的准直激光器,可以显著提高激光器的使用寿命。同时该检测方法既可以减小激光束对眼睛的伤害,也可以满足车辙检测的需要。

2.4 路面检测光电传感器

2.4.1 一维数字图像传感器

在路面损坏检测中,可以采用线阵 CCD 相机扫描拍摄路面裂缝等损坏图像。目前,大多数采用单台线阵相机进行路面拍摄的检测系统,其使用的相机是线阵 CCD4096 像元线扫描相机,成像检测原理如图 2-14 所示。

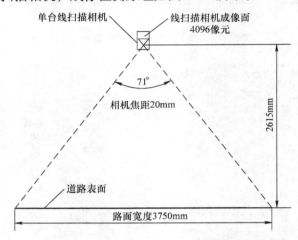

图 2-14 CCD4096 像元线扫描相机成像检测原理

单台 CCD4096 像元线扫描相机路面裂缝检测系统主要结构参数见表 2-1。

表 2-1 单台 CCD4096 像元线扫描相机路面裂缝检测系统主要结构参数

像元数量	4096 个	4096 个
像元尺寸	0.007mm	0.01mm
拍摄相机焦距	$f=20$mm	$f=20$mm
相机距路表面距离	2615mm	1831mm
拍摄视场角	71°	91°

表 2-1 中给出了两种像元尺寸的线阵 CCD 结构参数。采用单台 CCD4096 像元线扫描相机拍摄路面损坏,选用 0.007mm 像元尺寸,拍摄系统视场角小,有利于边缘图像清晰;选用 0.01mm 像元尺寸,拍摄视场角大,易造成边缘图像模糊。

目前采用单台线阵相机拍摄路面数字图像,普遍存在以下不足:

1)相机拍摄视场角相对较大,拍摄的图像边缘模糊。

2)拍摄相机到路表面的距离相对较大,相机安装位置高,检测系统整体结构和外观不理想,同时,拍摄图像清晰度受车辆振动颠簸影响较大。

因此,需要对单台线阵相机拍摄路面损坏检测系统进行结构改进,对线阵相机的安装固定结构进行整体减振,可以采用橡胶减振器将相机"悬浮",减轻检测车振动造成的拍摄图像边缘模糊。

另外,采用 2 台线阵相机 CCD2048 代替 1 台相机 CCD4096 的研究开发,使得拍摄的图像更清晰,检测系统受车辆振动颠簸影响小,检测系统整体结构也更加合理,便于相机的安装操作和维护,2 台线阵相机路面损坏检测系统成像检测原理如图 2-15 所示,参数见表 2-2。

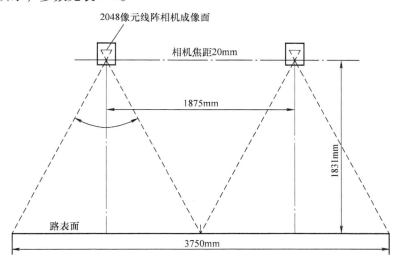

图 2-15 2 台线阵相机路面损坏检测系统成像检测原理

表 2-2 2 台 CCD2048 线扫描相机参数

像元数量	4096 个 = 2 台 × 2048 个/台
像元尺寸	0.01mm
拍摄相机焦距	$f = 20$mm
相机距路表面距离	1831mm
拍摄视场角(单台视场角)	54°

从表 2-2 可以看出,采用 2 台线阵相机拍摄的优点如下:

1)与单台的 4096 像元线阵相机拍摄方案相比,视场角小,可减小车辆振动颠簸对拍摄图像清晰度的影响,拍摄图线边缘易清晰。

2)采用像元尺寸为 0.01mm 的相机,像元感光面积比 0.007mm 像元的感光面积大 1 倍,可以降低照明光源的强度。

3)相机安装高度降低,调试方便,有利于检测系统的整体布局。

另外,在基于线阵相机的检测中,需要进行照明,本研究开发了模块化高亮度 LED 聚光照明系统,其照明效果好,使用寿命长。研发的模块化高亮度 LED 聚光照明系统使用效果如图 2-16 所示。

图 2-16　研发的模块化高亮度 LED 聚光照明系统使用效果

2.4.2　二维数字图像传感器

在路面损坏检测和道路两侧环境信息采集中,通常采用二维的数字图像传感技术,使用的图像光电芯片主要是面阵 CCD 和面阵 CMOS。下面就相机分辨率的选择、图像匹配拍摄系统的结构参数、技术指标等进行研究。

用于路表面裂缝等损坏检测的系统,可以采用单台面阵相机拍摄,也可以采用多台面阵相机拍摄。选择相机的依据是,必须满足路面检测分辨率的要求。数字相机分辨率选择可以通过计算求得:

$$N_x = L/\Delta \tag{2-36}$$

式中,N_x 为相机的横向最小像元数,x 表示断面方向;L 为路面横向检测宽度,高速公路一个行车道的宽度为 3750mm;Δ 为路表面必须达到的分辨率,一般指路表面裂缝最小识别宽度。

当要求路表面裂缝最小识别宽度为 1mm,路面宽度为 3750mm,拍摄相机的横向分辨率即像元个数为 3750。当要求路表面裂缝最小识别宽度为 2mm,路面宽度为 3750mm,拍摄相机的横向分辨率即像元个数为 1875。由此,可以根据对相机分辨率的要求选择数字相机。

选择路面拍摄数字相机还需要考虑的另一因素是相机的电子快门时间,即相机的曝光时间。相机的曝光时间主要由检测车行驶速度的快慢决定:

$$t = \Delta/V \tag{2-37}$$

式中,t 为相机曝光时间;V 为检测车行驶速度;Δ 为路表面必须达到的分辨率,在路面损坏检测中,一般指路表面裂缝最小识别宽度。

当检测车行驶速度为 72km/h(即在路面损坏检测是 20m/s)时,路表面裂缝最小识别宽度为 1mm,则相机的曝光时间应为 1/20000s。为了提高拍摄图像的清晰度,必须依据行车速度确定相机的曝光时间。在高速行驶下曝光时间长,拍摄的图像将出现模糊即拖影现象。

数字相机的其他技术指标主要还包括相机的感光灵敏度、动态范围和像元尺寸大小。相机灵敏度与相机拍摄环境光照的关系是，灵敏度高的相机可以适应照度低的物体拍摄。相机动态范围决定相机对拍摄物体明暗差别的适应程度。高速公路路表面材料分为沥青路面和水泥混凝土路面，路表面散射率差别大，有些路面在局部地方还存在强反射现象和路表面上标志线的散光强等现象。因此，对于拍摄路面的数字相机，应尽可能选择大动态范围的相机。相机像元尺寸的大小决定了相机的灵敏度。

路面损坏拍摄系统相机的焦距、拍摄视场角和拍摄工作距离存在一定关系，三者之间应根据具体的要求进行计算和匹配。路面损坏拍摄成像原理如图 2-17 所示。

由图 2-17 可得：

$$\begin{cases} \dfrac{f}{S} = \dfrac{X}{L} \\ f = \dfrac{X}{L}S \\ f = \dfrac{X}{2\tan\dfrac{\omega}{2}} \\ X = N_x\delta \end{cases} \quad (2-38)$$

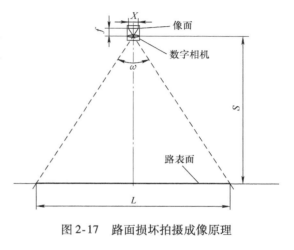

图 2-17　路面损坏拍摄成像原理

式中，X 为像面横向尺寸；N_x 为像面的横向像元数；δ 为像元大小；L 为路面检测宽度；S 为相机到路表面的距离；ω 为相机的视场角；f 为相机焦距。

当根据路面检测分辨率的要求确定相机的分辨率即相机的横向像元个数后，像面的横向尺寸 X 也随之确定。相机焦距 f 的选择与相机到路面的工作距离有关：f 大，S 大，结构外形大；f 小，视场角 ω 大，像面边沿像质下降，易模糊。

2.5　测距定位传感器技术

在所有的激光道路检测系统中，检测结果必须和道路的桩里程号一一对应。为此，在数据的采集过程中，必须为数据采集系统提供空间距离信息。采集系统的定位通常采用光电编码器、惯性导航系统、全球定位系统（GPS）和基于多种传感器数据融合的方法来实现。

2.5.1　光电编码器

光电编码器是一种角度（角速度）检测装置，它将输入给轴的角度量，利用光电转换原理转换成相应的电脉冲或数字量，具有体积小、精度高、工作可靠、接口数字化等优点。它广泛应用于数控机床、回转台、伺服传动、机器人、雷达、军事目标测定等需要检测角度的装置和设备中。

光电编码器是由光源、光电码盘和光敏元件组成。光电码盘是在一定直径的圆板上等分地开通若干个长方形孔。由于光电码盘与电动机同轴，电动机旋转时，光电码盘与电动机同速旋转，经发光二极管等电子元件组成的检测装置检测输出若干脉冲信号，通过计算每秒光电编码器输出脉冲的个数就能反映当前电动机的转速。根据原理的不同，光电编码器可分为增量式、绝对式和混合式绝对值编码器。

(1) 增量式编码器

增量式编码器直接利用光电转换原理输出三组方波脉冲 A、B 和 Z。其中，A、B 两组脉冲相位差 90°，从而可方便地判断出旋转方向，而 Z 相为每转一个脉冲，用于基准点定位。它的优点是原理构造简单，机械平均寿命可在几万小时以上，抗干扰能力强，可靠性高，适于长距离传输，缺点是无法输出轴转动的绝对位置信息。

(2) 绝对式编码器

绝对式编码器是直接输出数字量的传感器，在它的圆形码盘上沿径向有若干同心码道，每条道上由透光和不透光的扇形区相间组成，相邻码道的扇区数目是双倍关系，码盘上的码道数就是它的二进制数码的位数，在码盘的一侧是光源，另一侧对应每一码道有一光敏元件；当码盘处于不同位置时，各光敏元件根据受光照与否转换出相应的电平信号，形成二进制数。这种编码器的特点是不需要计数器，在转轴的任意位置都可读出一个固定的与位置相对应的数字码。显然，码道越多，分辨率就越高，对于一个具有 N 位二进制分辨率的编码器，其码盘必须有 N 条码道。

绝对式编码器是利用自然二进制或循环二进制（葛莱码）方式进行光电转换的。绝对式编码器与增量式编码器的不同之处在于圆盘上透光、不透光的线条图形，绝对式编码器可有若干编码，根据读出码盘上的编码，检测绝对位置，编码的设计可采用二进制码、循环码、二进制补码等。它的特点是可以直接读出角度坐标的绝对值，没有累积误差，电源切除后位置信息不会丢失。但是分辨率是由二进制的位数来决定的，也就是说精度取决于位数，目前有 10 位、14 位等多种类型。

(3) 混合式绝对值编码器

混合式绝对值编码器会输出两组信息：一组信息用于检测磁极位置，带有绝对信息功能；另一组则等同增量式编码器的输出信息。

安装在检测车轮上的光电测距装置（主要由光电编码器组成）可以给出比较准确的空间位置信息。

光电编码器的选取是根据检测车的轮胎周长 $L_{轮}$ 及要求的路面采样间距 δ_0 决定的，即：

$$N_0 = L_{轮} / \delta_0 \tag{2-39}$$

式中，$L_轮$为检测车轮胎周长，与检测车使用的轮胎有关；N_0为预选光电编码器周脉冲数；δ_0为系统检测要求的路面采样间距，主要由构造深度采样间距或平整度采样间距决定。

实际应用中，光电编码器的周输出脉冲数不是任意的，只能选取周脉冲数接近的编码器。因此，实际的路面采样间距δ与要求的路面检测间距δ_0往往不相等，即：

$$\delta = \delta_0 k \tag{2-40}$$

式中，k为比例系数，一般情况下$k \leqslant 1$；δ为实际的路面采样间距，不同时段，由于轮胎气压的变化和检测车上载荷的不同，随时要进行修正。

检测系统输出的检测距离为

$$L_{检测输出} = \delta M \tag{2-41}$$

式中，$L_{检测输出}$为检测系统实际输出的距离；M为对应于$L_{检测输出}$的脉冲个数。

工程应用中采用的光电测距装置如图2-18所示，检测系统采样间距可以在采集软件中修正。

2.5.2 惯性导航系统

惯性导航（Inertial Navigation）是通过测量载体的加速度并经过积分运算，获得载体瞬时速度和瞬时位置数据的技术。组成惯性导航系统的设备都安装在运载体内，工作时不依赖外界信息，也

图2-18 光电测距装置

不向外界辐射能量，不易受到干扰，是一种自主式导航系统。

惯性导航系统通常由惯性测量装置、计算机、控制显示器等组成。惯性测量装置包括加速度计和陀螺仪，又称惯性测量单元。3个自由度陀螺仪用来测量运载体的3个转动运动；3个加速度计用来测量运载体的3个平移运动的加速度。计算机根据测得的加速度信号计算出运载体的速度和位置数据。控制显示器显示各种导航参数。按照惯性测量单元在运载体上的安装方式，惯性导航系统可分为平台式惯性导航系统（惯性测量单元安装在惯性平台的台体上）和捷联式惯性导航系统（惯性测量单元直接安装在运载体上）。

2.5.3 全球定位系统

利用定位卫星在全球范围内实时进行定位、导航的系统，称为全球定位系统（Global Positioning System，GPS）。GPS的基本原理是测量出已知位置的卫星到用户接收机之间的距离，然后综合多颗卫星的数据计算出接收机的具体位置。要达到这一目的，卫星的位置可以根据星载时钟所记录的时间在卫星星历中查出，而用户到

卫星的距离则通过记录卫星信号传播到用户所经历的时间乘以光速得到（由于大气层和电离层的干扰，这一距离并不是用户与卫星之间的真实距离，而是伪距）。当 GPS 卫星正常工作时，会不断地用 1 和 0 二进制码元组成的伪随机码（简称伪码）发射导航电文。GPS 使用的伪码一共有两种，分别是民用的 C/A 码和军用的 P（Y）码。C/A 码频率为 1.023MHz，重复周期 1ms，码间距 1μs，相当于 300m；P 码频率 10.23MHz，重复周期 266.4 天，码间距 0.1μs，相当于 30m。而 Y 码是在 P 码的基础上形成的，保密性能更佳。导航电文包括卫星星历、工作状况、时钟改正、电离层时延修正、大气折射修正等信息。它是从卫星信号中解调制出来，以 50bit/s 调制在载频上发射。导航电文每个主帧中包含 5 个子帧，每帧长 6s。前 3 帧各 10 个字码；每 30s 重复一次，每小时更新一次。导航电文中的内容主要有遥测码、转换码以及第 1、2、3 数据块，其中最重要的则为星历数据。当用户接收到导航电文时，提取出卫星时间并将其与自己的时钟做对比便可得知卫星与用户的距离，再利用导航电文中的卫星星历数据推算出卫星发射电文时所处的位置，用户在 WGS-84 大地坐标系中的位置、速度等信息便可得知。

2.5.4 多传感器融合

多传感器融合又称多传感器信息融合（Multi-sensor Information Fusion），有时也称作多传感器数据融合（Multi-sensor Data Fusion），是对多种信息的获取、表示及其内在联系进行综合处理和优化的技术。它从多信息的视角进行处理及综合，得到各种信息的内在联系和规律，从而剔除无用和错误的信息，保留正确和有用的成分，最终实现信息的优化，也为智能信息处理技术的研究提供了新的观念。

（1）融合层次

多传感器融合在结构上按其在融合系统中信息处理的抽象程度，主要划分为三个层次：数据层融合、特征层融合和决策层融合。

1）数据层融合：也称像素级融合，首先将传感器的观测数据融合，然后从融合的数据中提取特征向量，并进行判断识别。数据层融合需要传感器是同质的（传感器观测的是同一物理现象），如果多个传感器是异质的（观测的不是同一个物理量），那么数据只能在特征层或决策层进行融合。数据层融合不存在数据丢失的问题，得到的结果也是最准确的，但计算量大，且对系统通信带宽的要求很高。

2）特征层融合：特征层融合属于中间层次，先从每种传感器提供的观测数据中提取有代表性的特征，这些特征融合成单一的特征向量，然后运用模式识别的方法进行处理。这种方法的计算量及对通信带宽的要求相对降低，但由于部分数据的舍弃使其准确性有所下降。

3）决策层融合：决策层融合属于高层次的融合，由于对传感器的数据进行了浓缩，这种方法产生的结果相对而言最不准确，但它的计算量及对通信带宽的要求最低。

对于特定的多传感器融合系统工程应用,应综合考虑传感器的性能、系统的计算能力、通信带宽、期望的准确率以及资金能力等因素,以确定哪种层次是最优的。另外,在一个系统中也可能同时在不同的融合层次上进行融合。

(2) 融合算法

融合算法是融合处理的基础。它是将多元输入数据根据信息融合的功能要求,在不同融合层次上采用不同的数学方法,对数据进行综合处理,最终实现融合。目前已有大量的融合算法,都有各自的优缺点。这些融合算法总体上法可以分为三大类型:嵌入约束法、证据组合法、人工神经网络法。

1) 嵌入约束法:由多种传感器所获得的客观环境的多组数据就是客观环境按照某种映射关系形成的像,传感器信息融合就是通过像求解原像,即对客观环境加以了解。用数学语言描述就是,即使获取所有传感器的全部信息,也只能描述环境的某些方面的特征,而具有这些特征的环境却有很多,要使一组数据对应唯一的环境(即上述映射为一一映射),就必须对映射的原像和映射本身加约束条件,使问题能有唯一的解。嵌入约束法有两种基本方法,即贝叶斯估计和卡尔曼滤波。

2) 证据组合法:证据组合法认为完成某项智能任务是依据有关环境某方面的信息做出几种可能的决策,而多传感器数据信息在一定程度上反映环境这方面的情况。因此,分析每一数据作为支持某种决策证据的支持程度,并将不同传感器数据的支持程度进行组合,即证据组合,分析得出现有组合证据支持程度最大的决策作为信息融合的结果。证据组合法是为完成某一任务的需要而处理多种传感器的数据信息。它先对单个传感器数据信息每种可能决策的支持程度给出度量(即数据信息作为证据对决策的支持程度),再寻找一种证据组合方法或规则,使在已知两个不同传感器数据(即证据)对决策的分别支持程度时,通过反复运用组合规则,最终得出全体数据信息的联合体对某决策总的支持程度,得到最大证据支持决策,即为传感器信息融合的结果。常用的证据组合方法有概率统计方法、D-S(Dempster-Shafer)证据推理法。

3) 人工神经网络法:人工神经网络通过模仿人脑的结构和工作原理,设计和建立相应的机器和模型并完成一定的智能任务。神经网络根据当前系统所接收到的样本的相似性,确定分类标准。这种确定方法主要表现在网络权值分布上,同时可采用神经网络特定的学习算法来获取知识,得到不确定性推理机制。采用神经网络法的多传感器信息融合有3个主要步骤:①根据智能系统要求及传感器信息融合的形式,选择其拓扑结构;②各传感器的输入信息综合处理为一总体输入函数,并将此函数映射定义为相关单元的映射函数,通过神经网络与环境的交互作用把环境的统计规律反映为网络本身的结构;③对传感器输出信息进行学习、理解、确定权值的分配,进而对输入模式做出解释,将输入数据向量转换成高级逻辑(符号)概念。

2.6　路面光电图像检测关键技术

（1）抗太阳光干扰

在高速公路路面平整度、车辙、构造深度等路面指标的检测中，激光传感器在使用中如何抗太阳光干扰是必须解决的关键技术。太阳光的存在，通常会造成激光位移传感器中的光电接收芯片像点位置输出受到干扰以及输出信号不稳定等问题。

为了解决这一问题，本书一方面采用了通用的光学滤光片技术，另一方面采用了对称式的激光位移传感器理论和技术。

（2）减小路面散射不均匀影响

公路表面材料根据使用性能的需要，本身存在较大差异。对平整度、车辙、构造深度等质量指标检测使用的激光位移传感器来讲，影响检测精度的主要因素之一是路表面的散射不均性，如表面材料本身的散射不均、材料经过磨损产生的散射不均等。如何解决这些问题，是提高路面检测用激光位移传感器的关键。本书采用对称式的激光位移传感器理论和技术来减小道路表面散射不均对检测精度的影响。

（3）数据高效获取及提高可靠性

激光位移传感器在使用中，其使用环境是处在振动颠簸中的。如何提高激光位移传感器的可靠性，是路面检测激光传感器必须解决的问题。

本书首先对激光位移传感器本身的结构进行研究，加强传感器本身各个部件如光学成像镜头、光电接收芯片、准直激光器等的安装紧固设计，同时进一步考虑传感器与检测梁之间的固定方法，采用诸如柔性吊板悬挂紧固技术和橡胶隔离定位技术等。

通过研究路面数据检测的误差校正处理方法，可以提高数据获取的可靠性和效率。

第 3 章 车载路面平整度检测技术

路面平整度的好坏将直接影响车辆运行性能、运行费用及安全等；车辆在不平整的路面上行驶，会影响行车安全与舒适性、降低行车速度、延长出行时间、增加油耗、加速车辆的磨损、缩短车辆的使用寿命以及加大输出成本；路面的不平整也会加速路面的破坏，降低路面的使用年限。路面平整度是公路路面质量中最重要的指标之一，交通运输部发布的 JTG F80/1—2017《公路工程质量检验评定标准　第一册　土建工程》指出，平整度指标评分占道路质量检评总分的 15%~25%。如何快速、客观、准确地检测和评价该项指标，一直是公路建设单位、质量监督验收部门、养护单位和研究院校关注和研究的重点。本章主要研究路面平整度的快速、高精度检测技术。

3.1　路面平整度定义及动力学意义

3.1.1　路面平整度定义

路面平整度也称为路面不平整性。按照不同领域工程技术人员对其理解的出发点或关注点不同，平整度的定义多种多样，评价指标也各不相同。例如，工程中常用颠簸累积值（VBI）、最大间隙 Δh、标准差 σ、功率谱密度（PSD）等来评价路面平整度。

平整度没有一个共性的定义，我国行业标准《公路路基路面现场测试规程》中将平整度定义为"路面表面相对于理想平面的竖向偏差"；国际标准《多功能路况快速检测设备》中将路面平整度定义为"路面上导致车辆颠簸的凹凸不平现象"；美国材料与试验协会（ASTM）将道路平整度定义为"路面表面相对于理想平面的竖向偏差，这种偏差会影响到车辆动力特性、行驶质量、路面所受动载荷及排水"。以上定义表述的共同点是：路面平整度反映的是路面的凹凸不平或高程变化，是客观存在的。这种凹凸不平影响到行驶车辆的动力特性、行驶质量及路面所受到的动载荷等。

为了更清楚地表征路面的平整度，研究更可靠的路面平整度检测技术，开发更有效的检测工具，研究中将路面平整度定义为"在被测路段上，路面的实际表面相对于所选基准面的竖向偏差。"

从以上定义可知，选择"被测路段"，即检测过程中必须指明被检路段的检测位置和检测距离，包括检测起点、终点位置，检测点、轨迹或距中央隔离带多远，是左车道还是右车道，是行车道还是超车道，选取多长距离作为一个评价样本等。"相对于所选基准面"是要确定一个检测基准，不论该基准是固定的还是运动变化的，检测基准原则上是可任选的，可以是理论设计的，可以是根据一定条件指定的基准面，也可以是按照数理统计计算得到的基准面；一般来说，工程设计面形是理想平面，实际中是不存在的，是道路施工期望达到的平面形状；由于技术等原因，往往在施工完成后达不到设计平面要求，所以常常是指定一个平面形或按数理统计计算一个平面作为基准，如水准测量的大地基准、采用加速度传感器的惯性基准、颠簸累积仪的变化基准、3m 直尺的尺面基准、多轮仪的测架基准、刚性检测梁基准尺基准等。"竖向偏差"规定了检测数据的度量方向，即在垂直于基准的方向上度量偏差。定义中没有规定竖向偏差的检测方法，可根据实际情况选择，可以用 3m 直尺，可以用多轮仪，也可以用激光平整度仪等。定义中没有规定竖向偏差的计算和表达方法即数据处理方法，不同的数据处理方法可得到不同的数字特征量，不同的数字特征量反映路面的不同特性。定义中不考虑人的主观评价，不考虑环境因素的影响，也不考虑车辆的各种因素，如车速、载荷、结构性能等。

从定义中可以看出，影响平整度的关键因素是路面的相对凹凸量或相对竖向偏差，对平整度检测与评价的要求就是每一种平整度检测指标应与检测坐标系的选择无关。在进行平整度测量时，操作人员选择任何一个坐标系的方向和位置，评价结果应该一样。

3.1.2 路面平整度动力学意义

经典动力学模型如图 3-1 所示，该模型不论是确定还是随机系统，概括而言无非是在激励、系统及响应特性的三者之中已知二者求第三者。

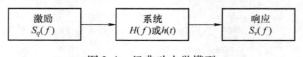

图 3-1 经典动力学模型

1）动力学第一类问题：在激励条件和系统特性已知的情形下，求系统的响应，又称为响应分析。通过路面激励对检测系统的响应，以此评价路面平整度。

$$S_v(f) = |H(f)|^2 S_q(f) \tag{3-1}$$

式中，$S_v(f)$ 为测量设备测得的响应函数；$S_q(f)$ 为激励功率谱密度；$H(f)$ 为车辆系统的传递函数。

2）动力学第二类问题：在系统特性与系统响应已知的情形下，反推系统的输入，又称为载荷分析，即求激励。

$$S_q(f) = \frac{S_v(f)}{|H(f)|^2} \tag{3-2}$$

3）动力学第三类问题：在激励与响应均为已知的情形下，确定系统的特性，这就是所谓的系统特性测定，或系统识别（求出系统的参数），又称为系统分析，这是可靠性设计的必要手段。

$$H(f) = \sqrt{\frac{S_v(f)}{S_q(f)}} \tag{3-3}$$

综合上述动力学三要素的三类问题，分析平整度检测系统。首先，在已知车辆模型传递函数的情况下，由响应可以反求出路面谱的参数估计。其次，车辆模型传递函数不同，其响应也不同。但是只要在规定的条件下，总会得到正确的激励参数，即路面的激励参数。重要的是这种路面激励分析方法，不用限制车辆的种类。根据响应和传递函数，即可求出路面激励，这就是动力学第三类问题的应用。虽然不限制车辆的类型，但是必须知道车辆的传递函数，这也是很多不同类型路面平整度自动检测仪器的检测结果由于传递函数的不同而难以一致的原因。再者，在同一段路面上，测得路面激励后，可以通过试验根据响应求得车辆的传递函数，这是动力学第二类问题的应用。平整度检测设备生产厂家制作和安装检测设备时必须明确传递函数。

由前述动力学问题与平整度问题的联合分析可知，系统输出响应并不是路面激励的标准表征，通过将 1/4 车轮模型（图 3-2）的参数标准化，即将系统的传递函数标准化后，系统输出的响应才能够具有标准性，不同路面激励对应标准化的响应输出，从而标准化检测系统。但是对于不同的平整度指标，由于系统的不一致性，仪器所测得的响应无法用于说明路面的激励，只有响应和车辆模型的传递函数相除，才是路面激励的估计，即：

$$\text{IRI} \propto S_q(f) = \frac{S_v(f)}{|H(f)|^2} \tag{3-4}$$

由于不能够精确地表现路面激励，以往很难统一路面平整度评价指标。因此采用国际平整度指数（IRI）进行路面平整度评价，从而量化了系统参数，使得输出响应与路面激励建立了对应关系。

3.2 国际平整度指数

由于各种路面平整度测量方法不断出现，并且各种方法都有自己的评价体系和评价指标，如何比较这些不同的测量方法、不同的平整度指标，找出它们的相关关系，一直是世界各国关注和研究的问题。1982 年，世界银行在巴西首都巴西利亚组织实施了有巴西、英国、法国、美国、比利时等国参加的路面平整度试验研究项目，即国际道路平整度试验（the International Road Roughness Experiment，IRRE）。试验中选择了 49 处试验路段，包括沥青混凝土、砾石、土路路面等，在各种条件下采用了不同平整度检测设备进行试验。试验研究找到了一个通用、标准的平整度指标，即国际平整度指数（IRI），其他各种平整度指标均可同 IRI 建立良好的相关关系。目前，IRI 已经成为各国评价路面平整度的通用指标。

3.2.1 国际平整度指数模型

IRI 是应用力学的方法，模拟给定参数的车辆以一定速度通过道路路面时，车辆相对竖直位移的累积值与行驶距离的比值。IRI 实际上是一个无量纲量，但是习惯上常采用 m/km 作为单位。在 IRI 研究中采用标准的 1/4 车轮模型，如图 3-2 所示。

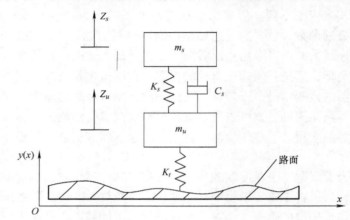

图 3-2 1/4 车轮模型

m_s —悬架质量（单轮所支承的那部分车身质量） m_u —非悬架质量（包括车轮、轮胎和悬架轴等的质量）

K_s、K_t —刚度系数 Z_s、Z_u —悬架质量和非悬架质量的绝对位移

C_s —阻尼系数 $y(x)$ —路面的相对纵断面高程

对图 3-2 中的标准 1/4 车轮模型进行运动学分析，其运动方程为

$$m_s \ddot{Z}_s + C_s(\dot{Z}_s - \dot{Z}_u) + K_s(Z_s - Z_u) = 0 \tag{3-5}$$

$$m_u \ddot{Z}_u + m_s \ddot{Z}_s + K_t[Z_u - y(x)] = 0 \tag{3-6}$$

将式（3-5）和式（3-6）两边同时除以 m_s，则运动方程可以简化为

$$\ddot{Z}_s + C(\dot{Z}_s - \dot{Z}_u) + K_2(Z_s - Z_u) = 0 \tag{3-7}$$

$$\ddot{Z}_s + u\ddot{Z}_u + K_1 Z_u = K_1 y(x) \tag{3-8}$$

式中，$C = C_s/m_s = 6.00\text{s}^{-1}$；$u = m_u/m_s = 0.150$；$K_1 = K_t/m_s = 653\text{s}^{-2}$；$K_2 = K_s/m_s = 63.3\text{s}^{-2}$。

3.2.2 国际平整度指数计算方法

由以上分析可知，IRI 可以通过求解式（3-7）~式（3-8）得到，以下给出两种解的形式。

（1）对时间的微分

$$\dot{Z}(t) = e^{At}\dot{Z}(0) + A^{-1}(e^{At} - E)B\dot{Y} \tag{3-9}$$

或
$$\dot{Z}(t) = ST\dot{Z}(0) + PR\dot{Y} \tag{3-10}$$

式（3-9）~式（3-10）中，ST、PR 为与采样间隔以及标准车辆模型相关的矩阵，$ST = \mathrm{e}^{At} = I + \sum_{i=1}^{n} \frac{(At)^i}{i!}$，$PR = A^{-1}(\mathrm{e}^{At} - E)B$；$\dot{Z}(t) = [\dot{Z}_s(t) \quad \ddot{Z}_s(t) \quad \dot{Z}_u(t) \quad \ddot{Z}_u(t)]^\mathrm{T}$；

$$A = \begin{bmatrix} 0 & 1 & 0 & 0 \\ -K_2 & -C & K_2 & C \\ 0 & 0 & 0 & 1 \\ K_2/u & C/u & -(K_1+K_2)/u & -C/u \end{bmatrix}; B = \begin{bmatrix} 0 & 0 & 0 & K_1/u \end{bmatrix}^\mathrm{T} 。$$

（2）对空间的微分
$$Z'(x) = STZ'(0) + PRY'(x) \tag{3-11}$$

式中，$Z'(x) = [Z'_s(x) \quad Z''_s(x) \quad Z'_u(x) \quad Z''_u(x)]^\mathrm{T}$；$Y'(x) = [Y(x) - Y(0)]/\mathrm{d}x$，$\mathrm{d}x$ 为空间采样间隔。

关于两种解有几点说明：①在式（3-9）、式（3-11）的推导中，已经假定断面上任意相邻两点间的坡度为常量；②IRI 模型解由两部分组成，系统本身前点相对于后点的变化量和由于路面本身的高程变化引起的系统变化量；③方程解的形式是一递归方程，即已知前一点的状态量，可解出后一点的状态量。

由以上分析可知，IRI 的计算包括以下 4 个部分：

1）系数矩阵的计算：系数矩阵的计算是按照式（3-10）中 ST 和 PR 计算。

2）转移矩阵初始值的确定：通过试验规定，纵断面前 11m 的坡度作为 Z'_s、Z'_u 的初始值。

$$\begin{cases} Z'_s = Z'_u = (y_a + y_1)/11 \\ Z''_s = Z''_u = 0 \\ a = 11/\mathrm{d}x + 1 \\ Z'(0) = [Z'_s \quad 0 \quad Z'_u \quad 0]^\mathrm{T} \end{cases} \tag{3-12}$$

式中，y_1、y_a 分别为第 1 点、第 a 点的相对高程（或偏差）；$\mathrm{d}x$ 为纵断面采样间距。

3）递归方程的计算：将递归方程（3-11）改写为式（3-13）。
$$Z'_i = STZ'_{i-1} + PRY'_i \tag{3-13}$$

式中，Z'_i 为当前位置的状态量；Z'_{i-1} 为前一位置的状态量；$Y'_i = (Y_i - Y_{i-1})/\delta x$ 为前点与后点之间的纵断面坡度。

4）IRI 的计算：依照 JTG F80/1—2017《公路工程质量检验评定标准 第一册 土建工程》的规定，每 100m 计算 IRI 的值，可以写成 2 种形势。

$$\begin{cases} \mathrm{IRI} = \dfrac{1}{n-1} \sum_{j=2}^{n} (|Z'_s - Z'_u|)_j \\ \mathrm{IRI} = \dfrac{1}{L - \mathrm{d}x} \sum_{j=2}^{n} (|\mathrm{d}Z_s - \mathrm{d}Z_u|)_j \end{cases} \tag{3-14}$$

式中，L 为测试路段长度。

3.2.3 国际平整度指数的特点及其影响因素

路面平整度是客观存在的，原则上可以使用不同的检测仪器测量，可以采用不同的数字处理方法处理测量结果，可以用不同的数字特征量即指标表达测量结果。但是大多数指标对路面平整度状况的反映较单一，无法进行全面评价。国际平整度指数具有时间稳定性、空间可转移性、显著性和有效性等特点，目前已被多数国家采用。

但是由于标准 1/4 车轮模型的响应频率范围等限制，在实际中发现即使相同的路面高程，通过标准模型计算获得的 IRI 值也是有差异的，尤其是位移传感器的精度、数据采样间隔、检测方向、评价距离以及检测车速等都对 IRI 的值有影响。本章采用数值模拟的方法，定量分析了检测系统中的位移传感器精度、数据采样间隔、评价距离、检测方向以及检测车速等因素对 IRI 的影响。

(1) 位移传感器精度

IRI 计算是以获取测量路段的路面纵断面相对高程为前提的，而路面纵断面相对高程的测量通常是利用位移传感器来实现的，因此，测量用位移传感器的精度必然会影响 IRI 的计算精度。

设测量路面的相对高程为 $f(x_i)$，位移传感器的精度为 Δ，此位移传感器的测量误差为 $\delta_i = \pm \Delta$。因此，位移传感器测得的路面高程为

$$y_i = f(x_i) + \delta_i = f(x_i) \pm \Delta \tag{3-15}$$

目前，在路面平整度检测中广泛使用的位移传感器的精度有 1.0mm、0.5mm、0.4mm、0.3mm、0.2mm、0.1mm 等几种。假设测量路面的纵断面高程 $f(x_i) = 0$，不同位移传感器精度对 IRI 的影响结果如图 3-3 所示。

从图 3-3 中可以看出：位移传感器精度越高，IRI 测量误差就越小。

(2) 数据采样间隔

每段路面都具有微观凹凸不平的纹理，实际检测过程中利用激光位移传感器测量的路面高程中必然叠加有路面的纹理值。因此，为了提高 IRI 测量精度，通常采用大密度采样，然后计算平均值以此来减小纹理的影响，可见数据采样间隔对 IRI 测量结果必然产生影响。

本章利用几种常用精度的位移传感器，以不同的采样间隔进行数据采集，利用所得数据计算 IRI 的误差。数据采样间隔为 10mm 时，不同精度的位移传感器测量 IRI 时的误差曲线如图 3-4，其余采样间隔下，常见的几种精度位移传感器测量 IRI 误差值见表 3-1。

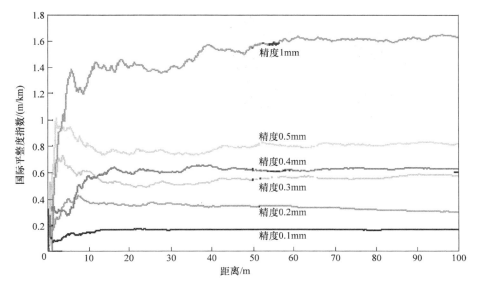

图 3-3 不同位移传感器精度对 IRI 的影响结果

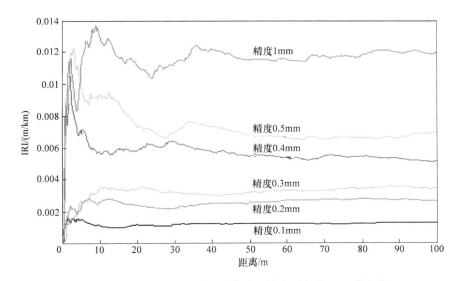

图 3-4 10mm 采样间隔时位移传感器精度引起的 IRI 测量误差

表 3-1 不同采样间隔与位移传感器精度引起的 IRI 测量误差

(单位: m/km)

传感器精度/mm	采样间隔/mm				
	1	5	10	50	250
0.1	0.000044	0.00046	0.0013	0.0146	0.1503
0.2	0.000085	0.00100	0.0026	0.0269	0.3388

（续）

传感器精度/mm	采样间隔/mm				
	1	5	10	50	250
0.3	0.000110	0.00140	0.0034	0.0429	0.5187
0.4	0.000180	0.00190	0.0051	0.0530	0.6428
0.5	0.000210	0.00230	0.0069	0.0712	0.8668
1.0	0.000430	0.00490	0.0120	0.1458	1.4995

从表3-1中能够看出：位移传感器精度越高、数据采样间隔越小，IRI测量误差就越小。位移传感器精度相同时，数据采样间隔越小，IRI测量误差越小。

（3）评价距离

因为IRI计算是以路面纵断面为前提的，所以选择的评价距离对IRI的精度也是有影响的。设置如图3-5所示的一段路，该路在30~40m之间有一个2mm的弧形突起，其余距离处为光滑路面，即高程为0。为了方便分析，假设位移传感器没有测量误差，数据采样间隔为1mm，结果如图3-5所示。

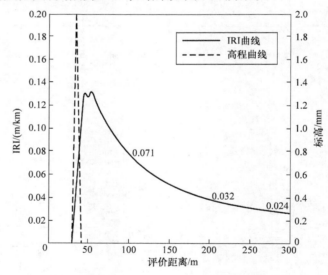

图3-5 评价距离对IRI测量的影响

从图3-5可以看出：当评价距离分别为100m、200m、300m时，IRI = 0.071m/km、0.032m/km、0.024m/km。可见，不同的评价距离引起的IRI误差有所差异，评价距离越长，IRI误差越小，但是评价距离太长时，所得IRI在路面养护中的实用性越差。因此，平整度检测规范中规定IRI的评价距离为100m。

（4）检测方向

采用的路面同图3-5，假设位移传感器没有测量误差，数据采样间隔为

0.1mm，测得的 IRI 检测误差如图 3-6 所示。

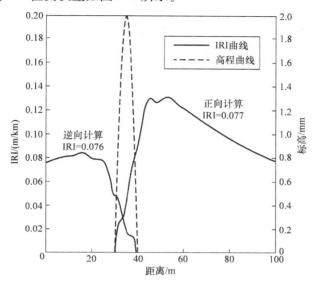

图 3-6 检测方向对 IRI 测量的影响

从图 3-6 中看出：正向检测时，IRI = 0.077m/km；逆向检测时，IRI = 0.076m/km。可见检测方向对 IRI 的检测精度影响较小。

（5）检测车速

世界银行给定的 IRI 标准模型中，假定的测试速度为 80km/h，实际检测过程并不能保证检测车速为此恒定值。采用的路面同图 3-5 所示，检测车速对 IRI 测量的影响结果如图 3-7 所示。

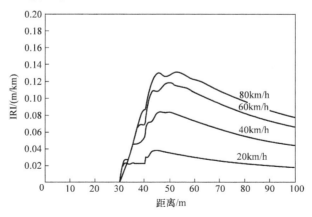

图 3-7 检测车速对 IRI 测量的影响结果

从图 3-7 中可以看出：车速越接近 80km/h，计算的 IRI 值与理论偏差值越小。

由以上分析可知：对 IRI 值影响最大的是传感器精度，从分析结果中可知，要实现 IRI 一级精度检测，所采用的位移传感器精度至少要达到 0.1mm；采样间距对 IRI 的影响也较大，检测时采样间隔越小，IRI 精度越高；车速越接近 80km/h，IRI 误差就越小，检测时只要让检测车速在高速范围内波动，就可以提高 IRI 测量精度；检测方向对 IRI 测量结果的影响较小。

3.3 路面高程测量方法

从路面平整度评价指标 IRI 的定义和求解方法可以看出，IRI 指标计算的前提是获得路面的高程数据，然后以获取的曲线作为激励输入给定的求解模型就可以得到 IRI 指标。

工程中高程指某一点到基准面的竖向垂直高度，通常分为绝对高程和相对高程两种类型，高程是确定地面点位置的重要元素之一。目前，高程常用水准法和三角高程法进行测量。水准法测量高程所使用的仪器为水准仪，利用水准仪可以测量两个地面点之间的高度差。三角高程测量通过测量两点之间的天顶距和水平距来获得两点间的高程差。这两种方法沿用多年，虽然也有许多改进（如水准测量中的自动读数、引入 GPS 进行定位等），但总体来说仍需人工完成，测量效率低下。为了提高路面高程的测量效率，降低测量的难度，减小测量误差，近年来发展出了基于 GPS 与惯导系统相融合的快速车载式道路高程测量方法，该方法测量效率高，测量准确，可以实现车载式快速测量，特别适合在道路的普查和养护过程中使用。

3.3.1 水准测量

水准测量又名几何测量，是用水准仪和水准尺测定地面上两点间高差的方法。测量原理如图 3-8 所示，在地面两点间安置水准仪，观测竖立在两点上的水准标尺，按照标尺上的读数推算两点间的高差。

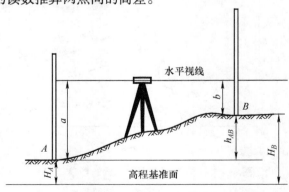

图 3-8 水准测量原理

在图 3-8 中，A 为已知高程点，其高程为 H_A，B 为待测高程点。在 A、B 两点中间安置一台水准仪，在 A、B 两点上分别竖有带刻度的标尺（水准尺），当水准仪提供水平视线时，分别读取 A 点水准尺的读数 a（称为后视读数）和 B 点水准尺的读数 b（称为前视读数），则 A、B 两点的高差为

$$h_{AB} = a - b \tag{3-16}$$

B 点的高程为

$$H_B = H_A + h_{AB} = H_A + a - b \tag{3-17}$$

当 A、B 两点相距较远时，可分段连续进行测量，如图 3-9 所示，A 为已知高程点。如果 A、B 两点分成 n 段测量，第 n 段测量的高程差 $h_n = a_n - b_n$。

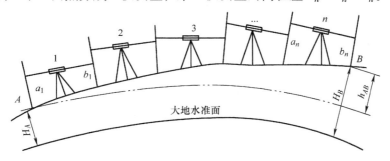

图 3-9 连续水准测量原理

从图 3-9 中可得：

$$\begin{cases} h_1 = a_1 - b_1 \\ h_2 = a_2 - b_2 \\ \vdots \\ h_n = a_n - b_n \\ h_{AB} = \sum h = \sum a - \sum b \end{cases} \tag{3-18}$$

由式（3-18）可知：

1）每一点的高差等于该点的后视读数减去前视读数。

2）起点到终点的高差等于各段高差的代数和，也等于后视读数之和减去前视读数之和。通常要同时用 $\sum h$ 和 $(\sum a - \sum b)$ 进行计算，用来检验计算是否有误。

3.3.2 全站仪高程测量

全站仪高程测量方法有全站仪单向、对向三角高程测量和全站仪中点法高程测量。前两种方法都是将全站仪安置在已知高程的测点上，在待测点上安置棱镜，量取仪器高和棱镜高，采用单向或对向观测法测定两点间的距离和竖直角。尽管全站仪测距和测角精度很高，但仪器高和棱镜高都采用钢直尺按斜量法或平量法获取，

其精度约为±3mm，距离越短，对高程测量影响越大。有研究者提出了全站仪中点法高程测量，此方法将全站仪像水准仪一样安置在任意位置，在不量取仪器高的情况下，利用三角高程测量原理测出待测点的高程。然而，此方法误差随着观测距离和竖直角的增大而增加。在实际测量过程中，测量工作者可以根据三种方法的优缺点、适应条件及适应范围等选择最佳测量方案。

（1）单向三角高程测量原理及误差分析

单向三角高程测量原理如图3-10所示，其中，A为已知高程点，B为待测高程点。将全站仪安置于A点，测得仪器高为i；将反光棱镜置于B点，测得棱镜高为v。

由图3-11可得A、B两点间的高差计算公式为

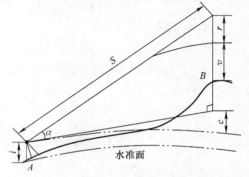

图3-10 单向三角高程测量原理

$$h_{AB} = S\sin\alpha + c - r + i - v \qquad (3\text{-}19)$$

式中，h_{AB}为A、B两点的高差；S为斜距；α为竖直角；c为地球曲率改正数；r为大气折光系数改正数。

c、r的计算公式为

$$c = \frac{D^2}{2R} = \frac{S^2}{2R}\cos^2\alpha \qquad (3\text{-}20)$$

$$r = \frac{KD^2}{2R} = \frac{KS^2}{2R}\cos^2\alpha \qquad (3\text{-}21)$$

式中，R为地球半径；K为大气折光系数；S、D分别为仪器到棱镜的斜距和平距。

因此，全站仪单向三角高程测量的计算公式为

$$h_{AB} = S\sin\alpha + \frac{1-K}{2R}S^2\cos^2\alpha + i - v \qquad (3\text{-}22)$$

根据误差传播定律，对式（3-22）进行微分，并转变为中误差关系式为

$$m_h^2 = (m_s\sin\alpha)^2 + \left(\frac{Sm_\alpha\cos\alpha}{\rho}\right)^2 + \left(\frac{S^2 m_K \cos^2\alpha}{2R}\right) + m_i^2 + m_v^2 +$$

$$\left(\frac{1-K}{2R}S^2\frac{m_\alpha}{\rho}\sin^2\alpha\right)^2 + \left(\frac{1-K}{2R}Sm_S\cos^2\alpha\right)^2 \qquad (3\text{-}23)$$

式中，m_h、m_S、m_α分别为A、B两点间高差的中误差、斜距中误差、竖直角中误差；m_K为大气折光系数测量中误差；m_i为仪器高量取中误差；m_v为棱镜高量取中误差。

考虑到当$S < 1000\text{m}$时，K值在我国为$0.08 \sim 0.14$，故$\frac{1-K}{2R}S^2\frac{m_\alpha}{\rho}\sin^2\alpha$和

$\frac{1-K}{2R}Sm_s\cos^2\alpha$ 的值约为 10^{-2} mm,可以忽略不计,则式(3-23)可简化为

$$m_h = \sqrt{(m_s\sin\alpha)^2 + (\frac{Sm_\alpha\cos\alpha}{\rho})^2 + (\frac{S^2 m_K \cos^2\alpha}{2R})^2 + m_i^2 + m_v^2} \quad (3\text{-}24)$$

（2）对向三角高程测量原理及误差分析

对向观测又称为往返观测,其观测原理与单向观测相同。在气象条件稳定时,全站仪对向三角高程测量可以不考虑地球曲率及大气折光系数的影响,相比单向观测具有明显优势,原因如下所述。

将全站仪置于 A 点,棱镜置于 B 点,测得 A、B 两点之间的高差 h_{AB},h_{AB} 称为往测高差;再将全站仪置于 B 点,棱镜置于 A 点,测得 B、A 两点间的高差 h_{BA},h_{BA} 称为返测高差,往返两次观测高差的平均值即可作为最终的测量结果。

$$h_{AB} = S_{往}\sin\alpha_{往} + \frac{1-K_{往}}{2R}S_{往}^2\cos^2\alpha_{往} + i_{往} - v_{往} \quad (3\text{-}25)$$

$$h_{BA} = S_{返}\sin\alpha_{返} + \frac{1-K_{返}}{2R}S_{返}^2\cos^2\alpha_{返} + i_{返} - v_{返} \quad (3\text{-}26)$$

在全站仪进行往返测量时,如果观测是在相同气象条件下进行的,特别是在同一时间进行,则可假定大气折光系数对于往返观测时基本相同,即 $K_{往} \approx K_{返}$；$S_{往}^2\cos^2\alpha_{往}$ 和 $S_{返}^2\cos^2\alpha_{返}$ 同是 A、B 两点之间的平距,也可认为近似相等,即

$$\frac{1-K_{往}}{2R}S_{往}^2\cos^2\alpha_{往} \approx \frac{1-K_{返}}{2R}S_{返}^2\cos^2\alpha_{返} \quad (3\text{-}27)$$

从式（3-25）~式（3-27）可得对向观测计算高差的基本公式为

$$\bar{h}_{AB} = \frac{1}{2}|S_{往}\sin\alpha_{往} - S_{返}\sin\alpha_{返} + i_{往} - v_{往} - i_{返} + v_{返}| \quad (3\text{-}28)$$

根据误差传播定律,对式（3-28）进行微分,并转变为中误差关系式为

$$m_{\bar{h}}^2 = \frac{1}{4}[(S_{往}\cos\alpha_{往})^2(\frac{m_{\alpha往}}{\rho})^2 + (S_{返}\cos\alpha_{返})^2(\frac{m_{\alpha返}}{\rho})^2] +$$

$$\frac{1}{4}(m_{S_{往}}^2\sin^2\alpha_{往} + m_{S_{返}}^2\sin^2\alpha_{返} + m_{i_{往}}^2 + m_{i_{返}}^2 + m_{v_{往}}^2 + m_{v_{返}}^2) \quad (3\text{-}29)$$

由于仪器和观测条件相同,可取 $m_{\alpha往} = m_{\alpha返} = m_\alpha$，$m_{S_{往}} = m_{S_{返}} = m_S$，$S_{往} = S_{返} = S$，$m_{i_{往}} = m_{i_{返}} = m_{v_{往}} = m_{v_{返}} = m$，$\alpha_{往} = \alpha_{返} = \alpha$。式（3-29）可简化为

$$m_{\bar{h}}^2 = \frac{1}{2}(S\cos\alpha)^2(\frac{m_\alpha}{\rho})^2 + \frac{1}{2}m_S^2\sin^2\alpha + m^2 \quad (3\text{-}30)$$

对式（3-30）进行开平方,即

$$m_{\bar{h}}^2 = \sqrt{\frac{1}{2}(S\cos\alpha)^2(\frac{m_\alpha}{\rho})^2 + \frac{1}{2}m_S^2\sin^2\alpha + m^2} \quad (3\text{-}31)$$

（3）全站仪中点法高程测量原理及误差分析

全站仪中点法高程测量原理如图 3-11 所示，在已知高程点 A 和待测高程点 B 上分别安装反光棱镜，在 A、B 的大致中间位置选择两点均通视的 O 点安置全站仪。

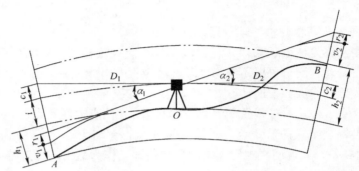

图 3-11 全站仪中点法高程测量原理

根据三角高程测量原理，O、A 两点的高差 h_1 为

$$h_1 = S_1\sin\alpha_1 + c_1 - r_1 + i - v_1 \tag{3-32}$$

式中，S_1、α_1 分别为 O 至 A 点的斜距和竖直角；c_1、r_1 分别为 O 至 A 点的地球曲率改正数和大气折光系数改正数；i 为仪器高；v_1 为 A 点的棱镜高。

将式（3-30）、式（3-31）代入式（3-32），并设 K_1 为 O 至 A 点的大气折光系数，R 为地球半径：

$$h_1 = S_1\sin\alpha_1 + \frac{1-K_1}{2R}S_1^2\cos^2\alpha_1 + i - v_1 \tag{3-33}$$

同理可得 O、B 两点的高差 h_2 为

$$h_2 = S_2\sin\alpha_2 + \frac{1-2K_2}{2R}S_2^2\cos^2\alpha_2 + i - v_2 \tag{3-34}$$

式中，S_2、α_2 分别为 O 至 B 点的斜距和竖直角；K_2 为 O 至 B 点的大气折光系数；i 为仪器高；v_2 为 B 点的棱镜高。

则 A、B 两点间的高差 h 为

$$h = h_2 - h_1 = S_2\sin\alpha_2 - S_1\sin\alpha_1 + \frac{1-K_2}{2R}S_2^2\cos^2\alpha_2 - \frac{1-K_1}{2R}S_1^2\cos^2\alpha_1 + v_1 - v_2 \tag{3-35}$$

由式（3-35）可知，采用中点法测量的高差主要与测量斜距 S_1 和 S_2、竖直角 α_1 和 α_2、棱镜高 v_1 和 v_2 及大气折光系数 K_1 和 K_2 有关，从而克服了仪器高量取精度的影响，有利于提高测量精度。当 A、B 两点采用同一对中杆且不变换高度，即 $v_1 = v_2$ 时：

$$h = h_2 - h_1 = S_2\sin\alpha_2 - S_1\sin\alpha_1 + \frac{1-K_2}{2R}S_2^2\cos^2\alpha_2 - \frac{1-K_1}{2R}S_1^2\cos^2\alpha_1$$

(3-36)

由式（3-36）可知，采用适当的方法，全站仪中点法高程测量与仪器高、棱镜高完全无关，只与斜距、竖直角及大气折光系数有关。

根据误差传播定律，对式（3-36）进行微分，并转变为中误差关系式：

$$m_h^2 = (\sin\alpha_1 + \frac{1-K_1}{R}S_1\cos^2\alpha_1)^2 m_{S_1}^2 + (\sin\alpha_2 + \frac{1-K_2}{R}S_2\cos^2\alpha_2)^2 m_{S_2}^2 +$$

$$(S_1\sin\alpha_1 - \frac{1-K_1}{R}S_1^2\cos\alpha_1\sin\alpha_1)^2 (\frac{m_{\alpha_1}}{\rho})^2 +$$

$$(S_2\sin\alpha_2 - \frac{1-K_2}{R}S_2^2\cos\alpha_2\sin\alpha_2)^2 (\frac{m_{\alpha_2}}{\rho})^2 +$$

$$(\frac{1}{2R}S_1^2\cos^2\alpha_1)^2 m_{K_1}^2 + (\frac{1}{2R}S_2^2\cos^2\alpha_2)^2 m_{K_2}^2 + m_{v_1}^2 + m_{v_2}^2 \quad (3\text{-}37)$$

式中，m_h 为 A、B 两点间高差中误差；m_{S_1} 和 m_{α_1} 分别为 O 至 A 点的斜距和竖直角中误差；m_{K_1} 和 m_{v_1} 分别为 O 至 A 点的大气折光系数和棱镜量取中误差；m_{S_2} 和 m_{α_2} 分别为 O 至 B 点的斜距和竖直角中误差；m_{K_2} 和 m_{v_2} 分别为 O 至 B 点的大气折光系数和棱镜量取中误差。

考虑到当 $S_1 < 1000\text{m}$、$S_2 < 1000\text{m}$ 时，K 值在我国为 $0.08 \sim 0.14$，式（3-37）中 $\frac{1-K_1}{R}S_1\cos^2\alpha_1$、$\frac{1-K_2}{R}S_2\cos^2\alpha_2$、$\frac{1-K_1}{R}S_1^2\cos\alpha_1\sin\alpha_1$、$\frac{1-K_2}{R}S_2^2\sin\alpha_2\cos\alpha_2$ 的值为 $10^{-3} \sim 10^{-2}$，可以忽略不计。$D_1 = S_1\cos\alpha_1$、$D_2 = S_2\cos\alpha_2$，D_1 和 D_2 分别为 O 至 A、B 的水平距离，则式（3-37）可变为

$$m_h^2 = m_{S_1}^2\sin^2\alpha_1 + m_{S_2}^2\sin^2\alpha_2 + \frac{1}{\rho^2}(D_1^2 m_{\alpha_1}^2\tan^2\alpha_1 + D_2^2 m_{\alpha_2}^2\tan^2\alpha_2) +$$

$$\frac{1}{4R^2}(D_1^4 m_{K_1}^2 + D_2^4 m_{K_2}^2) + m_{v_1}^2 + m_{v_2}^2 \quad (3\text{-}38)$$

在同一地点进行测量，短时间内 K 值的变化很小，又因为全站仪中点法测量就是在相同观测条件下进行的，故可近似认为 $K_1 \approx K_2$，$m_{K_1} \approx m_{K_2} = m_K$。考虑到全站仪的特点，设边长的测量精度 m_S、竖直角的测量精度 m_α 及棱镜高的量取精度 m_v 相等，则式（3-38）可写为

$$m_h = \sqrt{(\sin^2\alpha_1 + \sin^2\alpha_2)m_S^2 + \frac{m_\alpha^2}{\rho^2}(D_1^2\tan^2\alpha_1 + D_2^2\tan^2\alpha_2) + \frac{D_1^4 + D_2^4}{4R^2}m_K^2 + 2m_v^2}$$

(3-39)

由式（3-39）可知，全站仪中点法高程测量误差与仪器精度（m_S、m_α）、大气折光系数误差 m_K 及棱镜高量取误差 m_v 等有关。

全站仪三角高程测量法简单易行,测量速度较传统方法快很多。全站仪 3 种高程测量的误差,都随观测距离和竖直角的增大而增大,并与测边精度和测角精度有关。因此,为提高全站仪三角高程测量法的测量精度,可适当增加测回数,以提高距离和竖直角的观测精度。

3.3.3 GPS 和多传感器融合测量

基于 GPS 和多传感器融合的快速车载式路面高程测量方法,以 GPS、姿态传感器和增量式旋转编码器等传感器为基础,在车辆高速行驶时,同步采集传感器测量的经纬度、海拔、行驶速度以及车辆的俯仰角,分别解算出俯仰角度积分高程和 GPS 高程,并对二者采用数据融合的方法计算出道路的高程。

(1) 测量系统结构

道路高程测量系统以车为载体,由距离与车速传感器、多通道数据采集系统、车辆姿态传感器、GPS 地理信息采集系统和工业控制计算机(工控机)组成,测量系统原理如图 3-12 所示。图中,$V(t)$、$S(t)$ 分别为车辆速度和里程;$\theta_x(t)$、$\theta_y(t)$、$\theta_z(t)$ 分别为车辆的侧倾、俯仰和横摆角。

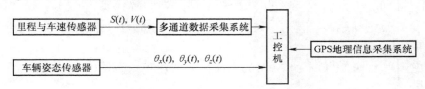

图 3-12 测量系统原理

检测系统为在车顶安装 GPS 天线,在后轮上安装光电编码器测量车辆的行驶里程和行驶速度。多通道数据采集系统选用美国 NI – USB6210 接口卡,主要用于采集距离与速度传感器的信号。工控机选用研华高性能工业控制计算机,主机配置为:①CPU:Intel Core2 四核 2.4GB;②内存:Kingston 2 GB × 2DDR3 (800);③主板:Asus P5E;④硬盘:希捷 320GB。选用"北斗天璇"GPS 接收机作为 GPS 地理信息采集系统,该机支持最高 20Hz 的定位信息输出频率,输出的定位信息既可以直接被程序使用,也可以保存后用于进一步研究。

为得到检测车的姿态信息,本系统选用 NV – AHRS M2-0.25 航姿参考系统(Attitude and Heading Reference System),可以在高动态的环境中实现测量车辆的姿态角、角速度和加速度。通常在动态情况下,该系统能够以 100Hz 的频率输出车辆的姿态角,且精度可以达到 0.4°。

光电旋转编码器选用增量型 E6C3 – CWZ5GH 光电旋转编码器,每周 2048 个脉冲,ABZ 三相输出,12V 供电。

(2) 基于姿态测量系统的高程测量

本系统中的姿态测量传感器能够以 100Hz 的采集频率得到车辆的俯仰角度,

当汽车高速行驶时,将旋转编码器实时采集的车辆行驶里程信息和姿态测量系统实时采集的车辆俯仰角度信息进行综合处理。

当车辆在路面上行驶时,通过姿态测量系统,能够实时测量出汽车前进方向与水平方向之间的角度 θ_y,即车辆的俯仰角度,如图 3-13 所示。

图 3-13 测量系统工作原理

按照测量原理可知:

$$\dot{h}(t) = V(t)\sin\theta_y \quad (3\text{-}40)$$

式中,$\dot{h}$ 为路面高程;V 为车辆的行驶速度;θ_y 为俯仰角度;t 为时间。

因此:

$$h(t) = h(0) + \int_0^t V(t)\sin\theta_y \mathrm{d}t \quad (3\text{-}41)$$

又因为:

$$V(t) = \dot{S}(t) \quad (3\text{-}42)$$

从而得到:

$$\begin{aligned} h(t) &= h(0) + \int_0^t \dot{S}(t)\sin\theta_y \mathrm{d}t \\ &= h(0) + \lim_{\Delta t \to 0}\sum_{t=0}^t [S(t)+\Delta t - S(t)\sin\theta_y] \end{aligned} \quad (3\text{-}43)$$

式中,S 为车辆的行驶里程。

在实际测量过程中,光电编码器的脉冲计数采集是以 22kHz 的采样频率工作的,因此可以取采样间隔 Δt 为

$$\Delta t = \frac{1}{22000}\mathrm{s} = 45\mu\mathrm{s} \quad (3\text{-}44)$$

因此,在已知车辆俯仰角度和同步的行驶里程的条件下,可根据式(3-43)求得任意 t 时刻的路面高程 $h(t)$,从而可以获得路面的高程起伏曲线。

利用上述方法,在一段相同的路面上,比较基于姿态测量系统测量获取的路面高程曲线与人工用水准仪测量得到的曲线,结果如图 3-14 所示。经对比计算,对于本路段的测量单点高程之间的相对误差不超过 5%,绝对误差小于 0.1m。

(3)基于 GPS 测量系统的高程测量

采用 GPS 可以测量天线中心所在位置的经纬度坐标以及海拔数据,最高采集频率为 20Hz。因此,根据 GPS 返回的 GPGGA 指令中的海拔数据,配合光电编码器的行驶里程数据就可以得到道路的高程数据。

根据大量试验发现,虽然理论上单个 GPS 所测海拔的精度比较低,但是测量

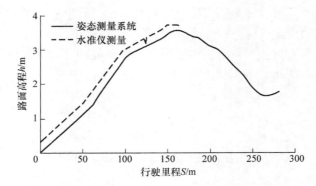

图 3-14　水准仪与姿态测量系统测量对比曲线

两点之间的相对海拔差的精度是比较高的，尤其是用于定位的卫星质量比较好而且在观测过程中一直保持与 GPS 接收机的载波联系（锁定卫星）的情况下，相对高度的测量精度会更高。因此，本测量系统采用 GPS 返回的海拔来计算道路的高程曲线。在卫星状况比较好的情况下，实际验证的结果如图 3-15 所示。

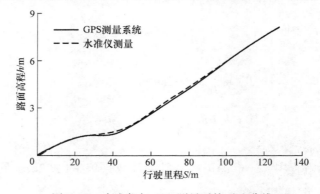

图 3-15　水准仪与 GPS 测量系统对比曲线

但是在卫星状况比较差或者存在建筑物、树木或林荫遮挡时，GPS 返回的高程数据会存在相当大的误差，甚至不可用。在同一段从空旷到林荫遮挡的路面上，基于 GPS 测量的道路高程与人工用水准仪测量的道路高程对比曲线如图 3-16 所示。

因此，对于基于 GPS 测量系统的道路高程测量，应该根据 GPS 返回的卫星信息，对 GPS 数据进行筛选。要求用于运算的 GPS 数据对应的数据输出状况为：卫星个数应多于 6 个，且稳定运行时间应在 3s 以上。

（4）GPS 与姿态测量传感器的数据融合

基于姿态测量系统数据计算得到的路面高程和基于 GPS 测量系统数据计算得到的路面高程，各有其优缺点：GPS 采集的海拔数据，只存在单点测量误差，不存在累积误差，而且测量误差是固定的；但是 GPS 的采样速率低，只有 20Hz，在某些卫星被遮挡路段以及特殊天气环境下，GPS 的数据信息不可用。基于姿态测量系

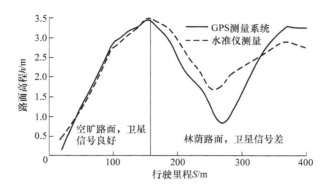

图 3-16 空旷路面和林荫路面 GPS 测量系统与水准仪测量对比曲线

统数据计算的道路高程,虽然采样频率高,全程路段都有数据,但是因为计算环节中有累加的积分运算,因此存在累积误差。采用上述 2 种方法计算得到的道路高程数据各有优势,以下采用多数据融合的方法对这 2 种数据计算结果进行综合,尽量提高道路高程的测量精度。

数据融合步骤为:

1) 当 GPS 采集的海拔数据有效时,采用卡尔曼滤波法对 2 种传感器的信号进行融合,得到道路的高程数据。

2) 当 GPS 信号无效时,找到之前有效的海拔数据的最末点,从该点开始采用姿态测量系统的数据来计算道路高程。

3) 当 GPS 信号从无效恢复到有效,将前面基于姿态测量系统得到的道路高程,利用直线拟合的方法连接至有效的海拔数据的起始点,然后再根据步骤1)进行计算。

在上述的数据融合方法中,当 GPS 采集的海拔数据有效时,需要采用卡尔曼滤波法来融合 2 种传感器的信号数据,计算得到道路的高程数据,该算法如下所述。

已知行驶里程 S、俯仰角度 θ_y、海拔信息 h_{GPS}、速度 V,计算道路高程 h。

根据状态方程(3-45)与观测方程(3-46):

$$\boldsymbol{X}_k = \boldsymbol{\Phi}_{k,k-1} \boldsymbol{X}_{k-1} + \boldsymbol{W}_k \tag{3-45}$$

$$\boldsymbol{Z}_k = \boldsymbol{q}(\boldsymbol{X}_k) + \boldsymbol{V}_k = \boldsymbol{H}_k \boldsymbol{X}_k + \boldsymbol{V}_k \tag{3-46}$$

式中,$\boldsymbol{X}_k = (s, v_s, h, v_h)^{\text{T}}$,$v_h$、$v_s$ 分别为速度 V 在高度和水平方向的分量;$\boldsymbol{\Phi}_k = \begin{bmatrix} 1 & T & 0 & 0 \\ 0 & 1 & 0 & 0 \\ 0 & 0 & 1 & T \\ 0 & 0 & 0 & 1 \end{bmatrix}$,$T$ 为随机噪声;$\boldsymbol{W}_k = \begin{bmatrix} 1 & T & 0 & 0 \\ 0 & 1 & 0 & 0 \\ 0 & 0 & 1 & T \\ 0 & 0 & 0 & 1 \end{bmatrix}$;$\boldsymbol{Z}_k = (h_{\text{GPS}}, V, \theta_y)^{\text{T}}$;$\boldsymbol{H}_k =$

$$\begin{bmatrix} 0 & 0 & 1 & 0 \\ 0 & 1 & 0 & 0 \\ 0 & -v_h/v_s^2 & 0 & 1/v_s \end{bmatrix}; \boldsymbol{q} = \begin{bmatrix} q_1 \\ q_2 \\ q_3 \end{bmatrix} = \begin{bmatrix} h \\ v_s \\ v_h/v_s \end{bmatrix}.$$

推导出卡尔曼滤波方程:

$$\begin{cases} \hat{X}_{k,k-1} = \boldsymbol{\Phi}_{k,k-1} X_{k-1} \\ \boldsymbol{P}_{k,k-1} = \boldsymbol{\Phi}_{k,k-1} \boldsymbol{P}_{k,k-1} \boldsymbol{\Phi}_{k,k-1}^{\mathrm{T}} + \boldsymbol{Q}_{k-1} \\ \boldsymbol{K}_k = \boldsymbol{P}_{k,k-1} \boldsymbol{H}_k^{\mathrm{T}} [\boldsymbol{H}_k \boldsymbol{P}_{k,k-1} \boldsymbol{H}_k^{\mathrm{T}} + \boldsymbol{R}_k]^{-1} \\ \hat{X}_k = \hat{X}_{k,k-1} + \boldsymbol{K}_k [\boldsymbol{Z}_k - \boldsymbol{q}(\hat{X}_{k,k-1})] \\ \boldsymbol{P}_k = (\boldsymbol{I} - \boldsymbol{K}_k \boldsymbol{H}) \boldsymbol{P}_{k,k-1} \end{cases} \quad (3\text{-}47)$$

利用方程组(3-47)进行反复迭代运算,从而可以得到路面高程 h。

(5) 误差分析

针对大的路面起伏,采用卡尔曼滤波法融合 GPS 与姿态传感器的信号实现测量。根据设备所提供的参数,在卫星情况较好时,基于 GPS 数据测量的道路高程误差约为 $\pm 0.1\mathrm{m}$,基于姿态测量系统数据测量的车辆俯仰角度误差约为 $\pm 0.4°$。在车载式道路高程测量系统中,取 GPS 测量误差与姿态测量传感器的积分误差中的最小值作为系统的综合误差。姿态测量传感器的积分误差 Δ_{gyro} 与积分路段长度 L 相关:

$$\Delta_{\mathrm{gyro}} = L\sin(\Delta_{\theta_y}) \quad (3\text{-}48)$$

式中,Δ_{θ_y} 为车辆俯仰角度的测量误差,取 $0.4°$。

从而得到车载式道路高程测量系统的综合误差 Δ 为

$$\Delta = \min(\Delta_{\mathrm{gyro}}, 0.1) = \min[L\sin(0.4°), 0.1] \quad (3\text{-}49)$$

为方便直观地了解测量误差,由式(3-49)计算得到的积分误差见表3-2,由式(3-49)计算得到的系统综合误差见表3-3。

表3-2 姿态测量传感器的积分误差

里程 L/m	姿态仪积分误差 $\Delta_{\mathrm{gyro}}/\mathrm{m}$
10	0.07
20	0.13
50	0.35
100	0.70
200	1.40
500	3.50
1000	6.98

表 3-3　道路高程测量系统综合误差及精度分析（GPS 状况良好）

GPS 误差/m	测量里程/m	综合误差 Δ/m	10% 坡度起伏/m	设备精度（%）
0.1	10	0.07	1	7.0
	20	0.10	2	5.0
	50	0.10	5	2.0
	100	0.10	10	1.0
	200	0.10	20	0.5
	500	0.10	50	0.2
	1000	0.10	100	0.1

由表 3-3 可看出，在信号良好的情况下，通过锁定卫星等技术，GPS 可以做到单点 0.1m 的测量误差。因此，如果 GPS 信号良好，则道路高程测量系统的综合误差就可以控制在 0.1m 范围内。在 GPS 信号良好的情况下，如空旷地带，应优先使用 GPS 采集的海拔数据作为道路高程的计算依据（计算时，GPS 参数选取比较宽松的值），此时系统的测量精度较高。对于 10% 的坡度测量，系统可以达到表 3-3 所列的精度。但如果在长距离测量时，出现卫星丢失或者锁星失败的情况，则 GPS 信号本身所引入的误差可能非常大，如果继续使用 GPS 采集的海拔数据，则会给测量系统带入较大的误差。此时应使用姿态测量传感器的数据并与 GPS 采集的海拔数据进行融合，以达到较高的系统测量精度。

3.4　惯性基准路面平整度检测技术

目前，路面不平度的测量主要采用断面类测量方法，该方法直接或间接测量路面纵断面形状，然后利用断面形状分析路面不平度。常用的方法有水准仪高程测量法、3m 尺测量法和激光不平度测量法。水准仪高程测量法，测量过程简单、测量结果稳定，但测量速度很慢。3m 尺测量法相对于水准仪是一种半自动化断面测量法，此方法的测量速度比水准高程测量法快，但最大只能测量 1.5m 的路面波长。激光不平度测量法，测量精度高且测量速度快，因此，国内外广泛采用激光测量法进行路面不平度测量。在该方法中，研究最多的是基于惯性基准的路面不平度激光测量方法，该方法是在测量平台（检测车）上安置竖向加速度传感器测量平台的竖直加速度值，对加速度进行 2 次积分获得惯性参考系下的平台振动量。利用激光位移传感器测量平台同路表面之间的位移量，然后与平台振动量相结合获得路面不平度的纵断面形状。

3.4.1　检测原理

基于惯性基准的路面平整度检测技术的检测原理如图 3-17 所示，图中的基准线是测量纵向水平基准线,要测量路面的纵向不平度曲线,就是要计算激光位移传感器的每一个测量点相对于水平基线的垂直距离 $\Delta_z(t)$。从图 3-17 中可以看出,$\Delta_z(t)$ 的值是由通过加速度测量值经过 2 次积分得到的垂直位移 $z_2(t)$ 和由激光传感器测量的相对距离 $z_4(t)$,以及检测梁的俯仰角 $\theta_y(t)$ 决定的:

$$\Delta_z(t) = z_1 - z_0 - z_3(t)$$
$$= z_1 - z_0 - [z_4(t)\cos(\theta_y(t)) - z_2(t)] \quad (3\text{-}50)$$

式中,z_1 和 z_0 是相对于路面不平度地理坐标的值,在测量过程中对每一个测量点都是一个常量,它的变化不会影响测量的纵断面形状,因此可以忽略;$z_4(t)$ 为 t 时刻 x 里程处测量平台上激光位移传感器测量到的平台(检测车)横梁与路面的距离,为已知量;$\theta_y(t)$ 为 t 时刻 x 里程处测量平台的俯仰角,它与车体的结构、路面状况以及车辆的行驶状态有关,可以根据车载的姿态测量系统得到,为已知量;$z_2(t)$ 为 t 时刻 x 里程处测量平台相对于开始点的纵向位移,可以由安装在测量平台上的加速度传感器经过 2 次积分得到。

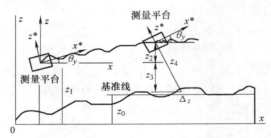

图 3-17 惯性基准路面平整度检测原理

通过以上分析可知,要得到任一里程处的不平度值 $\Delta_z(t)$,关键是要得到任一里程处的 $z_2(t)$。设 τ 时刻加速度传感器测量得到的加速度为 $a(\tau)$,则该加速度在垂直于基准线方向上的分量为 $a(\tau)\cos[\theta_y(\tau)]$,$\theta_y(\tau)$ 由姿态传感器测量得到。由位移、速度和加速度之间的关系可知,测量平台垂直位移 $z_2(t)$、垂直速度 $v(\tau)$ 和加速度 $a(\tau)$ 之间的关系为

$$z_2(t) = z_2(0) + \int_0^t v(\tau)\mathrm{d}\tau = z_2(0) + v(0)t + \int_0^t\int_0^t z_2''(\tau)\mathrm{d}\tau\mathrm{d}\tau$$
$$= z_2(0) + v(0)t + \int_0^t\int_0^t a(\tau)\cos[\theta_y(\tau)]\mathrm{d}\tau\mathrm{d}\tau \quad (3\text{-}51)$$

式中,$z_2(0)$ 为一个常数,不会影响路面的不平度形状;$v(0)$ 是叠加在 $z_2(t)$ 上的一个线性趋势项的斜率,不能忽略。

将式 (3-51) 代入式 (3-50) 中可得:

$$\Delta_z(t) = z_1 - z_0 + z_2(0) + v(0)t - z_4(t)\cos[\theta_y(t)] + \int_0^t\int_0^t a(\tau)\cos[\theta_y(t)]\mathrm{d}\tau\mathrm{d}\tau$$
$$(3\text{-}52)$$

式中，$z_1 - z_0 + z_2(0)$ 为常数项，不会影响到测量段内的曲线形状，因此可以设为 0；$z_4(t)$、$\theta_y(t)$ 和 $a(\tau)$ 分别由激光位移传感器、姿态传感器和加速度传感器测量得到；$v(0)t$ 为一次趋势项，其值可以通过最小二乘法获得，即认为测量的开始点和结束点之间的路面的总趋势是平的；$\int_0^t \int_0^t a(\tau)\cos[\theta_y(\tau)]\mathrm{d}\tau\mathrm{d}\tau$ 的计算以下具体分析。

由加速度计算位移就是求解 $\int_0^t \int_0^t a(\tau)\cos[\theta_y(\tau)]\mathrm{d}\tau\mathrm{d}\tau$，测量的加速度值为

$$a_y(\tau) = a(\tau)\cos[\theta_y(\tau)] \tag{3-53}$$

因此，位移的求解就是求解式（3-54）：

$$\int_0^t \int_0^t a_y(\tau)\mathrm{d}\tau\mathrm{d}\tau \tag{3-54}$$

其求解过程包括去均值、数字积分和去趋势项 3 部分，流程图如图 3-18 所示。

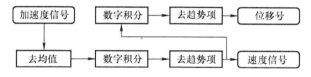

图 3-18　加速度求解位移流程图

（1）去均值

检测平台的垂直振动是由加速度传感器测量，其值在线路传输、滤波、A/D 转化后转化成数字量的过程中必然会加入一定的直流分量。这个直流分量会影响积分的精度，甚至会使积分结果不可信，因此在积分前必须去除。常用的方法是以信号的均值作为对直流分量的估计，从原始信号中去除。其具体方法为求出加速度的均值 $\bar{a} = \dfrac{1}{N}\sum_{i=0}^{N-1} a_i$，再用加速度值减去这个平均值：

$$a_i' = a_i - \bar{a} \tag{3-55}$$

由式（3-55）可知，a_i' 即为去除直流分量后的新加速度的值，速度的去均值方法与加速度类似。

（2）数字积分

经过去直流量后的加速度经过一次积分获得速度，经过 2 次积分得到位移。常用的数字积分方法有梯形积分法和 Simpson 积分法。梯形积分法计算简单，计算时间较短但其误差较大，此方法只在一些对计算精度要求不高的情况下使用。为了获得较高的积分精度，本章采用 Simpson 积分法。

Simpson 积分的数学表达式为

$$y(k) = \frac{\Delta t}{6}\sum_{i=1}^{k} x(i-1) + 4x(i) + x(i+1)$$
$$k = 1,2,\cdots,N-1 \tag{3-56}$$

采用 Simpson 方法由加速度计算速度和位移的方法为

$$v(k) = v(k-1) + \frac{\Delta t}{6}[a(k-1) + 4a(k) + a(k+1)]$$
$$k = 1, 2, \cdots, N-1 \tag{3-57}$$

$$S(k) = S(k-1) + \frac{\Delta t}{6}[v(k-1) + 4v(k) + v(k+1)]$$
$$k = 2, 3, \cdots, N-2 \tag{3-58}$$

（3）去趋势项

在实际的测量过程中，由于环境温度变化因素引起的传感器零点漂移，以及传感器积分性能的不稳定、环境的干扰等都会使积分结果偏离理论基线，即产生一个偏离基线的大小随时间变化的趋势项。由于趋势项对变化结果影响比较大，尤其是 2 次积分后的趋势项会使位移完全失真，因此必须进行去趋势项处理。常用的去趋势项的方法为多项式最小二乘法，其原理如下：

设实际测量到的加速度值为 $a(1, 2, \cdots, N)$，其对应的时间序列为 $t(1, 2, \cdots, N)$。设有一个多项式函数：

$$\tilde{x}(k) = b_0 + b_1 t(k) + b_2 t^2(k) + \cdots + b_m t^m(k)$$
$$k = 1, 2, \cdots, N \tag{3-59}$$

确定函数 $\tilde{x}$ 的各待定系数 $b_0, b_1, \cdots, b_m$，使得函数 $\tilde{x}$ 与加速度值 a 的误差平方和为最小：

$$E = \sum_{k=1}^{n} [\tilde{x}(k) - x(k)] \tag{3-60}$$

求解满足 E 有极小值的 $b_0, b_1, \cdots, b_m$，具体求解方法如下：

令 $\frac{\partial E}{\partial b_i} = 0 (i = 0, 1, \cdots, m)$，得到 $m+1$ 个 $m+1$ 元线性方程组。求解该方程组，便可以求出 $m+1$ 个待定系数 $b_0, b_1, \cdots, b_m$。具体的 m 值按照实际信号确定，通常加速度一次积分计算速度时去趋势项时 $m=2$，加速度 2 次积分计算位移时 $m=3$。

3.4.2 测量结果及分析

按照以上所述的测量原理，开发相应的测量设备。通过在检测搭载车上安装检测梁来实现，检测梁是本测量采集系统的核心，它是路面不平度测量传感器安装的基础，其结构如图 3-19 所示。

检测梁横向安装于检测车的前端，激光位移传感器和加速度传感器以及姿态测量系统都固定在该检测梁内。检测梁内布置了 5 个激光位移传感器来测量路面的起伏变化，另外布置 6 个加速度传感器来检测车辆的振动情况。加速度传感器 1、2 和激光位移传感器 1、2 用于采集左轮迹带处的各类数据；加速度传感器 5、6 和激

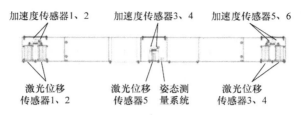

图 3-19 检测梁结构及传感器布置

光位移传感器 3、4 用于采集右轮迹带处的各类数据；加速度传感器 3、4 和激光位移传感器 5 用于采集车辆中心线处的各类数据。

研究中需要测量的路面波长范围为 0.01~100m。当检测时的车速为 10~30m/s 时，由频率、波长和速度的关系 $f = v/\lambda$ 可知，需要测量的时间频率范围为 0.1~3000Hz。

由检测原理可知，路面不平度将由激光传感器、加速度传感器、姿态仪等多个传感器的数据综合获得。道路表面的纵断面曲线（路形曲线）包含了从低频到高频很大范围的信号。由于目前的仪器硬件及传感器性能和参数的限制，仅使用一种传感器测量很难覆盖所有信号频段，因此研究中将测量信号分为低频信号和高频信号两部分，低频信号用低频性能好的传感器测量（小于 3Hz），高频信号用高频性能较好的传感器测量（大于 3Hz）。对高频加速度信号和低频加速度信号，分别按前述方法进行 2 次积分计算出高频加速度位移曲线和低频加速度位移曲线，然后分别与激光位移对应的高频曲线和低频曲线相减，得到路形曲线的高频段与低频段，最后将这 2 段路形相加，就可以得到路面纵断面曲线，然后以此来分析路面不平度。路面纵断面路形曲线计算方法如图 3-20 所示。

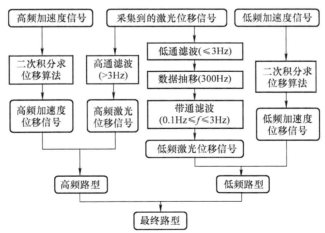

图 3-20 路面纵断面路形曲线计算方法

在路面不平度测量计算中,由于涉及2次积分和实际算法迭代的考虑,研究中所述的路面不平度测量系统在数据采集中,采用40m为一个单元来计算,也就是对40m内采集到的数据,进行去均值、数字积分、去趋势项,从而计算测量平台(检测车)的垂直振动位移量,并用此量对激光位移传感器获得的数据进行修正以此来测量路面不平度。

各段数据分别计算,然后连接成一整条试验路面。由于路面不平度数据处理是分段进行的,计算完成后,分段数据连接时,就可能出现数据的跳变,影响路面不平度测量的准确性。以下采用信号局部基准调整自适应方法来实现各路面分段数据的平滑连接。

在实际路面不平度试验数据中随机选取2段数据作为例子来介绍基准自适应算法的具体方法。如图3-21所示,选择2个40m段的数据,从图中可以看出在40m处数据出现了跳变。

由于实际采集过程的复杂性,很有可能使两端数据在结合处出现突变。但实际的路面通常是比较光滑的,一般不会有大的突变,如果直接将两端数据连接起来,那么所得到的路面不平度就会出现误差。

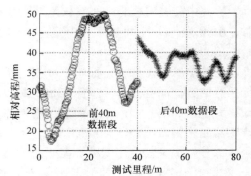

图3-21 预平滑连接数据段图

自适应平滑的具体方法如下:

1) 从发生突变的位置分别向两边选择10m的数据为需要进行修正的区域,如图3-22中的x_1和x_2所示。x_1为前段数据中选择的10m数据,x_2是从后段数据中选择的10m数据。

2) 在图3-22中,把前段数据中去除x_1后的数据记为x_3,把后段数据中去除x_2后的数据记为x_4。把数据序列x_3和x_4段数据平分成30份,计算每一段的均值,再加上x_3右端点和x_4左端点共62个数据,对这62个点进行3次样条拟合得到修正段的基本趋势,如图3-22中的光滑曲线x_5所示。

3) 对x_1和x_2段分别进行去趋势项处理,先对各自数据段进行去趋势项处理,处理完的数据段端点不可能为0,然后再进行去除数据两端点连接起来的趋势的处理,使各自的数据段没有趋势项,并且两端点都为0。

4) 把x_1和x_2去趋势项后的值与x_5相加,就可以得到修正后的数据,如图3-22中的x_7所示。至此就完成了两段数据段的平滑连接,其最后的数据为x_3 + x_7 + x_4。

通过自适应平滑修正后,对原始数据进行了平滑连接,针对信号跳变趋势进行了调整,即调整了信号中连接段的低频值,保留了信号中的高频值,并且保留了数据的基本趋势,而且修正的数据区较小,不会影响整个数据的特性。

以下为在某汽车试验跑道上选一段160m路面作为试验路段,对该测量方法进行的试验验证。为评估结果波形的差异,引入平均峰值误差、平均最大相对误差及平方和误差指标。

平均峰值误差是积分位移时程$y(t)$的正、负峰值分别相对于实测位移时程$s(t)$正、负峰值的误差的平均值:

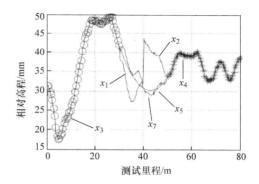

图3-22 局部基准调整自适应方法具体实现

$$E_{rp} = \frac{1}{2}\left\{\frac{|\max[y(t)] - \max[s(t)]|}{\max[s(t)]} + \frac{|\min[y(t)] - \min[s(t)]|}{\min[s(t)]}\right\} \quad (3-61)$$

平均最大相对误差是相对误差时程$[y(t)-s(t)]$的正、负峰值分别相对$s(t)$正、负峰值的误差的平均值:

$$E_{rr} = \frac{1}{2}\left\{\frac{|\max[y(t)-s(t)]|}{\max[s(t)]} + \frac{|\min[y(t)-s(t)]|}{\min[s(t)]}\right\} \quad (3-62)$$

对比评价2个波形,不仅应注意其各自峰值的差别,而且应考察其总体效应即波形代表的能量差别,可引入平方和误差来描述积分与实测动位移的能量误差:

$$E_{rsq} = \frac{\sum_{i=1}^{N}[y(i)]^2 - \sum_{i=1}^{N}[s(i)]^2}{\sum_{i=1}^{N}[s(i)]^2} \quad (3-63)$$

式中,$y(i)$、$s(i)$为$y(t)$、$s(t)$时程的位移采样值;N为采样点数。

在所选择的试验路段上用水准仪每0.25m测量1个点的高程,共计1200个点(图3-23中带星号的点),检测结果如图3-23中的实线所示。

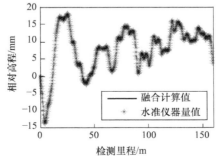

图3-23 测量结果与水准测量结果对比

利用上述误差指标对基于惯性基准的路面不平度测量方法的检测误差进行评价，具体结果见表3-4。

表3-4 基于惯性基准的路面不平度测量方法的检测误差

检测项	平均峰值	平均最大	平方和
误差（%）	3.8	1.1	3.1

3.5 非惯性基准传递路面平整度检测技术

基于惯性基准的路面平整度检测技术最大的缺点是检测速度不能低于20km/h，在此基础上发展出了基于非惯性基准传递的路面平整度检测技术，检测系统中全部采用非接触激光位移传感器。激光位移传感器按一定位置比例间隔安装固定在刚性检测梁基准尺上，测量出路面与刚性检测梁基准尺之间的距离变化。其显著特点之一是刚性检测梁基准尺被悬浮在车架中间，以避免碰撞、冲击、振动等外界因素对刚性检测梁基准尺的影响。该方法最大的优点是能够实现0~120km/h的全速检测，解决了惯性基准不能低速检测的难题。

3.5.1 基于基准传递的路面平整度检测

非惯性基准传递路面平整度检测系统（多功能激光路面平整度检测系统）采用基准传递检测原理测量路面平整度，基准传递单步检测原理如图3-24所示。

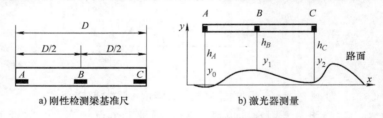

a) 刚性检测梁基准尺 　　b) 激光器测量

图3-24 基准传递单步检测原理

图3-24a所示为刚性检测梁基准尺，其长度为D；为方便检测，刚性检测梁基准尺和路面之间有一定的距离，在A、B、C三处各安装固定1个激光位移传感器。刚性检测梁基准尺从被测路段起点向前移动，每移动$D/2$的距离，读取每个传感器的高度值h_A、h_B、h_C，如图3-24b所示。显然：

$$(h_A + y_0 + h_C + y_2)/2 = h_B + y_1 \tag{3-64}$$

激光器与地面之间的距离可以表征路面断面的凹凸形状，但是要得到真实的路面高程曲线就是要检测$y_i(i=1,2,\cdots,n)$。在实际的检测过程中，检测基准尺必然会产生运动，为了实现不受检测速度影响的路面高程曲线检测方法，提出基于基准传递的检测方法。检测基准尺每移动1个步长（$D/2$），计算测量一次3个激光器的测量值,每一次的测量值都与前一次的测量值有式(3-64)所示的关系,即可以通过基准的传递实现高程的测量,具体原理如图 3-25 所示。

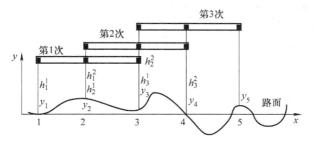

图 3-25 基准传递检测原理

图 3-25 中,h_i^j 表示 A、B、C 三个激光器(编号采用 1,2,3)在第 j 次的测量值,y_i($i=1,2,\cdots,n$)为路面相对高程。

由此可得基准传递检测原理计算公式:

$$\frac{1}{2}(h_1^1 + y_1 + h_3^1 + y_3) = h_2^1 + y_2 \tag{3-65}$$

即:

$$y_3 = 2y_2 - y_1 + u_1; u_1 = 2h_2^1 - h_1^1 - h_3^1 \tag{3-66}$$

当刚性检测梁基准尺向前移动一个步长 δ($\delta = D/2$)到下一个位置时,可得:

$$y_4 = 2y_3 - y_2 + u_2; u_2 = 2h_2^2 - h_1^2 - h_3^2 \tag{3-67}$$

由此可得递推公式:

$$y_n = 2y_{n-1} - y_{n-2} + u_{n-2}(n \geq 3) \tag{3-68}$$

经变换,式(3-68)可改写成:

$$y_n = (n-1)y_2 - (n-2)y_1 + \sum_{i=1}^{n-2}(n-i-1)u_i \tag{3-69}$$
$$u_i = 2h_2^i - h_1^i - h_3^i$$

由式(3-69)可以看出,通过检测每一个位置的 u_i,即 h_1^i、h_2^i、h_3^i,就可以得到路面相对于选定坐标轴的纵断面凹凸变化量。

基准传递检测原理的特点可归纳为:

1)在检测过程中,刚性检测梁基准尺沿检测方向等步长移动;多个激光位移传感器要同时测量刚性检测梁基准尺到路面的距离;前点与后点的数据相关联;刚性检测梁基准尺在测量过程中不变形。

2)检测坐标系是任意选定的,通常选 0 点、1 点的连线为横坐标轴。

3)检测结果为路面断面的凹凸变化量。

4)刚性检测梁基准尺上下振颤簸不影响检测结果。

3.5.2 基准传递检测系统特点

由于检测系统采用了基准传递检测原理和全光学式的多路非接触激光位移传感器以及特殊的刚性检测梁基准尺悬浮结构，使得该系统具有以下显著特点：

1）直接计算路面的国际平整度指数（IRI），便于从整体上进行评价，根据需要还可以计算分析路面的功率谱密度（PSD）。

2）能提供被测路面断面凹凸不平的轨迹图形，便于观察与分析判断。

3）能给出被测路面局部范围内较详细的面形凹凸特征，如沉降大小、隆起高低、错台、波浪等，有利于指导施工和养护管理。

4）检测速度不受限制，可快可慢，无需恒速检测，可随时起动或停止。

5）检测距离不限，可长距离检测，也可小范围内检测；不仅可用于路面的普查检测，也可用于施工过程中的质量控制检测。

6）检测结果不受载荷、振动和颠簸的影响。

7）能检测不同等级的路基、路面。

8）非接触检测，精度高，操作及标定简单，便于维护。

上述特点完全适合公路施工、质量监督验收部门和养护管理的需求。

3.6 基于阵列信号的路面平整度检测技术

基于阵列信号分析原理的激光路面平整度检测方法是利用阵列信号处理方法，将路面信号转化为阵列信号源个数的估计；将激光检测系统相对于路面的运动转化为阵列信号波达方向的估计；将多传感器检测数据共同信息的提取转化为阵列信号中多信号权向量的加权处理；利用最佳权向量重构出路面断面形状。试验证明，基于阵列信号的路面平整度检测方法简单实用，可以为路面平整度检测设备的改良提供一种全新且好用的方法。

3.6.1 检测原理

基于阵列信号的路面平整度检测技术在基准传递原理的基础上，利用阵列信号处理的方法来计算路面的平整度，其检测原理如图 3-26 所示。

把刚性梁安装到检测车上，检测梁与路面之间的距离控制在传感器的测量范围内，同时在刚性梁的 1、2、3、4、5 五个位置处分别安装一个激光位置传感器。图 3-26 中激光位移传感器 1 和 2、2 和 3 之间各间隔长度为 δ，激光位移传感器 1 和 4、4 和 5 之间各间隔长度为 L。刚性检测梁沿前进方向移动，检测梁上的 5 个激光位移传感器同时测得路面相对高程值。对检测得到的 5 个激光位移传感器信号进行处理分析，计算出阵列信号的最佳权向量，重构出路面的相对高程值，完成路面平整度的检测。

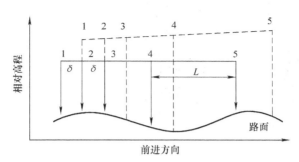

图 3-26 阵列信号路面平整度检测原理

阵列处理的基本思路是先对检测梁上安装的多个传感器的采集信号源估计处理,判断传感器的阵列信号是否都是由路面激励产生,否则需要对检测系统的布置方式进行适当的调整,直到信号源个数为 1 为止。然后对检测过程中的传感器阵列进行波达方向估计,利用估计得到的波达方向计算阵列的最佳权向量。最后利用最佳权向量对采集信号进行处理,获得路面的相对高程值,以实现路面平整度的检测。

3.6.2 信号源个数估计

为了验证传感器阵列信号来源于路面,需要对检测系统传感器阵列的信号源个数进行估计,信号源个数估计是通过对协方差的特征值分解来实现的,具体方法如下:

$$\hat{R}_0 \approx \frac{1}{N}\sum_{k=0}^{N-1} X_0(k) X_0^{\mathrm{H}}(k) = \sum_{i=1}^{M} \hat{\lambda}_i \hat{V}_i \hat{V}_i^{\mathrm{H}} \tag{3-70}$$

从式(3-70)可以看出,如果能够得到平整度检测系统的协方差矩阵,就可以利用小特征值相等来估计信号源的个数,但由于实际应用的复杂性,很难获得真正的协方差矩阵,只能获得协方差的估计值。通常阵列的协方差矩阵的特征值 $\hat{\lambda}_i(i = P+1, P+2, \cdots, M)$ 互不相等,实际应用中主要采用 AIC 准则和 MDL 准则来实现阵列信号源个数的估计,这两个准则定义如下:

$$\mathrm{AIC} = \min_{\hat{p}}\{2N(M-\hat{p})\lg[L(\hat{\lambda}_{\hat{p}+1}, \hat{\lambda}_{\hat{p}+2}, \cdots, \hat{\lambda}_M)] + \hat{p}(2M-\hat{p})\} \tag{3-71}$$

$$\mathrm{MDL} = \min_{\hat{p}}\{N(M-\hat{p})\lg[L(\hat{\lambda}_{\hat{p}+1}, \hat{\lambda}_{\hat{p}+2}, \cdots, \hat{\lambda}_M)] + \frac{1}{2}\hat{p}(2M-\hat{p})\lg N\}$$

$$\tag{3-72}$$

$L(\hat{\lambda}_{\hat{p}+1}, \hat{\lambda}_{\hat{p}+2}, \cdots, \hat{\lambda}_M)$ 是 AIC 和 MDL 准则中的似然函数,可以通过式(3-73)计算得到:

$$L(\hat{\lambda}_{\hat{p}+1}, \hat{\lambda}_{\hat{p}+2}, \cdots, \hat{\lambda}_M) = \frac{\frac{1}{M-\hat{p}}\sum_{i=\hat{p}+1}^{M}\hat{\lambda}_i}{(\prod_{i=\hat{p}+1}^{M}\hat{\lambda}_i)^{\frac{1}{M-\hat{p}}}} \tag{3-73}$$

从式（3-71）、式（3-72）可知，以上两个准则的相同之处是各自的似然函数相同，不同之处是罚函数有所不同。其估计过程是通过对阵列信号的协方差进行特征值 $\hat{\lambda}_i (i = P+1, P+2, \cdots, M)$ 分解来实现的。但协方差的估计矩阵是比较难获得的，在不知道协方差估计矩阵和特征值时，可以通过式（3-74）来计算这两个准则的似然函数：

$$L(\hat{\sigma}^2_{d_{\hat{p}+1}}, \hat{\sigma}^2_{d_{\hat{p}+2}}, \cdots, \hat{\sigma}^2_{d_M}) = \frac{\frac{1}{M-\hat{p}} \sum_{i=\hat{p}+1}^{M} \hat{\sigma}^2_{d_i}}{\left(\prod_{i=\hat{p}}^{M} \hat{\sigma}^2_{d_i}\right)^{\frac{1}{M-\hat{p}}}} \quad (3-74)$$

式（3-74）中的 $M \to \infty$ 时，式（3-75）按概率1成立：

$$L(\hat{\sigma}_{d_{\hat{p}+1}}, \hat{\sigma}_{d_{\hat{p}+2}}, \cdots, \hat{\sigma}_{d_M}) = L(\hat{\lambda}_{\hat{p}+1}, \hat{\lambda}_{\hat{p}+2}, \cdots, \hat{\lambda}_M) \quad (3-75)$$

式中，$\hat{\sigma}^2_{d_i}$ 为协方差矩阵第 i 个主对角线上的元素。

由式（3-71）~式（3-75）可知，$\hat{\sigma}^2_{d_i}$ 是 $\hat{p}$ 的函数，通过式（3-71）、式（3-72）计算 AIC 和 MDL 的最小值，信号源的个数由准则最小时的 $\hat{p}$ 决定。

由于实际路面平整度检测过程中检测车和传感器的相互作用比较复杂，因此必须保证传感器阵列所采集的信号都是来自唯一的信号源——路面，因此需要对平整度检测系统的阵列信号进行信号源个数估计。平整度检测系统传感器阵列信号源估计的具体方法是：在检测梁上的同一平面中安装5个激光位移传感器并且使其组成一个线性的阵列，这种布置方式保证5个传感器组成一个线性阵列，然后对传感器阵列所采集的信号进行信号源个数估计。如果估计个数不为1，就需要对检测系统进行改进，直到信号源的估计值是1为止。

所述路面平整度检测系统中安装在检测梁上的5个激光位移传感器不是等间隔的，为了处理方便，最好使线性阵列中各个传感器的间隔相等。本章所采用的传感器阵列分为两类：一类由传感器1、4、5组成；一类由传感器1、2、3组成。分别对这两种阵列进行试验验证，试验路段为一段长约80m的水泥路。在试验过程中，传感器的采样步长为0.25m，对采集的阵列信号进行信号源个数估计。

第一类传感器阵列的特征值为

$$\lambda_1 = 2.7920 \times 10^7, \lambda_2 = 0.0007 \times 10^7, \lambda_3 = 0.0002 \times 10^7$$

第二类传感器阵列的特征值为

$$\lambda_1 = 2.8126 \times 10^7, \lambda_2 = 0.0004 \times 10^7, \lambda_3 = 0.0001 \times 10^7$$

由特征值计算结果可知：以上两类传感器阵列信号的特征值满足 $\lambda_1 > \lambda_2 > \lambda_3$，因此，路面平整度检测系统的数据都来自路面这唯一的一个信号源。

3.6.3 信号源来波方向估计

由信号源个数估计试验验证，路面平整度检测系统的传感器阵列采集的数据都来自地面。如果能够得到传感器阵列信号的最佳权向量，就能够从阵列信号中重构出路面相对高程信息。而最佳权向量的计算是以信号源的来波方向（DOA）估计为前提的，对来波方向进行估计的思路如下：对阵列信号接收方向的增益进行调整，使阵列信号在某个方向上的输出功率最大，那么这个方向就是需要计算的来波方向。

目前，在阵列信号 DOA 估计研究方面取得了较多成果，DOA 估计方法也比较多。使用最多的有最大熵线性预测法（MEM/LP）、最小范数法（MNM）、最小方差不失真响应法（MVDR）和多重信号分类法（MUSIC）。由于 MUSIC 能够实现互不相干窄带信号 DOA 的渐进无偏估计，当阵列中传感器个数比信号源个数多并且信号源独立时，MUSIC 的来波估计分辨率和效率都比较高，所以着重介绍采用 MUSIC 来实现阵列信号的 DOA 估计。

设阵列信号用 $x(k)$ 表示，那么阵列信号的协方差表示为 $R = E\{x(k)x^H(k)\}$，将其进行特征值分解，设分解后的特征值为：$\lambda_1 \geq \lambda_2 \geq \cdots \geq \lambda_N \geq \lambda_{N+1} = \cdots = \lambda_M \geq \sigma^2$，$\lambda_1 \geq \cdots \geq \lambda_N$ 表示较大的特征值，其余为较小的特征值。设较大的特征值对应的特征向量为 e_1、e_2、$\cdots$、e_N，较小的特征对应的特征向量为 e_{N+1}、e_{N+2}、$\cdots$、e_M。由于大特征值对应有用信号，小特征值对应噪声，所以可以通过信号和噪声矢量的正交来计算信号的 MUSIC 谱，以此来进行阵列信号的 DOA 估计，计算过程如式（3-76）所示：

$$P_{\text{MUSIC}}(\boldsymbol{\alpha},\boldsymbol{\beta}) = \frac{1}{\boldsymbol{\alpha}^H(\boldsymbol{\alpha},\boldsymbol{\beta})e_{ns}e_{ns}^H\boldsymbol{\alpha}(\boldsymbol{\alpha},\boldsymbol{\beta})} \qquad (3\text{-}76)$$

式中，$e_{ns} = [e_{N+1},e_{N+2},\cdots,e_M]$。

理论上，MUSIC 谱中信号方向上的峰值为无穷大，因此只要找到谱线中峰值所对应的 $\theta_i(i = 1,2,\cdots,N)$ 值，也就估计出了阵列信号的波达方向。

由于实际的平整度检测时阵列信号中通常具有有色高斯噪声，为了在实际检测状态下能够获得精确的 DOA 估计值，在实际使用中利用阵列信号的高阶累积量来计算 MUSIC 谱。具体过程是先计算出传感器阵列数据的高阶累积量，然后从累积量的 MUSIC 谱中计算出阵列信号的来波方向角。对试验路面进行两种阵列信号的信源 DOA 估计，得到波达角为：$\theta_{\text{DOA1}} = -35.6467$，$\theta_{\text{DOA2}} = -38.4261$。获得了平整度检测阵列检测系统的波达方向，然后利用波达方向计算最佳权向量，由最佳权向量就可以计算路面的高程。

3.6.4 波束形成最佳权向量计算

波束形成的基本思想是对阵列信号中由信号源产生的信号进行加强，对由干扰源产生的信号进行抑制处理，从而从阵列信号中重构出信号源信号。具体的实现方法为：对传感器阵列采集的信号进行加权求和，使阵列信号在同一时刻在信号源方向上的输出功率最大。以下具体分析如何正确计算阵列信号的加权系数。

设 $x(n)$ 是传感器阵列的采集值，$\boldsymbol{\omega} = [\omega_1, \omega_2, \cdots, \omega_M]^T$ 为阵列信号的加权向量，那么传感器阵列的有用信号为 $y(n) = \boldsymbol{\omega}^T x(n)$。设阵列信号的有用信号 $d(t)$ 的波达方向为 θ_s；θ_{i_j} 是噪声信号 $i_j(t)(j = 1, 2, \cdots, J)$ 的 DOA 方向。在分析中，假设阵列中的传感器信号为具有相同方差 σ_s^2 的白噪声 $n_k(t)$，那么阵列中第 k 个传感器上采集到的信号为

$$x_k = a_k(\theta_d)d(t) + \sum_{j=1}^{J} a_k(\theta_{i_j})i_j(t) + n_k(t) \tag{3-77}$$

式中，等号右边第一项是有用信号；第二项是干扰信号；第三项是噪声。

式（3-77）可改写为如式（3-78）所示的连续形式：

$$x(t) = \boldsymbol{a}(\theta_d)d(t) + \sum_{j=1}^{J} \boldsymbol{a}(\theta_{i_j})i_j(t) + n(t) \tag{3-78}$$

式中，$\theta_k(k = d, i_1, i_2, \cdots)$ 为波达方向；$\boldsymbol{a}(\theta_k)$ 为信号源在 θ_k 上的方向向量。

利用波束算法计算获得的传感器阵列信号的输出为 $y(t) = \boldsymbol{\omega}^T x(t)(t = 1, \cdots, N)$，输出的平均功率表示为

$$p(\boldsymbol{\omega}) = \frac{1}{N}\sum_{i=1}^{N} |y(t)|^2 = \frac{1}{N}\sum_{i=1}^{N} |\boldsymbol{\omega}^T x(t)|^2 \tag{3-79}$$

为了处理简单，对式（3-79）定义了一些边界条件，如不考虑信号源之间的交叉项并且认为信号源噪声的方程都为 σ^2，当 $N \to \infty$ 时，式（3-79）可简化为

$$p(\boldsymbol{\omega}) = E\{|\mathrm{d}t|^2\}|\boldsymbol{\omega}^T \boldsymbol{a}(\theta_d)|^2 + \sum_{j=1}^{J}\{|i_j(t)|^2\}|\boldsymbol{\omega}^T \boldsymbol{a}(\theta_{i_j})|^2 + \sigma^2\|\boldsymbol{\omega}\|^2 \tag{3-80}$$

为了增大自信号源方向 θ_d 上的信号的输出功率，并且让其他方向上的功率最小，即让干扰信号置零，因此对式（3-80）设置如式（3-81）所示的约束条件：

$$\begin{cases} \boldsymbol{\omega}^T \boldsymbol{a}(\theta_{i_d}) = 1 \\ \boldsymbol{\omega}^T \boldsymbol{a}(\theta_{i_j}) = 0 \end{cases} \tag{3-81}$$

经过约束处理后，信号的平均功率为

$$p(\boldsymbol{\omega}) = E\{|\mathrm{d}t|^2\} + \sigma^2\|\boldsymbol{\omega}\|^2 \tag{3-82}$$

把式（3-82）中的干扰全部置零并不是最佳的方法，因为这不利于提高信号的信噪比。可以采用误差均方值最小原则，利用 lagrange 算子法计算向量 $\boldsymbol{\omega}$，以下简述具体算法过程：

$$\min_{\boldsymbol{\omega}} E\{|y(t)|^2\} = \min_{\boldsymbol{\omega}} E\{\boldsymbol{\omega}^T \hat{R} \boldsymbol{\omega}\} \tag{3-83}$$

目标函数：

$$L(\boldsymbol{\omega}) = \boldsymbol{\omega}^T \hat{R} \boldsymbol{\omega} + \lambda[\boldsymbol{\omega}^T \boldsymbol{a}(\theta_d) - 1] \tag{3-84}$$

对 $L(\boldsymbol{\omega})$ 求偏导数：

$$\frac{\partial L(\boldsymbol{\omega})}{\partial \boldsymbol{\omega}} = 2R\boldsymbol{\omega} + \lambda \boldsymbol{a}(\theta_d) \qquad (3\text{-}85)$$

令 $\frac{\partial L(\boldsymbol{\omega})}{\partial \boldsymbol{\omega}} = 0$，就可以计算出自方向 θ_d 上信号的最佳向量：

$$\boldsymbol{\omega}_{\text{opt}} = \mu \boldsymbol{R}^{-1} \boldsymbol{a}(\theta_d) \qquad (3\text{-}86)$$

μ 可以通过式（3-87）实现，θ_d 是阵列信号中信号源的波达方向：

$$\mu = \frac{1}{\boldsymbol{a}^{\mathrm{T}}(\theta_d) \boldsymbol{R}^{-1} \boldsymbol{a}(\theta_d)} \qquad (3\text{-}87)$$

利用上述方法可以计算出传感器阵列的最佳权向量，利用最佳权向量对传感器阵列信号加权求和，就能从阵列信号中分离出完全由地面这个唯一信号源激励的信号。通过路面实际试验，得出两种传感器布置方式的最佳权向量如下：

$$\boldsymbol{f}_1 = \begin{bmatrix} 0.4642 & 0.4188 & 0.2045 \end{bmatrix}^{\mathrm{T}}$$
$$\boldsymbol{f}_2 = \begin{bmatrix} 0.4375 & 0.3759 & 0.2146 \end{bmatrix}^{\mathrm{T}}$$

利用最佳权向量对检测梁上安装的传感器阵列信号进行加权计算，就可以计算出路面的相对高程值。具体试验结果如图 3-27 和图 3-28 所示。图中虚线表示的是基于阵列信号融合方法计算得到的路面相对纵断面 IRI 曲线，实线表示的是通过水平仪检测得到的路面相对纵断面和 IRI 曲线。

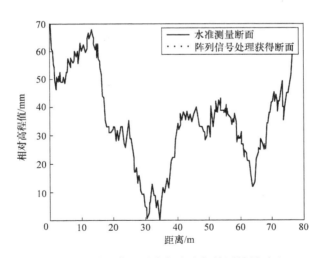

图 3-27　阵列信号融合与水准仪检测结果对比

由图 3-27 可知，采用基于阵列信号处理方法获得的路面断面值和用水准仪测量的路面断面相差较小，完全能够实现路面纵断面的检测。

由图 3-28 可知，以阵列信号融合获得的断面值为基础计算的 IRI 和以水准仪测量的断面值为基础计算的 IRI 也相差较小。

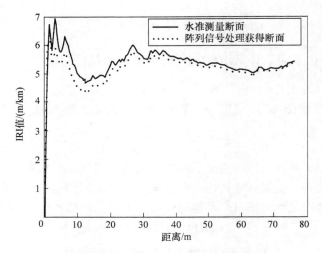

图 3-28 阵列信号融合与水准仪检测 IRI 对比

3.7 路面跳车检测方法

路面跳车是 JTG 5210—2018《公路技术状况评定标准》中新增的检测指标，用于表示由于路面异常突起或沉陷等损坏引起的车辆突然颠簸。路面跳车产生的因素具有多样性，其中主要原因是刚性桥涵等结构物与柔性路堤之间存在刚度差异，导致路桥过渡段在行车载荷的反复作用下，连接处两边发生了不均匀沉降，较大的沉降差形成台阶，从而引发路面跳车。

3.7.1 路面跳车机理

路面跳车对车辆、人以及路面都有着不同程度的危害，而且维修养护成本逐年增加，对于某些重要交通路段，还易造成交通拥挤堵塞。因此，为了能更好地处置路面跳车带来的危害，有必要对路面跳车机理进行深入研究。

由于桥台和路堤之间的沉降差是导致路面跳车现象产生的主要原因，因此对于路桥过渡段的沉降变形进行观察后，发现桥头引道纵向不均匀沉降主要有"纵坡突变类"和"错台类"。

(1) 纵坡突变类

在设置桥头搭板的引道路段，引起桥头跳车的主要原因是"纵坡突变类"沉降，其典型纵断面如图 3-29 所示。

"纵坡突变类"沉降，在道路纵向无明显突变，相对于桥台路面沉降量逐渐增大，道路沉降量随着距桥台距离的增加而逐渐增大，沉降后路面纵坡会因桥头搭板段路堤较高而变长，最大沉降量大致出现在距离桥头 10~50m 处，对于 50m 以后

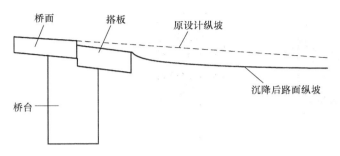

图 3-29 "纵坡突变类"沉降示意图

的路段沉降趋向于稳定，与一般路段沉降无异。

（2）错台类

对于桥头处未设置桥头搭板的路桥过渡段，在经历沉降后，桥头与路堤之间会出现明显的错台现象，形成"错台类"沉降，其典型纵断面曲线如图 3-30 所示。

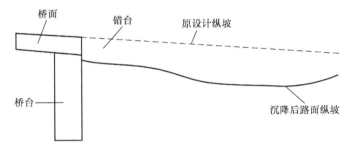

图 3-30 "错台类"沉降示意图

对于这种错台现象，车辆行驶时，会经过一瞬间的失重，然后对路面造成冲击。错台高度越高，冲击越大，驾乘人员越感到不舒适，严重时还会对车辆底盘造成损毁，易发生交通事故。相对于纵坡突变类产生的沉降，错台类的沉降对行车人员的影响更大，过大的错台量，会使驾驶员难以控制方向盘，而引发行车安全问题。在错台处，车辆无论是对桥头还是对路面，造成的冲击荷载都不容小视，特别容易造成桥台与路面交接处伸缩缝的损坏，而车辆的行驶寿命也会因过大的冲击力受到影响。

3.7.2 路面跳车检测

路面跳车检测基于激光测距原理，通过一种非接触式断面类距离测试设备采集数据，测试系统主要包括系统处理器、激光器、距离传感器和计算机系统。

路面跳车测量步骤主要包括以下几点：

1）测试开始前让测试车以测试速度行驶 5~10km，对设备进行预热。

2）测试车停在测试起点前 50~100m 处，启动设备测试系统程序，按照设备操作手册的规定和测试路段的现场技术要求设置完毕所需的测试状态。

3）驾驶员按照要求驾驶车辆，避免急加速和急减速，沿正常行车轨迹测试路段。

4）进入测试路段后，测试人员启动系统采集和记录程序，在测试过程中必须实时关注设备检测状况。

5）测试完成后关闭测试设备，结束测试。

JTG 5210—2018《公路技术状况评定标准》中规定，路面跳车应根据路面纵断面高差确定。路面纵断面高差应按照式（3-88）计算：

$$\Delta h = \max\{h_1, h_2, \cdots, h_i, \cdots, h_{100}\} - \min\{h_1, h_2, \cdots, h_i, \cdots, h_{100}\} \quad (3\text{-}88)$$

式中，Δh 为路面纵断面高差（cm），为 10m 路面纵断面最大高程和最小高程之差；h_i 为第 i 点的路面纵断面高程；i 为第 i 个路面纵断面高程数据，应为自动化设备检测数据，每 0.1m 计算 1 个高程值，10m 路面纵断面共计 100 个高程数据。

对于路面跳车，应按表 3-5 的规定划分跳车程度。

表 3-5 路面跳车程度划分标准

检测指标	轻度	中度	重度
路面纵断面高差（Δh）/cm	$2 \leq \Delta h < 5$	$5 \leq \Delta h < 8$	$\Delta h \geq 8$

若 10m 路面纵断面存在轻度、中度或者重度路面跳车，则该 10m 路面跳车应取严重程度最大的段落，计为 1 处路面跳车。路面跳车指数 PBI，总体采用总体 100 分制，对于测试路段得分采用扣分制，按下式计算：

$$PBI = 100 - \sum_{i_1}^{i_0} a_i PB_i \quad (3\text{-}89)$$

式中，PB_i 为第 i 类程度的路面跳车数；a_i 为第 i 类程度的路面跳车单位扣分，按表 3-6 取分；i_1 为路面跳车程度；i_0 为路面跳车程度总数，取 3。

表 3-6 路面跳车扣分标准

类别（i）	跳车程度	计量单位	单位扣分
1	轻度	处	0
2	中度		25
3	重度		50

第 4 章 车载路面车辙检测技术

路面车辙检测的主要内容是给出路面左右轮迹带的车辙大小、路面车辙横断面曲线和路面车辙纵向分布情况等。路面车辙检测的方法从形式上划分，大致可以分为接触式和非接触式两种。非常接触式的车辙快速检测方法已经成为车辙检测的主要方式，本章主要研究路面车辙检测中的影响因素以及车辙的高精度、快速高效检测方法。

4.1 路面车辙的定义

车辙是由车辆轮胎反复行驶碾压路面产生的流动变形、沉陷、拥包后，在车辆车轮轮迹带上形成的纵向辙痕，为路面的永久性变形。公路检测中的车辙定义为路面横断面上的最高点与最低点之间的距离，也是最大车辙深度，如图 4-1 所示。

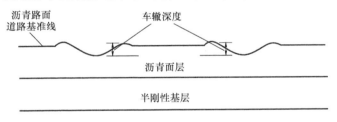

图 4-1 沥青路面车辙示意图

4.2 车辙横断面曲线

车辙的存在使得原始道路横断面发生弯曲变形，为了计算出车辙沿横断面上每一处的深度，就要绘制路面车辙横断面曲线。由于路面产生车辙的原因多样，导致路面实际车辙横断面曲线也较为复杂。我国 JTG 3450—2019《公路路基路面现场测试规程》中给出了 7 种不同形状、不同程度的路面车辙横断面曲线示意图，如图 4-2 所示。

根据车辙的主要成因，通常将其划分为 4 种类型：结构型车辙、流动型车辙、磨耗型车辙和压密型车辙。

结构型车辙是车辆荷载作用传播扩散后超过路面各层的强度，导致路面结构产生整体性的永久变形。这类车辙主要由路基和基层变形传递至面层而产生，通常伴有裂缝出现，车道横断面呈浅盆状的"U"字形，辙槽较宽，两侧没有隆起现象，

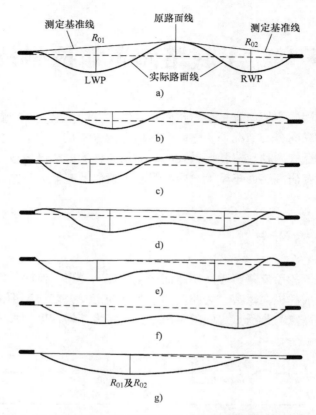

图 4-2 不同形状、不同程度的路面车辙横断面曲线示意图

如图 4-3a 所示。结构型车辙主要是由大型货车和超载车造成的,这些车辆在行驶过程中速度越慢,产生的形变量越大,在车轮与地面接触时路表产生形变而永久下陷。常见于一些变速车道和高速公路收费路口,此时行驶车辆突然由高速状态变为低速状态,负载增大,导致路表接触处深陷。

流动型车辙是高温条件下,经过车辆荷载的反复作用,路面结构内部产生的剪切应力超过沥青混合料的剪切强度,致使塑性流动变形不断累积而形成的车辙,因此亦称剪切/失稳型车辙。这类车辙一方面在车轮作用部位下凹,另一方面在车轮作用较少的车道两侧向上隆起,构成 W 形车辙,如图 4-3b 所示。常见于上坡路段和交叉口附近,即车速慢、车胎接地产生的横向应力较大的地方,在弯道处还存在明显的向外推挤。我国高等级道路沥青路面大多数基层都采用半刚性基层,强度较好,基层及基层以下的变形极小,路面永久变形主要发生在沥青面层中,因此路面上产生的车辙大多属于沥青混合料的流动/失稳型车辙。

磨耗型车辙是路面表层材料在车轮和自然因素作用下持续不断地磨损或剥落而形成的车辙,在轮迹带处有明显的剥落痕迹。磨耗型车辙在重车较多路段或冬季带钉或带链轮胎行驶时较为常见，其余时候并不多见。此外，在冬季，有时为了防滑和除雪，会向路面撒放大量的化学材料，也加速了路面表层材料的脱落和腐蚀。此类车辙显然是不可避免的，而且产生时间比较长，属于路面老化的自然现象，也可忽略不计。

压密型车辙是在行车荷载的重复碾压作用下，由于路面材料产生压密变形而形成的车辙。这是非正常车辙类型，主要是施工时压实度不足，导致通车后混合料继续被压密造成的。这种车辙形成在车道线附近，即车轮作用次数较少的部位变形很小或保持原状，两侧没有隆起，只有下凹，呈 U 字形或 W 形，如图 4-3c 所示。这类车辙在开放交通初期发展较快，待路面达到极限残余空隙率后便趋向稳定。

  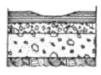

a) 结构型　　　　　　b) 失稳型　　　　　　c) 压密型

图 4-3　几种车辙形状的典型横断面

4.3　车辙深度计算方法

4.3.1　几种车辙深度计算方法

在自动化检测技术发展之初，传感器数量只有 3 个或 5 个，无法精确还原完整的道路横断面形状，只能根据离散点相对高程来计算车辙深度，3 个传感器对应虚车辙法，5 个传感器对应 AASHTO 法。

虚车辙法假设车辆始终沿车道中心线行驶，且两侧车轮均位于轮迹带内，传感器位置恰好在最大车辙深度的正上方，则两侧传感器与中央传感器的高程差为各自轮迹带处车辙深度。计算方法如图 4-4 所示，该方法在美国应用较多，其他国家应用较少。

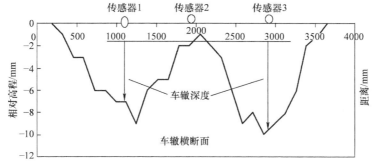

图 4-4　点激光虚车辙法计算原理

AASHTO 法采用 5 点激光位移传感器进行检测,与 3 点激光位移传感器的假设类似,传感器 1、3 连线与传感器 2 在竖直方向上的高程差为左轮迹带车辙深度,传感器 3、5 连线与传感器 4 在竖直方向上的高程差为右轮迹带车辙深度,计算方法如图 4-5 所示。

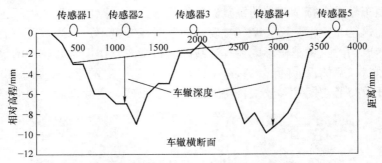

图 4-5　点激光车辙深度 AASHTO 计算方法

虚车辙法和 AASHTO 法是自动化检测早期出现的两种车辙深度计算方法,但这两种方法的假设条件过于理想,与实际情况不符。当车道中心线附近存在凹陷时,甚至会计算出负车辙深度。

随着检测技术的发展,传感器数量普遍增加,当传感器数量不小于 9 个时可认为断面近似连续,现行绝大多数多点激光检测设备都满足这一条件。相应的车辙深度计算方法为模拟直尺法和包络线法。

模拟直尺法通过虚拟一条直尺横放在车辙横断面的凸起点上,直尺下方与车辙横断面曲线激光的最大数值距离即为车辙深度,推荐使用的直尺长度有 1.2m 和 1.8m。图 4-6 所示为模拟直尺法测量车辙深度的原理图,图中 RD_l 和 RD_r 分别为直尺法所测左、右两侧车辙深度。

图 4-6　模拟直尺法计算车辙深度原理图

包络线法通过计算横断面包络线与路面表面之间的最大垂直距离作为车辙深度。横断面包络线的定义是:沿车道横断面逐点连接凸出的路面峰值点,且连线在峰值点处的外转折角≥180°。可以比较直观的理解为虚构一条拉线横跨整个车道横断面(包络线),拉线两端与横断面的端点重合,则拉线只接触路面高程最大的点或突出的峰值点。图 4-7 所示为包络线法计算车辙深度的原理图,图中 D_l 和 D_r 分别为包络线法所测左、右两侧车辙深度。

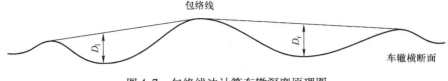

图 4-7 包络线法计算车辙深度原理图

4.3.2 几种车辙深度计算方法比较

车辙较宽时模拟直尺法和包络线法的计算结果会有差异，通常模拟直尺的车辙深度小于包络线的车辙深度。不同横断面形状会影响车辙深度结果，大多数情况下包络线车辙深度≥1.8m 直尺车辙深度≥1.2m 直尺车辙深度。国外研究将车辙断面形态分为 W 形和 U 形，定性对比不同车辙形状对深度结果的影响，认为 W 形车辙的两种车辙深度计算方法结果没有差别，但对于 U 形车辙来说包络线法计算结果显著大于模拟直尺法。此外，我国道路检测规范也将车辙分为 W 形和 U 形，认为 W 形两种方法的测定结果没有差别，而对于 U 形或中间鼓出少而两边鼓出多的 W 形车辙，模拟直尺法无法量测出最大车辙深度，包络线法的计算结果更贴近真实车辙深度。图 4-8 所示为两种算法结果不同的差异来源。

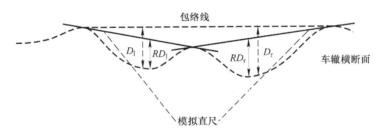

图 4-8 包络线法和模拟直尺法计算车辙深度方式对比

为了定量分析车辙形状和深度对模拟直尺法和包络线法计算结果的差异，基于这两种车辙深度计算方法分别计算 JTG 3450—2019《公路路基路面现场测试规程》中提到的 7 种常见车辙形状的深度，计算结果如图 4-9 所示，其中模拟直尺法所用直尺长度为 2.0m。

在图 4-9 中，车辙形状 1~6 可看作 W 形车辙，形状 7 可以看作 U 形车辙。其中形状 1、2、3 的中间隆起高于两侧隆起，模拟直尺和包络线均连接各隆起的最高点，两者结果没有差别；形状 4、5、6 的中间隆起高度小于两侧隆起高度，直尺长度不足以直接连接两侧隆起最高点，因此包络线法计算结果显著大于模拟直尺法；同理，形状 7 中包络线结果也大于模拟直尺法。因此，在我国规范定义的 7 种车辙形状中，形状 4~7 的车辙深度计算结果存在差异，且均是模拟直尺法小于包络线法，因此对这 4 种车辙形状进行研究。

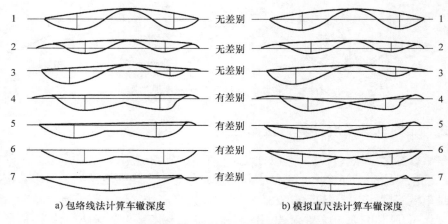

图 4-9 两种算法在不同车辙形状的深度结果示意图

（1）车辙深度对算法差值的影响

通过建立 4、5、6、7 的模拟车辙形状，计算 4 种车辙形状下模拟直尺法和包络线法的结果差值，计算结果见表 4-1。

表 4-1 模拟车辙断面不同深度下算法差值 （单位：mm）

车辙深度	算法差值			
	车辙类型 4	车辙类型 5	车辙类型 6	车辙类型 7
6～7	0.66	0.82	1.77	1.07
7～8	0.81	0.92	1.29	1.14
8～9	0.9	0.76	2.25	1.14
9～10	1.56	1.24	1.47	1.37
10～11	1.30	1.27	0.96	1.49
11～12	1.41	1.20	1.74	1.74
12～13	1.64	1.31	1.74	2.00
13～14	1.68	1.64	1.87	1.74
14～15	1.91	1.68	1.87	1.67
15～16	1.61	1.99	2.23	1.93
16～17	1.84	1.94	1.97	2.08
17～18	2.30	2.04	2.69	2.00

利用表 4-1 数据绘制 4 种模拟车辙形状下算法差值随车辙深度的变化趋势，如图 4-10 所示。

从图 4-10 中可以看出，不同形状车辙的差值均随深度呈现波动上升的趋势。根据车辙深度分为轻、中、重三个等级，在轻、中等级时，4 种形状的算法差值绝大部分处于 2mm 以下；在等级为重时，大部分差值达到 2mm 以上。另外，通过模拟车辙断面车辙深度对算法差值的方差分析，表明不同车辙深度间的算法差值存在显著差异，车辙深度对算法差值会产生显著影响。

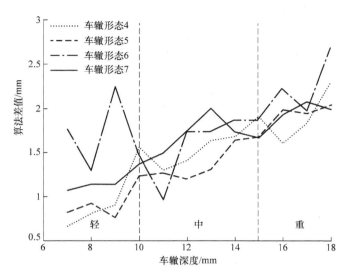

图 4-10　4 种模拟车辙形状算法差值随车辙深度的变化趋势

总体来说，车辙深度会对算法差值产生显著影响。不同车辙形状下算法差值随深度增大均表现为增大的趋势，但在车辙深度较浅时（轻、中度车辙）影响较小，一般不超过 2mm，车辙深度超过 15mm 时（重度车辙）才有必要考虑不同算法的影响。

（2）车辙形状对算法差值的影响

为了分析不同车辙形状两两间的差异显著性，利用 LSD 法对不同车辙形状进行多重比较，检验结果见 4-2。

表 4-2　车辙形状 LSD 法多重比较表

车辙形状类型		均值差 /mm	标准误差 /mm	显著性 /mm	95% 置信区间	
					下限/mm	上限/mm
4	5	0.02308	0.18189	0.900	-0.3429	0.3888
	6	-0.38077*	0.18189	0.042	-0.7465	-0.0151
	7	-0.17000	0.18189	0.355	-0.5357	0.1957
5	4	-0.02308	0.18189	0.900	-0.3888	0.3426
	6	-0.40385*	0.18189	0.031	-0.7696	-0.0381
	7	-0.19308	0.18189	0.294	-0.5588	0.1726
6	4	0.38077*	0.18189	0.042	0.0151	0.7465
	5	0.40385*	0.18189	0.031	0.0381	0.7696
	7	0.21077	0.18189	0.252	-0.1549	0.5765
7	4	0.17000	0.18189	0.355	-0.1957	0.5357
	5	0.19308	0.18189	0.294	-0.1726	0.5588
	6	-0.21077	0.18189	0.252	-0.5765	0.1549

从表中可以看到，车辙形状 4、6 的显著性水平为 0.042，车辙形状 5、6 间显著性水平为 0.031，小于显著性水平 0.05，因此认为车辙形状 4 和 6 与 5 和 6 两两存在显著性差异。

图 4-11 所示为 4 种模拟车辙的形状，由图可知，4、5、6 都是 W 形车辙且在道路中央存在隆起，区别在于车辙 4 的左右轮迹带外侧都有隆起，车辙 5 只有右侧轮迹带外侧存在隆起，而车辙 6 没有轮迹带外侧隆起。当轮迹带外侧出现隆起时，模拟直尺两侧会被抬高，会引起算法差值变大，因此形状 6 与 4、5 都存在显著性差异，而 4、5 之间没有显著性差异。车辙形状 7 为 U 形车辙，道路中央和轮迹带外侧都不存在隆起，这种情况下车辙深度与直尺能跨越的最大宽度和辙槽半径有关，因此与 4、5、6 三种车辙形状都不存在差别。

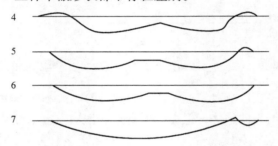

图 4-11　模拟车辙 4、5、6、7 形状示意图

4.4　多点激光车辙检测技术

多点激光车辙检测技术是在一个钢性检测梁上安装 i（$i=1 \sim n$）个激光位移传感器。激光传感器由点激光器和光电敏感元件组成。每个激光位移传感器测出相对位置路面高低变化状况，通过数据处理得到路面横断面曲线，检测原理如图 4-12 所示。

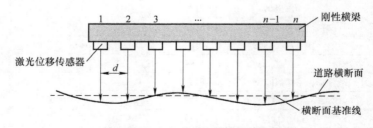

图 4-12　多点激光车辙检测原理

选定一个测量的基准面，记录每个激光位移传感器的输出高度值 h_i^0 分别为

$$y_0 = h_i^0 (i = 1,2,3,\cdots,n) \tag{4-1}$$

记录每个激光位移传感器在 t 时刻输出的路面实际高度值 y_t 为

$$y_t = h_i (i = 1,2,3,\cdots,n) \tag{4-2}$$

则每个激光探头在 t 时刻得到的相对于测量基准面的高度值 y_i 为

$$y_i = y_t - y_0 = h_i - h_i^0 \tag{4-3}$$

当检测横梁与横断面相互平行时,该横断面的最大车辙 $y_{\max}$ 可表示为 y_i 的最大值减去最小值:

$$y_{\max} = \max(y_t - y_0) - \min(y_t - y_0) \tag{4-4}$$

用 $f(x)$ 表示路面宽度为 x 横断面在某时刻 t 的路面相对位移深度,则有:

$$f(x) = y_t - y_0 \tag{4-5}$$

则最大车辙又可表示为

$$y_{\max} = \max[f(x)] - \min[f(x)] \tag{4-6}$$

式(4-5)中,圆滑地连接 $f(x)$ 各处的值,得到的就是当前路面横断面的车辙曲线形状。其中,曲线的弯曲情况和幅值表明了路面的车辙大小,幅值大小可以说明路面车辙病害严重程度。根据该横断面曲线,可以比较直观、准确地检测到车辙的大小和位置。

4.5 多点激光车辙检测精度分析及改进技术

4.5.1 激光探头数量对车辙检测精度的影响

由于实际路面的横断面形状各种各样,很难进行预估计。为了分析方便,假设路面横断面在理想状态下呈双余弦波形分布,设路面曲线为

$$f(x) = A\cos(4\pi x/3.75) \tag{4-7}$$

式中,A 为路面车辙曲线的幅值;3.75 为一个标准车道的宽度(m)。

为了计算简便,把式(3-96)进行归一化处理,转化为

$$f(x) = \frac{1}{2}[\cos(4\pi x/3.75) + 1] \tag{4-8}$$

则实际路面车辙的最大值为

$$z_{\max} = \max[f(x)] - \min[f(x)] \tag{4-9}$$

通过激光位移传感器得到车辙的最高点、最低点数据和实际路边上的最高点与最低点不重合所引起的最大误差表示为

$$\Delta_{\max} = \{\max[f(x)] - h_i^0|_{\max}\} - \{\min[f(x)] - h_i^0|_{\min}\} \tag{4-10}$$

式中,$h_i^0|_{\max}$、$h_i^0|_{\min}$ 分别为由激光位移传感器检测得到的路面车辙的最大值和最小值。

在理想的路面车辙曲线中,设相邻激光位移传感器之间的距离为 d,当采样点偏离 $d/2$ 时,采样得到的数据误差最大。假设采样点的偏移为 $d/2$,即产生最大的

误差偏移量。在路面横断面形状为单车辙、双车辙、三车辙情况下，可以通过计算并仿真不同个数的激光位移传感器当产生最大偏移距离与相对误差的关系。

在路面横断面形状为单车辙时，不同数量的点激光照射检测车辙的最大误差见表4-3。当激光位移传感器的数量为5时，产生的相对误差最大为29.90%；当其数量为9时，相对误差为7.61%；当其数量为13时，相对误差为3.41%；当其数量为17时，相对误差为1.92%；当其数量为21时，相对误差为1.23%；当其数量为29时，相对误差为0.63%。不同点激光数量检测车辙相对误差曲线如图4-13所示，星形表示实际车辙路面当相对误差为0时的测量点，矩形为使用激光位移传感器检测时发生最大误差位移的采样点。不同准直激光点个数车辙误差拟合曲线如图4-14所示。容易得出：随着激光位移传感器数量的增加，产生的相对误差越来越小。

表4-3 不同数量的点激光照射检测车辙的最大误差（单车辙）

点激光个数	5	9	13	17	21	25	29	33	37	41
最大车辙误差（%）	29.90	7.61	3.41	1.92	1.23	0.86	0.63	0.48	0.38	0.31

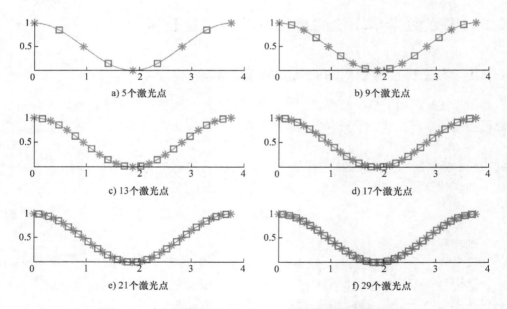

图4-13 单车辙路面不同点激光数量检测车辙相对误差曲线

当路面车辙横断面形状为双车辙，激光位移传感器发生 $d/2$ 偏移时，不同数量的点激光照射检测车辙的最大误差见4-4，不同点激光数量检测车辙相对误差曲线如图4-15所示，不同准直激光点个数车辙误差拟合曲线如图4-16所示。

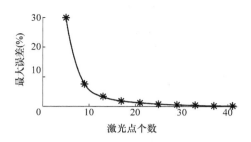

图 4-14　单车辙路面不同准直激光点个数车辙误差拟合曲线

表 4-4　不同数量的点激光照射检测车辙的最大误差（双车辙）

点激光个数	5	9	13	17	21	25	29	33	37	41
最大车辙误差（%）	100	29.29	13.4	7.61	4.89	3.41	2.51	1.92	1.52	1.23

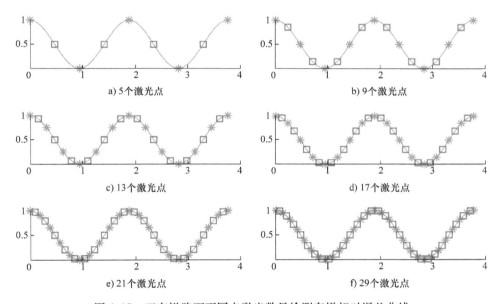

a) 5个激光点　　　　　　　　b) 9个激光点

c) 13个激光点　　　　　　　d) 17个激光点

e) 21个激光点　　　　　　　f) 29个激光点

图 4-15　双车辙路面不同点激光数量检测车辙相对误差曲线

当路面车辙横断面形状为三车辙，激光位移传感器发生 $d/2$ 偏移时，不同数量的点激光照射检测车辙的最大误差见表 4-5，不同准直激光点个数检测车辙相对误差曲线如图 4-17 所示，不同准直激光点个数车辙误差拟合曲线如图 4-18 所示。

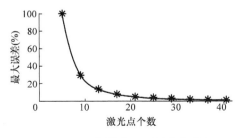

图 4-16　双车辙路面不同准直激光点个数车辙误差拟合曲线

表 4-5　不同数量的点激光照射检测车辙的最大误差（三车辙）

点激光个数	7	13	19	25	31	37	43	49	55	61
最大车辙误差（%）	100	29.29	13.4	7.61	4.89	3.41	2.51	1.92	1.52	1.23

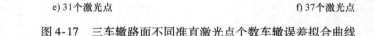

a) 7个激光点　　　　　　　　　　b) 13个激光点

c) 19个激光点　　　　　　　　　　d) 25个激光点

e) 31个激光点　　　　　　　　　　f) 37个激光点

图 4-17　三车辙路面不同准直激光点个数车辙误差拟合曲线

由以上图表分析可知，利用采样的方法得到路面车辙数据的误差主要是由峰值误差和谷值误差两部分引起的。峰值误差主要是由激光位移传感器采样得到的最大值与实际路面车辙的最大值相对比不一致引起的，而谷值误差主要是由激光位移传感器采样得到的最小值与实际路面车辙的最小值相对比不一致引起的。采样点的数据与实际路面车辙数据产生的相对误差，

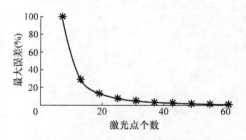

图 4-18　三车辙路面不同准直激光点个数车辙误差拟合曲线

主要来源于两方面因素的影响：一是检测时车辆在车道上行驶的方向轨迹与实际道路线不一致所引起的误差；二是由于复杂的路面状况，车道上的车辙形状有可能会有横向变化。这两种情况引起的误差具有一定的随机性和不确定性，一般情况下在道路检测的过程中很难完全消除其带来的误差影响。

通过上述分析，点激光的个数是影响车辙检测精度的主要因素。无论路面车辙形状为单车辙、双车辙还是三车辙，由图 4-14、图 4-16、图 4-18 不同准直激光点个数车辙误差拟合曲线可知，随着点激光数量的增加，车辙数据的准确性越来

高,即相对误差越来越小,当数量达到一定程度后,相对误差的变化受数量的影响越来越小。

4.5.2 振动误差影响分析及车辙计算改进

在检测车辆行驶的过程中,当检测横梁在垂直方向上下振动时,激光位移传感器的位置变化如图 4-19 所示。

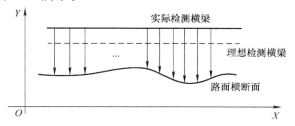

图 4-19 检测横梁垂直振动示意图

在检测过程中的某一时刻 t,当基准面不发生改变时,各个传感器的输出值为 $h_{it}(i=1,2,3,\cdots,n)$,用 y_t 表示:

$$y_t = h_{it}(i=1,2,3,\cdots,n) \quad (4\text{-}11)$$

当检测横梁只有竖直方向发生上下振动时,振动产生的距离为 Δh,其激光位移传感器的检测输出值为

$$y'_t = h_{it} + \Delta h(i=1,2,3,\cdots,n) \quad (4\text{-}12)$$

由式(4-11)和式(4-12)可以计算出在当前横断面上相应采样点处的相对于基准面的车辙深度:

$$y' = y'_t - y_t = [h_{1t} - h_{10} + \Delta h, h_{2t} - h_{20} + \Delta h, h_{3t} - h_{30} + \Delta h, \cdots, h_{nt} - h_{n0} + \Delta h]$$
$$(4\text{-}13)$$

则竖直方向上各个激光位移传感器的振动误差为

$$e = y'_t - y' = \Delta h \quad (4\text{-}14)$$

由以上叙述可知,当进行点激光检测时,如果只在竖直方向上产生振动,则相对于每个断面等价于在原来数值高度的基础上加一个常数项。这种误差在采集路面车辙深度的时候可以进行处理,从而消除该常数项的影响。因此,检测横梁竖直方向上的振动不影响路面车辙横断面的形状。

当检测车在向前行驶的过程中,由于路面的颠簸或者路面的横向不平可能会导致检测横梁随着车身发生一定的倾斜,如图 4-20 所示,这种振动会影响检测数据的准确性。

当激光位移传感器随着检测横梁发生一定角度的倾斜,则可以假设各个位移传感器输出的车辙高度为

$$Y_{it} = y_t + x_i \tan\alpha + b \quad (4\text{-}15)$$

式中,α 为倾斜后检测横梁与理想状态下基准横梁的夹角;b 为实际检测横梁相对

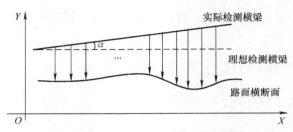

图 4-20 检测横梁倾斜振动示意图

于理想横梁变化的距离。

从图 4-20 可以看出，当检测横梁发生倾斜后等价于在该路面横断面上增加了一个线性误差 $\Delta y_i = x_i \tan\alpha + b$。为了消除倾斜带来的误差，可以采用线性校正的方法求出 α 和 b 值。具体方法为把在倾斜状态下采集得到车辙数据 (x_i, y_i) 带入式 (4-15) 中：

$$\begin{cases} Y_{0t} = y_t + x_0 \tan\alpha + b \\ Y_{1t} = y_t + x_1 \tan\alpha + b \\ \vdots \\ Y_{it} = y_t + x_i \tan\alpha + b \end{cases} \quad (4\text{-}16)$$

通过最小二乘法拟合，即可求得 α 和 b 值，通过软件校正可消除误差影响。

4.6 线激光车辙检测

线激光车辙检测是激光光源发射出的激光光束经透镜照射在道路表面上形成一条激光散射线，此激光散射线因为被测物体表面存在高低起伏而发生变形，对此变形的激光散射线进行拍摄成像，通过数字图像处理，计算分析得到被测物体表面的凹凸状况。实际上，线激光检测可以说是点激光模式的扩展。激光光束通过柱面镜投射到被测路面，激光束面与路表面相交形成的光条，可以看作是无穷多个激光点的集合，因此线激光检测更能全面地反映道路横断面的车辙信息，进一步消除点激光检测由于采样点有限，使路面相对最大高差与最小高差偏离实际位置时而引起车辙的检测误差。采用线激光进行车辙检测，信息量增加，检测精确度也随之提高。

线激光车辙检测原理如图 4-21 所示，不平表面模拟存在车辙的路面，线激光束倾斜照射到不平的被测表面上，线激光束与被测表面的交线是一条变形的曲线，通过路面上方的面阵数字相机拍摄此条变形曲线，利用图像处理得到细化后的曲线像，再结合摄影测量的物像坐标转换得到路面车辙深度信息。在线激光路面车辙快速检测中，需要借助强线激光束照射路表面并采用分辨率高、拍摄频率高的数字相机拍摄。为了减小单台线激光光源的发射功率，一般采用 2 台线激光束光源照射路面。同时，为了满足检测系统结构布局的需要，2 台线激光光源一般采用倾斜照射路面形式。

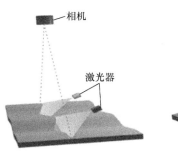

a) 2台激光器+1台相机   b) 2台激光器+2台相机

图 4-21　线激光车辙检测原理

线激光车辙检测技术的结果会受到检测车在行驶中上下振动颠簸造成车辆前后俯仰变化的影响。由于线激光束倾角的不同，计算得到的车辙检测结果也会有所差异。因此，对同一处路面，车辙检测结果随线激光束的倾斜照射角度的变化而发生变化。

线激光车辙检测计算方法如图 4-22 所示。

线激光检测车辙的计算公式为

$$\frac{X}{L\cos A + L\sin A \dfrac{X}{2f}} = \frac{f}{S + L\sin A} \tag{4-17}$$

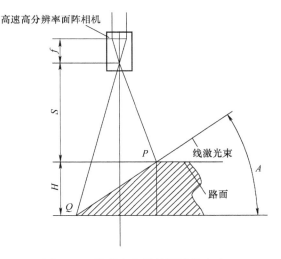

图 4-22　线激光车辙检测计算方法

或

$$L = \frac{XS}{f\cos A - \dfrac{X}{2}\sin A} \tag{4-18}$$

$$H = L\sin A \tag{4-19}$$

式中，H 为路面车辙深度；S 为拍摄相机到路表面的距离；L 为车辙深度 H 对应的倾斜长度 $L = \overline{PQ}$；f 为相机焦距；A 为线激光束倾角；X 为路面车辙对应的像平面上的位移。

式 (4-19) 中，H 增量（即路面车辙修正值）使用全微分表示为

$$dH = dA(\cos A)L + dL\sin A \tag{4-20}$$

已知各直接测量值 L、A 的误差为 ΔL、ΔA，因为这些误差都很小，可以近似等于微分量，从而可近似求得的 ΔH（即路面车辙修正值）为

$$\Delta H = \Delta A(\cos A)L + \Delta L \sin A \tag{4-21}$$

同一位置测量时，路面车辙深度是实际存在的，是不会改变的，因为 $\Delta H = 0$，式（4-21）转化为

$$\Delta L = -L\frac{\cos A}{\sin A}\Delta A = -\frac{L}{\tan A}\Delta A \tag{4-22}$$

由式（4-22）可知，倾斜长度 L 的误差 ΔL 是由线激光倾角误差 ΔA 引起的。而在计算车辙深度的过程中，A 是以固定值代入（根据结构搭建时设定的角度代入），L 的代入值是存在一定误差的测量结果（由于激光倾角产生的误差导致的误差），经过式（4-20）计算后，车辙深度 H 也必然是存在误差的，且 H 的误差值可表示为

$$\Delta H = \Delta L \sin A \tag{4-23}$$

经过以上分析，即使在同一位置车辙处，车辆颠簸等引起的倾角的变化 ΔA 必然影响车辙检测结果，产生误差为 ΔH。

在线激光车辙检测系统中，路面车辙深度值是通过像面上车辙条纹图像信息 ΔX 对应计算得到的，由式（4-18）的增量分析，可得

$$\Delta X = \frac{2f\cos A}{2S + \sin A}\Delta L = K\Delta L \tag{4-24}$$

结合式（4-22），有

$$\Delta X = -K\frac{L}{\tan A}\Delta A \tag{4-25}$$

通过以上分析，线激光束倾角 A 变化会引起像面上 X 的误差，而车辙深度 H 最终取值是根据对应相片上的位移 X 得到的，所以 ΔX 也就产生了 ΔH。进一步说明无论是采取什么样的车辙深度计算方式，倾角 A 的变化必然会引起车辙检测结果 H 产生一定的误差。通过在检测梁上安装测量传感器，以此对检测结果进行校正，就可以得到较精准的车辙。

4.7 对称式激光车辙检测

多点激光和线激光路面车辙检测技术在使用过程中都会受到车体自身运动的影响。车辆振动颠簸，直接影响到架设好的相机与激光器距离之间的固定角度，从而引起车辙深度的测量误差。一般在测试车上安装加速度传感器，测出颠簸车体的加速度，再从实际测量值中减去加速度的二次积分，剔除由车辆颠簸引起的高程。但是加速度传感器对角度变化敏感，多采用陀螺仪测量变化角度，从而减小误差。一般系统都要求高精度的加速度计和陀螺仪，以满足测试精度要求。路面不平（如

坑洼等）或上下坡过程中的车辆俯仰变化，也会引起车辙深度计算出现误差。对称式激光车辙检测方法，能同时解决上述两方面引起的误差。该方法是通过合适的结构设计，在检测系统中对称安装向前、向后照射的激光束，通过误差补偿消除车辆颠簸或俯仰变化引起的误差，从而大大提高了车辙检测精度。

对称式激光车辙检测技术分为对称式多点准直激光路面车辙检测技术和对称式线激光路面车辙检测技术。

4.7.1 对称式多点准直激光路面车辙检测技术

对称式多点准直激光路面车辙检测技术在检测系统中左右两侧对称安装多点准直激光器。对称式多点准直激光检测车辙原理如图 4-23 所示，对称式多点准直激光检测车纵向图如图 4-24 所示。

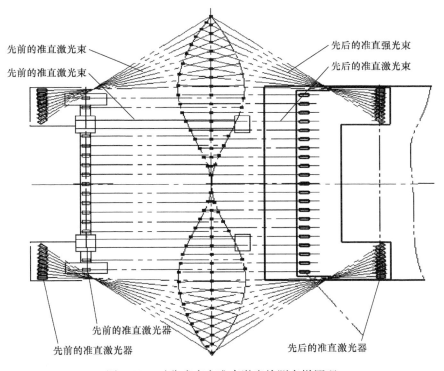

图 4-23 对称式多点准直激光检测车辙原理

当由于路面状况不好引起车辆颠簸，并造成架设在车辆两端的多点准直激光器发射的光束逆时针转动的情况，如图 4-25 所示。多点准直激光器的转动会导致激光器发射的光束也随之转动，产生偏角。从图 4-25 可以看出，通过右激光器检测到的车辙小于标准值 l_0，通过左激光器检测到的车辙大于标准值 l_0，两项数值相加后取平均值就起到了误差补偿作用。

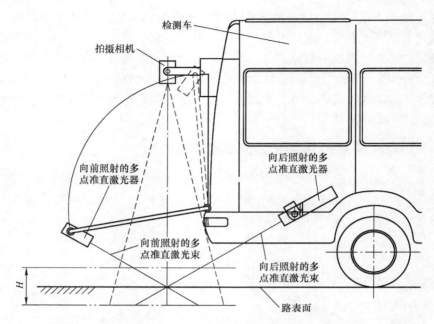

图 4-24 对称式多点准直激光检测车纵向图

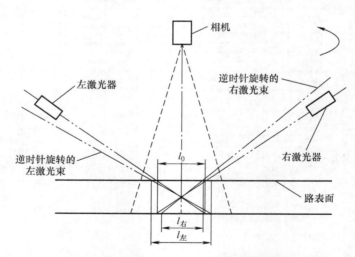

图 4-25 对称式点激光车辙检测原理图（点激光束逆时针转动）

当由于路面状况不好引起车辆颠簸，并造成架设在车辆两端的多点准直激光器发射的光束顺时针转动的情况，如图 4-26 所示。由图 4-26 可以看出，通过右激光器检测到的车辙大于标准值 l_0，通过左激光器检测到的车辙小于标准值 l_0，两项数值相加后取平均值就起到了误差补偿作用。

假设路表面不平并向逆时针倾斜，如图 4-27 所示。架设在车辆两端的多点准

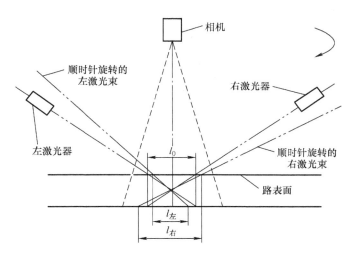

图 4-26 对称式点激光车辙检测原理图（点激光束顺时针转动）

直激光器发射的光束射到路面后，与实际射入点有所不同。由图 4-27 可以看出，通过右侧多点准直激光器检测到的车辙大于标准值 l_0，通过左侧多点准直激光器检测到的车辙小于标准值 l_0，两项数值相加后取平均值就起到了误差补偿作用。

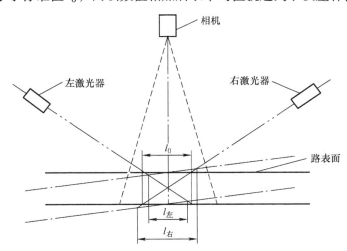

图 4-27 对称式点激光车辙检测原理（路表面存在局部不平的情况——前高后低倾斜）

假设路表面不平并向顺时针倾斜，如图 4-28 所示。由图 4-28 可以看出，通过右侧多点准直激光器检测到的车辙小于标准值 l_0，通过左侧多点准直激光器检测到的车辙大于标准值 l_0。两项数值相加后取平均值就起到了误差补偿作用。

采用对称式多点准直激光位移检测原理进行车辙检测时，不管是由于车辆俯仰角或是路面的局部坡度变化引起的车辙变化，都可以通过对称式车辙检测原理减小

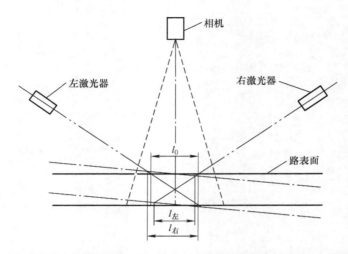

图 4-28 对称式点激光车辙检测原理（路表面存在局部不平的情况——前低后高倾斜）

测量误差。

对称式多点准直激光车辙检测系统的车辙大小计算方法为

$$H_{车辙} = (H_{车辙左} + H_{车辙右})/2 \tag{4-26}$$

式中，$H_{车辙左}$ 为通过向前照射的点激光束检测的车辙大小；$H_{车辙右}$ 为通过向后照射的点激光束检测的车辙大小。

4.7.2 对称式线激光路面车辙检测技术

按照第 2.2 节中三维光学成像理论可知：把标定得到的 p_i 系数和拍摄的激光束光条中心点的坐标代入式（4-27）就可以计算出横断面上点的坐标值，然后对得到的坐标值进行拟合处理就能够获得路面的实际横断面。

$$\begin{bmatrix} p_1 + xp_7 & p_2 + xp_8 \\ p_4 + yp_7 & p_5 + yp_5 \end{bmatrix} \begin{bmatrix} X \\ Y \end{bmatrix} = - \begin{bmatrix} p_3 + x \\ p_6 + y \end{bmatrix} \tag{4-27}$$

通过第 2 章的理论已经获得了像素和实际路面断面坐标之间的对应关系，因此如何获得激光束中心的像素坐标就显得非常重要。

为了解决系统横断面图片存储量大和存储速度慢的问题，在相机的采集过程就进行了相应的图像处理，其存储的不是一帧照片而是一列激光光条中心坐标。在实际的采集过程中，由于光平面与路面交线不是一条直线而是呈光带状分布，所以采集的图像是具有一定宽度的条纹；同时由于路面实际的复杂性以及激光束投影到路面上各点光强的差异等都可以使激光光条的中心位置产生偏移，所以应该采用比较好的图像处理方法来获得光条的中心。当然，在光条中心提取前应该进行图像的降噪处理，这是因为图像采集系统自身的不稳定和路面环境的多变都会产生大量的噪声。

采用如图 4-29 所示的流程对采集图像进行处理，以获得较精确的路面横断面值。以下具体说明其处理过程：

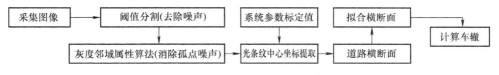

图 4-29　路面横断面图像采集处理计算流程

（1）阈值分割

在采用图像法测量路面横断面时首先要提取出激光的光束条纹，即把光条纹和背景分开，通常采用阈值分割法来实现。

为了更有效地分割物体与背景，通常有多种阈值分割算法，常见的有全局阈值、局部阈值分割算法等。

全局阈值分割算法是从图像的灰度直方图出发，使用单一的阈值来分割整幅图像，这种分割算法是否能成功完全取决于图像的灰度直方图是否能被较好地分割。在全局阈值分割算法中最常用的是最佳阈值法和最大方差阈值法。最佳阈值通常采用多次试验来确定合适的阈值；最大方差阈值法通过判断图像的类间方差的最大值来选取最佳阈值，因为它不需要多次试验，所以被广泛使用。

局部阈值分割算法是根据图像的局部特征分别采用不同的阈值进行分割的方法。由于在横断面检测过程中用较强的激光束照射路面，所以路面的图像背景和激光束之间灰度值差距较大，如图 4-30 所示。

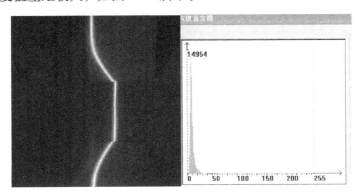

图 4-30　路面激光条纹图像的灰度直方图

综上，采用最大方差阈值法进行背景与光条纹之间的分割。其基本思想是将直方图在某一阈值处分割成两组，当这两组的方差最大时，此时的阈值就为分割阈值，以下具体说明：

首先把一幅图像的灰度值分成 $0 \sim (m-1)$ 级，灰度值 i 的像素数为 n_i，这时

像素的总数为

$$N = \sum_{i=0}^{m-1} n_i \tag{4-28}$$

各值的概率为

$$p_i = \frac{n_i}{N} \tag{4-29}$$

然后用分割阈值 T 把灰度值分成两组 $C_0 = \{0 \sim T-1\}$ 和 $C_1 = \{T \sim m-1\}$，这时每组产生的概率为

C_0 概率：$\quad w_0 = \sum_{i=0}^{T-1} p_i = w(T)$

C_1 概率：$\quad w_1 = \sum_{i=T}^{m-1} p_i = 1 - w_0$

C_0 的平均值：$\mu_0 = \sum_{i=0}^{T-1} \frac{ip_i}{w_0} = \frac{\mu(T)}{w(T)}$

C_1 的平均值：$\mu_1 = \sum_{i=T}^{m-1} \frac{ip_i}{w_1} = \frac{\mu - \mu(T)}{1 - w(T)}$

式中，$\mu = \sum_{i=0}^{m-1} ip_i$ 为整体图像的平均值；$\mu(T) = \sum_{i=0}^{T-1} ip_i$ 为阈值为 T 时灰度的平均值，这时全部采样灰度的平均值见式（4-30）。

$$\mu = w_0 \mu_0 + w_1 \mu_1 \tag{4-30}$$

可以得知两组间的方差为

$$\begin{aligned} \delta^2(T) &= w_0 (\mu_0 - \mu)^2 + w_1 (\mu_1 - \mu)^2 \\ &= w_0 w_1 (\mu_1 - \mu_0)^2 = \frac{[\mu w(T) - \mu(T)]^2}{w(T)[1 - w(T)]} \end{aligned} \tag{4-31}$$

从 $1 \sim (m-1)$ 不断改变 T，计算式（4-31）最大值时的 T，此时的 T 值就是全局的分割阈值，采用此阈值就能够把背景和光条纹分割开来。

（2）灰度邻域属性算法

采用以上阈值分割方法可以实现背景和光条纹的分割，但在实际中由于情况的复杂性必然会在分割后遗留一些孤立的噪声点，这些点会影响到光条纹中心坐标提取的准确性。因此需要对这些孤立的噪声点进行处理，通常采用的方法为邻域计数法，它的基本思路为：先遍历当前像素的 N 邻域，然后统计邻域中灰度大于分割阈值 T 的像素数量，如果数量比某个要求的数值小则认为是孤点噪声。具体的实现方法如图 4-31 所示。

1）扫描第 i 行（$i = 1, 2, 3, \cdots, 1024$），依次对第 i 行中的第 j 列（$j = 1, 2, 3, \cdots, 1024$）的像素 $I(i,j)$ 取灰度值 $f(i,j)$。

2）比较此灰度值与分割阈值的大小，若 $f(i,j) > T$，计算该像素点的邻域灰

度值：

$$A(i,j) = \begin{bmatrix} 1 & 1 & 2 & 4 & 2 & 1 & 1 \end{bmatrix} \begin{bmatrix} f(i,j-3) \\ f(i,j-2) \\ f(i,j-1) \\ f(i,j) \\ f(i,j+1) \\ f(i,j+2) \\ f(i,j+3) \end{bmatrix}$$

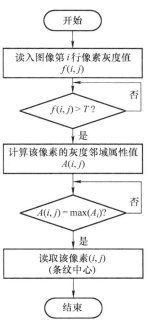

3）采用步骤2）计算此行中所有符合条件的像素点的邻域灰度 $A(i,j)$，如果 $A(i,j) = \max[A(i,j), i = 1,2,\cdots,1024]$，那么像素 $I(i,j)$ 就为第 i 行的光条中心的像素值。

4）重复步骤2）、3），依次对其他行判断光条中心值。当确定了整幅图像中的光条中心像素后，用统计的方法就可以得到具有一定宽度的条纹。

（3）光条纹中心坐标提取

通过以上图像处理方法获得了具有一定宽度的（10个像素）光条纹，以下来分析从光条纹中提取光条纹中心坐标的方法。在图像中心提取中常用的方法有极值法、阈值法、重心法和可变方向模板法等。

图 4-31　灰度邻域属性算法流程

1）极值法。理想的情况下，线激光光源发射的激光照射到柱面上时其光强呈高斯分布，此时光条的几何中心就是灰度值最大的像素所在位置的列坐标或行坐标。由于道路表面有一定的粗糙度，投射到路表的光条光强不严格服从高斯分布。此时对真正的几何中心而言，光强的极值位置发生了偏移，如图 4-32 所示，c 为理想情况下光条中心，c' 为受到影响时光条的实际中心。可见极值法提取光条中心有一定的局限性。

2）阈值法。阈值法由于不用事先对图像进行分割来分离背景和光条，所以处理速度较快。具体的算法如图 4-33 所示，设阈值 t 与曲线交于 P、Q 两点，由线性插值可求得 P、Q 对应的位置 p、q。

$$p = n + \frac{t - I(n)}{I(n+l) - I(n)} l$$
$$q = m + \frac{t - I(m)}{I(m+l) - I(m)} l \quad (4-32)$$

则条纹中心位置为

$$c = (p+q)/2$$

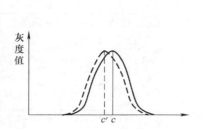 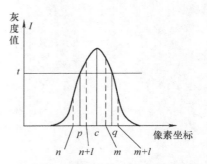

图 4-32　极值法中心提取示意图　　图 4-33　阈值法提取条纹中心示意图

但由于阈值法提取中心的精度较差，只适用于对光条中心位置的粗略估计，所以此方法不适合从条纹中提取中心。

3) 重心法。重心法是根据沿一定方向取灰度值的重心来表示光条的中心坐标，其具体方法如下：

$$x_c = \frac{\sum_{i=1}^{N} f(x_i, y_i) x_i}{\sum_{i=1}^{N} f(x_i, y_i)}, \quad y_c = \frac{\sum_{i=1}^{N} f(x_i, y_i) y_i}{\sum_{i=1}^{N} f(x_i, y_i)} \quad (4-33)$$

式中，(x_i, y_i) 为光条某一截面像素点的坐标；$f(x_i, y_i)$ 为相应像素点的灰度值；N 为截面内像素点的个数；(x_c, y_c) 为该截面的光条中心点的坐标。

重心法提取光条中心具有较高的精度，不仅能够减小由于光条灰度分布的不对称性而引起的误差，而且对光条中心的偏移也不敏感。但当被提取的条纹出现断点时，这时每行的像素灰度值全为 0，这时就不能直接利用重心法来计算，可采用可变方向模板法。

4) 可变方向模板法。可变方向模板法是在重心法的基础上改进而来的，它不仅抗白噪声能力强，而且也具有一定的修补断线的能力，若断点处尺寸远小于模板尺寸，通过模板操作可以自动将断点处修补上。具体的计算流程如图 4-34 所示。

具体的实现方法为：把模板记为 K，模板的大小为 $M \times N$。模板的大小一般由条纹宽度来确定，因为模板太小不能反映条纹的走向，太大又不能准确地反映条纹的中心坐标。把模板中的元素取为正数，即 $K[s][t] > 0$，其中 $s = 0, 1, \cdots, M-1$；$t = 0, 1, \cdots, N-1$。M 表示图像的行数，N 表示图像的列数，$f[i][j]$（$i = 0, 1, \cdots, M-1$；$j = 0, 1, \cdots, N-1$）表示图像中像素 (i, j) 的灰度值。

当模板在图像的某一行 i 上进行滑动时，对第 j 列计算像素 H_j：

$$H_j = \sum_{s=0}^{M-1} \sum_{t=0}^{N-1} K[s][t] I\left[i - \frac{M}{2} + s\right]\left[j - \frac{N}{2} + t\right] \quad (4-34)$$

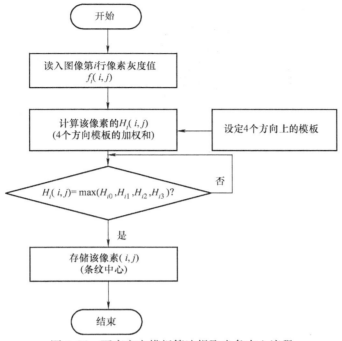

图 4-34 可变方向模板算法提取光条中心流程

式中，$j = \dfrac{N}{2}$，$\dfrac{N}{2}+1$，$\cdots$，$N-1$。

如果有 $H_p = \max(H_j) = \max(H_{\frac{N}{2}}, H_{\frac{N}{2}+1}, \cdots, H_{N-1})$，$\dfrac{N}{2} \leqslant j \leqslant N-1$，那么在第 i 行上光条纹中心的位置就在点 p 处。

由于线激光条纹的形状随路表面变化而不同，所以在小尺度情况下，可以认为具有水平、垂直、左斜 45°、右斜 45° 4 种模式。对应这 4 种模式，分别设计 4 种方向模板，分别记为 K_0、K_1、K_2、K_3。

对图像的每一行的条纹分别采用模板 K_0、K_1、K_2、K_3 加权求和，设对第 i 行进行模板 K_0 计算 H，则有 $H_{p0} = \max(H_j) = \max(H_{\frac{N}{2}}, H_{\frac{N}{2}+1}, \cdots, H_{N-1})$，$\dfrac{N}{2} \leqslant j \leqslant N-1$。$H$ 值反映了像素点处的图像与模板的相关程度，此值越大，相关程度就越高，也就是中心坐标在此方向的可能性就越大。对模板 K_0、K_1、K_2、K_3 分别获得 H_{p0}、H_{p1}、H_{p2}、H_{p3}。然后比较这 4 个值，其值最大的点就是光条纹的中心，可以用 $H_p = \max(H_{p0}, H_{p1}, H_{p2}, H_{p3})$ 表示。

通过采用可变方向模板方法可以提取出激光条纹光条中心坐标，然后对提取的中心坐标进行拟合就可以获得路面横断面的坐标尺寸，也就是获得了路面的横断面形状。

第 5 章　车载路面抗滑检测技术

在公路路面相关技术指标中,路面抗滑性能是影响道路行车安全的重要因素,是保证公路行车安全及维持必要的允许行车速度的一项重要指标。由于应用的侧重点不同,通常与路面抗滑性能相关的路面指标主要有构造深度、横向力系数和路面磨耗等。本章主要研究车载路面抗滑性能的高效检测技术。

5.1　路面抗滑性能的定义

路面抗滑能力是反映道路路面能否防止车轮滑溜,保证安全行车的重要指标。一般采用抗滑系数作为路面抗滑能力的评价指标。抗滑系数常以横向力系数(SFC)或者摆式仪的刻度值(BPN)来表示。路面应具有足够的抗滑能力,这样才能保证汽车的安全行驶。路面抗滑能力不足,汽车起动、转弯及制动时都会打滑,非常容易发生事故。数据显示,大部分的交通事故都与路面摩擦系数低有关。

根据 JTG D50—2017《公路沥青路面设计规范》规定,新建沥青路面抗滑性能必须同时满足路面平均构造深度(MTD)和 SFC 技术要求。MTD 与路表排水性能相关,合理的 MTD 可以及时排去路表积水,防止滑水现象的出现。获取沥青路面的 MTD,首先能够衡量路面抗滑性,对路面设计与表面性能检测提供指导,提高行车安全性,其次可以为探索路表抗滑性、透水率与构造深度之间的定量关系奠定基础。

影响路面抗滑性能的因素有很多,主要有以下几个方面。

(1) 路面类型、干湿状态和温度

不同的路面类型,摩擦系数也有所不同。在干燥状态下,路面的摩擦系数差别不大,但是当路面潮湿或者积水时,摩擦系数会减小,当车速超过临界值时,会发生滑水现象,极易发生事故。

(2) 路面结合料及集料

对沥青路面来说,煤沥青的抗滑性能最好,混合沥青次之,黏稠石油沥青稍差,多蜡液体沥青最差。对某一种结合料来说,用量增加会造成摩擦系数降低。集料的种类、性质和形状也会影响摩擦系数。

(3) 轮胎的磨损程度及花纹

当轮胎的磨损严重时,摩擦系数很低,在公路上行驶的附着力很小,遇到突发情况时,制动距离很长,大大增加了事故发生率,因此定期检查轮胎是很有必要的。其次,轮胎的花纹会影响在积水路面行驶时的排水效果,排水效果好的轮胎与路面的接触面积大，附着力大。

5.1.1 路面构造深度

路面构造深度（Texture Depth，TD）是路面粗糙度的重要指标。MTD 是指一定面积的路表面凹凸不平的开口孔隙的平均深度，主要用于评定路面表面的宏观粗糙度、排水性能及抗滑性。

根据沥青路面表面起伏情况、波长和波幅范围的不同，将其表面构造分为微观构造、宏观构造、大构造和不平整构造。

微观构造（Micro Texture）又叫作细构造，是指沥青路面表面纹理中波长在 0~0.5mm 之间，波幅小于 0.2mm 的构造，通常不能直接用肉眼观测到。道路微观构造主要是由路面表面外露集料自身的颗粒形状、棱角性以及纹理特质组成，同时也受结合料、沥青胶浆结构以及交通量、道路使用情况、气候、季节等因素的影响。车辆在雨天低速行驶的条件下，微观构造是沥青混凝土路面抗滑阻力的主要来源。一方面，丰富的微观纹理结构能够增加路面与车辆轮胎间的实际接触面积，加强两者的啮合程度，增强轮胎面的弹性变形，为路面提供基本的摩擦力。另一方面，在潮湿条件下，良好的微观构造能够及时将水膜刺破，为低速行驶的车辆提供一定的摩擦力，增加制动力，从而提高行车安全性。

宏观构造（Macro Texture）是指路面表面纹理中波长在 0.5~50mm 之间，波幅在 0.1~20mm 之间的构造，由路面表面裸露集料之间的间隙构成，受粗集料的颗粒形状、粒径、间距、耐磨性以及沥青用量和级配设计的影响较大，另外施工工艺和交通荷载也是需要考虑的影响因素。宏观构造深度的增加有利于将路面与轮胎接触面中动力水有效排出，抑制轮胎打滑现象，提高路面抗滑能力，确保行车安全性。另外，良好的宏观构造能有效地减少轮胎溅起的水花和喷雾对能见度的影响，还能使路面产生漫反射作用，降低沥青路面表面的反光作用，提高行车过程的视觉舒适性。

大构造（Mega Texture）的波长在 50~500mm 之间，波幅范围为 0.1~50mm，一般是由施工过程中的不规范操作所造成的局部沉降引起，是应该避免的有害构造。大构造的尺寸和轮胎印迹长度差不多，其存在不但不能起到排水的作用，相反容易形成积水坑，使车辆在行驶过程中易溅起水花，同时产生较大振动，并伴随着较大的内外部噪声，对车辆轮胎和减振器造成损害，为行车舒适性和安全性带来较大的负面影响。

不平整构造（Roughness）的波长通常大于 0.5m，属于有害构造，严重影响着道路的使用品质。当路面摊铺过程中存在较严重质量问题或道路在使用过程中受到较大损坏和不均匀沉降时，易产生不平整构造。不平整构造的波长和波幅范围较大，易造成路面表面大面积的积水，并使行驶中的车辆产生很大的振动和噪声，尤其会对高速行驶车辆动力性能带来较大损害，应尽量避免并抑制，对已经产生的不平整构造应及时采取措施进行处理。

5.1.2　路面横向力系数

横向力系数是车轮受到的侧向摩擦力与作用在试验轮上的载重的比值，又称侧向力系数，无量纲，简记为 SFC。测量时，一般使用标准的摩擦系数测定车，测定轮与行车方向之间的夹角在 7.5°~20°之间，测试车以一定的速度在潮湿路面上行驶。因为采用该方法在测定时不会妨碍交通，而且能够连续并快速进行测定，所以高等级公路常用此方法来评价路面的抗滑性能。

影响汽车行驶稳定性的两个重要因素是汽车所受的横向力和汽车对路面的正压力。横向力使汽车发生侧滑乃至侧翻，是不稳定因素。汽车对路面的正压力是摩擦力的关键，一般来说，正压力越大，摩擦力越大。单独的横向力大小并不能确定汽车的稳定程度。因此，为了能够准确地衡量汽车在圆曲线上行驶时的稳定、安全和舒适程度，采用横向力与竖向力的比值，即横向力系数来描述汽车的稳定性。其物理意义可近似地理解为单位车重上受到的横向力。

$$\mu = V^2/(gR) \pm i \tag{5-1}$$

式中，μ 为横向力系数；V 为汽车行驶速度（m/s）；g 为重力加速度（m/s^2）；R 为圆曲线半径（m）；i 为路面横坡度或超高坡度（"＋"指汽车在圆曲线外侧车道行驶；"－"指汽车在圆曲线内侧车道行驶）。

5.2　基于铺砂法的构造深度检测

铺砂法包括手工铺砂法和电动铺砂法。铺砂法的测试原理就是用定量体积的砂，平整地摊铺在路面上得到摊铺面积，用砂的体积与摊铺面积的比值给出测点的构造深度平均值，其特点是操作方便，但长时间检测操作者劳动强度大，安全性差，也不宜在潮湿天气时测试。电动铺砂法与人工铺砂法的原理一样，但通过机器找平砂顶面，减小了人工法在摊铺时的误差。

5.2.1　手工铺砂法

手工铺砂法的具体操作如下：

取洁净的细砂，经过晾晒之后，用筛子筛取粒径在 0.15~0.3mm 的砂，将其放置在适当的容器中备用。制作的量砂只能在本次试验中使用，每次试验需要重新制备量砂。在距路边缘不小于 1m 的车道轮迹带上选取路段测点横断面位置。

用扫帚或毛刷子将测点附近的路面清扫干净，清扫面积不少于 30cm×30cm。用小铲向圆筒中缓缓注入准备好的量砂直到高出量筒成尖顶状，手提圆筒上部，用钢尺轻轻叩打圆筒中部数次，避免量筒中有空洞出现，用刮尺沿筒口一次刮平。将砂倒在路面上，用推平板由里向外重复做摊铺运动，稍稍用力将砂向外均匀摊开，使量砂填入路表面的空隙中,尽可能将砂摊成圆形,直到表面上没有浮动的余砂。注意摊铺时不可用力过大或向外推挤。用尺子测量所构成圆的两个垂直方向的直径,取其平均值,精确至1mm。也可用专用尺子直接测量构造深度。按以上方法,同一处平行测试不少3次,3个测点均位于轮迹带上,测点间距3~5m。对同一处测试应该由同一个试验员进行测试,该处的测试位置以中间测点的位置表示,如图5-1所示。

图5-1 手工铺砂法测量构造深度

构造深度测试结果按式(5-2)计算:

$$TD = \frac{1000V}{\pi D^2/4} = \frac{31831}{D^2} \tag{5-2}$$

式中,V为砂的体积($25cm^3$);D为摊平砂的平均直径(mm)。

每一测试位置均取3次路面构造深度的测试结果的平均值作为试验结果,精确至0.01mm。

5.2.2 电动铺砂法

电动铺砂法就是使用电动铺砂仪来替代人工对于标准砂的摊铺,以提高本身的测量精度,减少人为因素的影响。电动铺砂仪装置如图5-2所示。

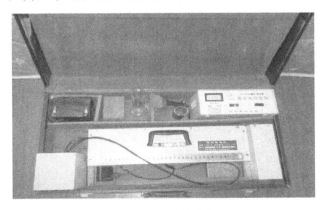

图5-2 电动铺砂仪

电动铺砂仪测量构造深度原理为:首先对电动铺砂仪进行标定,将铺砂仪平放于玻璃板上,将沙漏移至铺砂仪端部,将提前准备好装于漏斗的容积为50mL的量砂均匀倒入沙漏,漏斗前后移动,使砂的表面大致齐平,但不能用任何工具刮动砂；开动电动机，使沙漏向铺砂仪的另一端缓缓移动，量砂沿沙漏底部铺成如图 5-3 所示的形状，砂带宽 5cm，记录标定的量砂摊铺长度 L_0。

量砂摊铺长度 L_0 由式（5-3）决定：
$$L_0 = (l_1 + l_2)/2 \tag{5-3}$$

在同一处平行重复此操作 3 次，求取 3 次平均值作为标定的砂带长度 L_1。至此，铺砂仪标定完毕。

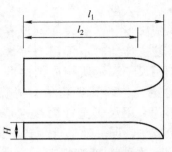

图 5-3　电动铺砂仪摊铺效果

使用电动铺砂仪测量时，首先用毛刷将待测点清扫干净，清扫面积大于待测区域，接着重复标定中的操作，同样在同一处平行测量 3 次，记录测试点的量砂摊铺长度 L_2，L_2 计算方法同式（5-3），并以 3 次的平均值作为测试点的摊铺长度 L_3。

由于沥青路面与玻璃板相比，表面孔隙大，较为粗糙，因此同样容积的量砂铺在玻璃板与沥青面上的摊铺长度是有一定差距的，并且沥青路面的长度小于玻璃板摊铺长度，即 $L_3 < L_1$。因此可假想为 L_3 与 L_1 的差距处的体积填补了沥青路面的孔隙，则该相差的体积在沥青路面摊铺长度下求取的高度即为该测试点的构造深度，计算公式见式（5-4）。

由于标定与测试使用量砂体积相同，即：
$$5L_1H_1 = 50 \tag{5-4}$$

式中，H_1 为标定时的摊铺高度。

假想处的相差体积为
$$V = 5H_1(L_1 - L_3) \tag{5-5}$$

将此体积平均摊铺于沥青路面的长度处，即为 L_3 长度处的所有孔隙所占的体积，则该处的高度 H_2 为
$$H_2 = V/(5L_2) \tag{5-6}$$

H_2 即为该测试点处的构造深度值。

5.3　基于激光位移的构造深度检测

激光断面检测法是通过安装在检测车（搭载平台）上的激光位移传感器高速测量路面的构造深度。该方法的特点是测量速度快，同段道路测试结果与铺砂法结果的相关性和重复性较好；存在的不足是由于道路趋势的不同，检测结果差异较大，不能建立各种不同路段下统一的与铺砂法的相关关系。这是因为采集路面高程的激光位移传感器安装在检测车上，在采集过程中由于检测车本身振动以及路面趋势的影响，所采集的高程信息中不仅包括路面的纹理信息，也包括路面的趋势信息。但路面构造深度只与路面的纹理信息相关，只有获得精确的路面纹理才能计算

精确的路面构造深度指标。

5.3.1 激光位移构造深度检测方法

路表面的构造深度（也称为纹理深度）是路面抗滑性能的重要指标。采用激光技术检测路表面的构造深度，就是要在一个小范围内检测出路表面上微小的高低不平。与路面平整度检测中使用的激光位移传感器不同，路面构造深度检测需要较高的分辨率和较高的采样频率。点激光位移构造深度检测原理如图5-4所示。

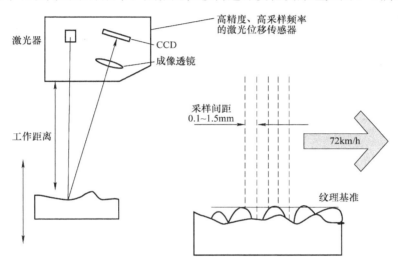

图 5-4　点激光位移构造深度检测原理

线激光测量法是基于线激光光源，将线激光器和相机摆放成设定的角度。当激光器发射一束线激光，该光束经过发射透镜后，照射到待检测路面上，编码器控制相机对沥青路面进行连续拍摄及在线处理，由于沥青道路表面产生的散射光线通过接收透镜聚到高分辨率的面阵相机上，形成一个散射光斑，激光线的长度取决于光源和路面的距离，宽度取决于激光器的输出线宽，基本不随视距长短变化。由于沥青路面比较粗糙，使得相机从侧面看到的线激光为不规则非连续的线条。线激光路面构造深度检测原理如图5-5所示。

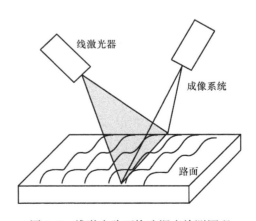

图 5-5　线激光路面构造深度检测原理

将线激光器和相机作为一个检测整体装置安装在检测车后部,由编码器控制面阵 CCD 相机以一定的时间间隔采集路面图像即结构光原始图像。将面阵相机实时拍摄高速行驶下的路面图像传回到主处理器中。为了获取最佳的图像质量,在相机的镜头前面安装了滤波片,用于滤掉除该激光频段以外其他的散光。

从以上原理可知,点激光是高速扫过路面,大密度采用就可以得到路面的断面曲线;线扫描是一次就可以得到 1 个断面。

得到曲线后,要得到路面的构造深度指标,采用如下的计算方法。

根据获取的数据得到连续的路面断面轮廓曲线,再将路面断面曲线均分为 100mm 长的片段曲线,计算每个片段曲线的平均片段深度(MSD),将所有片段曲线的 MSD 的均值作为路面的平均断面深度(MPD),再通过相关方程把 MPD 转化为 MTD。每个片段曲线的 MSD 的计算原理如图 5-6 所示,计算方法如下:

首先计算曲线上所有点的高程值的均值 ave;其次将片段曲线均匀分成两段,分别求取每段曲线最高点的高程值 max_1 和 max_2;再分别计算两个最高点的高程值与片段曲线整体高度平均值的差值。这两段差值的算术平均值即为该片段曲线的 MSD:

$$MSD = [(max_1 - ave) + (max_2 - ave)]/2 \\ = (max_1 + max_2)/2 - ave \tag{5-7}$$

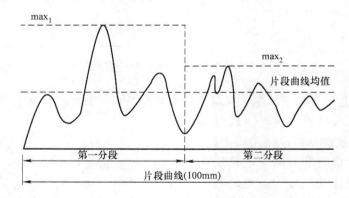

图 5-6 MSD 计算原理

通过多个区域的 MSD 可求得该沥青路面待测区域的 MPD 为

$$MPD = \frac{(MSD_1 + MSD_2 + \cdots + MSD_n)}{n} \tag{5-8}$$

式中,n 为试验区域 MSD 的个数。

最后,通过 MPD 与 MTD 之间的转换关系即可求得该沥青路面待测区域的平均构造深度值:

$$MTD = 0.947MPD + 0.069 \tag{5-9}$$

可见，基于激光的路面构造深度检测中传感器的分辨率和采样频率要保证检测的数据达到铺砂法的要求。

手工铺砂测定路面构造深度试验方法中，选用的标准砂粒的粒径是 0.15 ~ 0.3mm。由此，在采用激光技术进行路面构造深度检测时，其激光位移传感器的分辨率和检测精度也必须满足相应的要求。

采用激光位移传感器检测路表面的构造深度，传感器分辨率的确定原则如下：

1）传感器的精度应高于砂粒粒径尺寸。铺砂法选用的标准砂粒的粒径是 0.15 ~ 0.3mm，当选定最小砂粒径为 0.15mm 时，由此可以确定传感器的位移检测精度 ΔH 为

$$\Delta H = 0.15/K \tag{5-10}$$

式中，K 为大于 1 的系数。

根据测量的一般要求，K 可取 2。当 $K=2$ 时，则

$$\Delta H = 0.15/K = 0.15/2 = 0.0755\text{mm} \tag{5-11}$$

2）根据对传感器检测精度的要求，传感器分辨率 δ 的确定方法为

$$\delta = \Delta H/M \tag{5-12}$$

式中，M 为大于 1 的系数。

根据测量的一般要求，M 可取 2。当 $M=2$ 时，则

$$\delta = \Delta H/M = 0.0755/2 = 0.0378\text{mm} \approx 0.04\text{mm} \tag{5-13}$$

采用激光位移传感器检测路表面的构造深度，传感器采样频率的确定原则如下：

1）根据路面构造深度在空间尺度上的波长范围一般在 0.1 ~ 10mm，依据采样定理，激光位移传感器的前后采样间距应在 0.05 ~ 5mm 范围内。

2）激光位移传感器采样频率与行车速度有关，车速越高，采样频率越高。因此，在高速行驶过程中要实现构造深度的检测，要求激光位移传感器必须具有很高的采样频率和精度。假设行车速度为 $v = 72\text{km/h}$，检测间距 d 为 1mm，则激光器的采样频率 f_{72} 为

$$f_{72} = v/d = 20\text{m/s} \div 1\text{mm} = 20\text{kHz} \tag{5-14}$$

当车速增加到 108km/h 时，激光器的采样频率 f_{108} 为

$$f_{108} = v/d = 30\text{m/s} \div 1\text{mm} = 30\text{kHz} \tag{5-15}$$

在 JTG 3450—2019《公路路基路面现场测试规程》中，规定激光位移传感器的采样间隔小于或等于 10mm，传感器的测试精度为 0.1mm。

5.3.2 沥青路面构造深度精确检测方法

在检测车的左右轮迹带附近各安装一个激光位移传感器，在检测车高速行驶的过程中高密度采集路面的纵向高程变化，以此进行路面构造深度的计算。路面宏观构造的波长范围为 0.5 ~ 50mm，波幅范围为 0.1 ~ 200mm。考虑到检测精确性和系

统的幅值性，研究中设计的路面构造深度检测系统的纵向采样间隔为 0.2mm。在检测过程中，由于检测车的振动或路面中大波长的激励使检测的路面曲线中必然会加进去一个趋势，这个趋势由路面和检测车振动复合而成，是一个复杂的曲线，如果采用传统的计算方法，那么检测结果必然是不可靠的。因此，要得到路面构造深度的准确检测结果，难点是如何从检测曲线中去掉这个复杂的趋势项。

传统的最小二乘法去趋势是在给定的采样长度内，利用最小二乘法对采样数据进行直线拟合，假设计算长度内的曲线的采样点数为 N，数据序列为 $x = \{x(1), x(2), \cdots, x(N)\}$，将数据分成长度为 n 个采样点的相同 m 段，则第 m 段内的数据序列为 $x_m = \{x(mn+1), x(mn+2), \cdots, x(mn+n)\}$，第 m 段内的最小二乘法一次方程为

$$\begin{cases} x_m = a_m i + b_m \\ \min \sum_i (x_m - \hat{x}_m)^2 \end{cases} \tag{5-16}$$

式中，$i = \{mn+1, mn+2, \cdots, mn+n\}$，按照式（5-16）所获得的趋势线是折线，而且在每段的分界处是间断的。为了获得合理的曲线趋势项，本节提出了一种改进型的最小二乘法去趋势项法，具体方法如下：

在评定的片段曲线长度内（100mm），共有 N 个数据点，将任意连续长度为 n 的数据分段作为分析基准段，设从第 k 个数据点开始取样（$k = 1, 2, \cdots, N-n+1$），则从第 k 点开始采用最小二乘法求得的直线为

$$\hat{x}^{(k)} = a^{(k)} i + b^{(k)} \tag{5-17}$$

式中，$i = \{k, k+1, \cdots, k+n-1\}$。

这样在整个分析片段内能够获得 $N-n+1$ 条最小二乘直线。这些直线随 k 值逐渐增加，并且沿着整个片段曲线的轮廓滑动。对第 k 个数据，可以获得 $T(k)$ 条曲线用来描绘该段的趋势位置，采用这 k 条拟合直线在该点的平均值作为该位置的趋势位置。第 k 个数据点处的曲线趋势项位置可以表示为

$$\overline{\hat{x}(k)} = \begin{cases} [1/T(k)] \sum_{i=1}^{T(k)} \hat{x}_i(k), & 1 \leqslant k \leqslant n \\ [1/T(k)] \sum_{i=k-n+1}^{k-n+T(k)} \hat{x}_i(k), & n < k \leqslant N \end{cases} \tag{5-18}$$

式中

$$T(k) = \begin{cases} k, & 1 \leqslant k \leqslant n \\ n, & n < k \leqslant N-n+1 \\ N-k+1, & N-n+1 < k \leqslant N \end{cases}$$

将按照式（5-18）计算获得的趋势项曲线作为基准线，该基准值为光滑曲线，它能够较精确地反应路面趋势的连续变化，没有间断点；将分析片段内的数据去除

趋势向后，将获得的曲线按照式（5-7）的方法计算路面的构造深度。图 5-7 和图 5-8 是传统最小二乘法去趋势和本节提出的改进后的最小二乘法去趋势的对比。

图 5-7 中 10 段直线是分段最小二乘法获得的趋势线，图 5-8 中光滑曲线是利用改进后的最小二乘计算获得的路面趋势线。从对比可以看出，改进的最小二乘去趋势法更能获取路面的趋势。

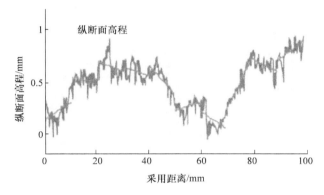

图 5-7　传统方法处理结果

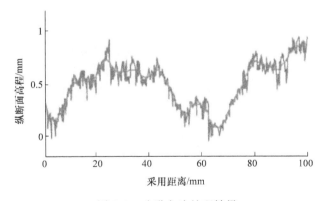

图 5-8　改进方法处理结果

检测系统的组成结构如图 5-9 所示。系统的硬件系统包括激光位移传感器、距离传感器（编码器）、数据采集卡、计算机和电源等。软件采用 Windows 运行平台，选择 Microsoft 公司的 SQL Server2000 作为数据库管理系统对检测结果进行管理和维护，以 Visual Studio2003.net 为开发环境，采用面向对象程序设计语言 C++ 进行开发。系统软件采用包括用户客户端、应用服务器和数据库服务器层分布式结构，其中用户客户端提供用户操作界面，应用服务器封装了路面构造深度检测的业务逻辑规则，数据库服务器保存构造深度的检测结果。

系统利用距离传感器（编码器）提供触发信号，使安装在检测车左右轮迹处

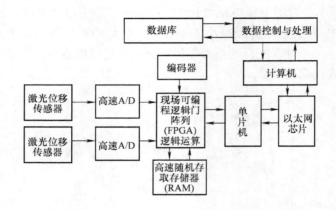

图 5-9 路面构造深度检测系统结构图

的两个激光位移传感器进行同步采样。编码器安装在检测车的车轮上,当检测车在被检测路面上行驶时,随着车轮的转动,编码器会输出一个频率随车速变化的方波信号,该信号为两路激光位移传感器提供采集触发信号,系统采用复杂可编程逻辑器件(CPLD)实现激光位移传感器的驱动以及逻辑运算。

为了验证系统的精度,采用标准的高度量块对该检测系统进行标定,具体方法为在实际道路路面上每隔 10m 放置一个高度已知的标准量块,然后利用检测系统检测质量块高度,对比检测结果得到检测误差,满足要求下可以进行实际检测。

由于实际量块和路面宏观构造有一定的差异,而实际的路面构造深度通常用铺砂法检验,所以进行检测系统与铺砂法的对比试验。具体方法为:选择构造深度不同的 5 段典型路面,每段 100m,对每段路分别进行 3 次检测。将检测系统和铺砂法检测结果建立相关性,如图 5-10 所示。

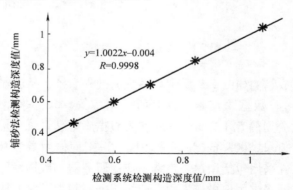

图 5-10 检测系统与铺砂法相关性

5.4 基于图像法的构造深度检测

沥青路的表面是比较粗糙的，光线照射在表面上会发生漫反射。路面凸起时，光线被大量反射，亮度高；路面凹陷时，光线大部分无法被发射，亮度较低。这就使得可以通过图像灰度值的不同，反映出路面的凹凸情况。利用图像法比例换算对图像的灰度值进行处理，可以确定路面的构造深度。在实际应用中，因为无法保证图像转换的完整性，所以基于图像法的构造深度检测技术精确度比较低，但优点也很明显，相对于其他方法，该方法更经济快捷。

数字图像是图像在空间坐标 (x,y) 和亮度 $F(x,y)$ 的数字化，通过拍摄路面的图像就可以得到路面纹理图像，将像素坐标上的亮度值作为第三维，并通过相关归一化处理，再通过标定试验得到归一化值与位移之间的映射关系，就可以通过图像重构出路面微观纹理的三维曲面。采用图像法进行路面构造深度检测的基本方法如图 5-11 所示。

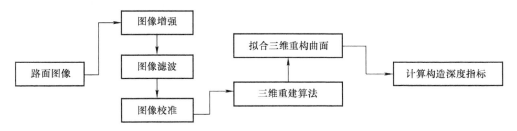

图 5-11 图像法构造深度检测方法

利用图像系统拍摄路面图像，对图像进行图像增强处理、图像滤波、图像校准后，采用有效的重算算法，构建三维曲线，并对三维曲面进行拟合得到路面构造深度的三维曲面，如图 5-12 所示。

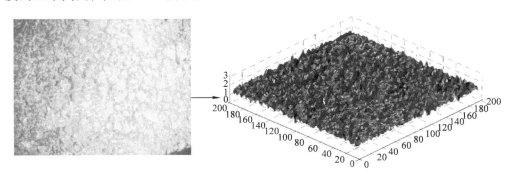

图 5-12 路面图像三维重建结果

利用重建的三维曲面，可以进一步计算得出路面构造深度。为了计算沥青路面的构造深度，以图像中灰度值最大的一点为标尺，建立像素点坐标(x,y)与其灰度值$F(x,y)$之间的关系，对极差R、像素空间体积V_p、平均高程H_p、均值A进行计算。

$$\begin{aligned} R &= F_{\max} - F_{\min} \\ V_p &= \sum [F_{\max} - F(x,y)] \\ H_p &= \frac{V_p}{xy} \\ A &= \frac{\sum F(x,y)}{xy} \end{aligned} \tag{5-19}$$

式中，$F_{\max}$、$F_{\min}$为灰度矩阵中灰度值的最大值和最小值；x、y为像素点在灰度矩阵中的横纵坐标值；V_p为像素空间体积。

数字图像重构过程中，像素点的高程与实物的高程具有比例关系，像素图像的比例关系需要与实物对应。在建立平均高程H_p与构造深度H之间的关系模型时，可以通过预先对一组试件进行传统方法检测，再利用数字图像技术进行检测，以此建立平均高程H和构造深度之间的关系模型。然后再利用神经网络等计算方法优化模型，使其能适应现场多变的测量环境。确定好关系模型以后，便能利用数字图像技术对沥青混凝土路面的构造深度进行批量计算。

在对样本图像经过计算之后，发现平均高程H_p与铺砂法测量的构造深度存在较大的关联。这种关联利用神经网络算法能够很好地解算出来。人工神经网络具有学习和自适应的能力，可以通过预先提供的输入、输出数据，分析掌握两者之间的潜在关系，并能根据这种关系，推算出相应的输入数据对应的结果，具有高度的非线性特征，能够进行复杂的逻辑操作和非线性关系的实现。因此可以利用神经网络对大量样本进行训练，从而更好、更完善地分析数据。

神经网络可以采用广义回归神经网络（GRNN），它是径向基神经网络（RBF）的一种，与RBF相比其学习能力更强，逼近效果更好。GRNN对样本数量不做过多的要求，样本数量的多少对其预测效果的影响较少，因此适用于沥青混凝土路面构造深度与像素平均高程之间的关系模型建立。

GRNN的理论基础是进行非参数回归，也就是进行对一个非独立变量Y相对于独立变量X之间的回归分析。将平均高程H_p、像素极差R、像素均值A作为模型构建中的输入数据，在输入之前需要对原始数据线性归一化，以降低相互差异性对原始数据造成的影响。当需要使用实测数据时，可用对应的公式反归一化：

$$x_g = (b-a)\frac{X - X_{\min}}{X_{\max} - X_{\min}} + a \tag{5-20}$$

式中，x_g为归一化数据；X为原始数据；a、b为归一化区间$[a,b]$的上下限；

$X_{\min}$、$X_{\max}$为原始数据的最小值和最大值。

实测数据归一化区间为[-1,1]，GRNN的光滑因子即高斯函数宽度系数，在考虑某单元与其相邻单元之间的拓扑形状时，利用光滑因子来使单元形状较为平滑。在区间[0,1]中，以步长0.01进行递加变化。然后在学习样本中，利用大部分样本进行训练，将其训练结果与少部分保留的样本进行对比，得出均方误差（MSE），使MSE最小的区间值就为光滑因子σ。确定光滑因子以后，模型网络的训练就已完成，可利用网络模型对样本进行预测。成功建立模型后，还需引入系数判断预测值和实际值的拟合程度，以判断网络预测的精度。利用最大相对误差和平均相对误差来分析网络误差大小，并引入相关系数r判断拟合程度。

利用训练后的广义回归神经网络模型测量新的路面时，可以利用传统方法和数字图像技术测量一组数据，将数字图像技术处理后的参数与传统方法测量的结果预先输入模型训练计算机，然后便可以利用构建的模型大面积批量测量，从而最大限度地减少环境因素对测量结果的影响。

5.5 基于其他方法的构造深度检测

除以上描述的构造深度检测方法以外，其他的检测方法还有排水测定法、环形纹理测试仪（CT仪）法、激光轮廓仪法以及主成分分析法（PCA预测法）等。

排水测定法是通过监测固定体积的水通过路面排除的时间来间接地反映路面的宏观构造。排水法测试的工具是一个清洁的已知体积的圆筒容器，在圆筒和路面之间有一个橡胶圆形套筒进行密封。在圆筒中注满水，然后测出水流出的时间。测量时间的方法有：用秒表记录圆筒水位从一个筒壁标记处到另一个筒壁标记处之间的时间，或者用电子计时器记录悬挂在圆筒内的两个电极之间落差的时间。此方法与路面结构型式和路面状况密切相关，在一个非常光滑的平面上或路面存在裂缝的情况下将无法测量。

环形纹理测试仪是利用CT激光测试仪在实验室和现场进行测试。测试方法是将一个直径为284mm的圆形区域划分成8个相等的圆周弧（111.5mm），通过旋转电荷耦合器件（CCD）激光位移传感器测定8个不同区域的路面构造深度，并得到平均构造深度值（MPD），其垂直分辨率可以达到3μm。一般在实验室内通过对车辙试件的检测得到构造深度的信息。

激光轮廓仪法是利用激光轮廓仪对路面信息进行采集。轮廓仪的激光束直径为10μm，测量精度为±1μm，分辨率为0.1μm。其虽不能直接表征出集料表面纹理的三维形貌图，但能给出集料微构造的二维形貌图和三维构造特征参数，这些参数包括轮廓高度算术平均偏差、轮廓最大高度和轮廓平均波长。

主成分分析法利用声学原理对路面构造深度进行检测。该方法分析轮胎-路面、车身以及周围环境所产生的噪声，并通过傅里叶变换等手段获得噪声与路面构造深度之间的关系。该方法由于还处于理论验证阶段，因此其相关特性还有待确定。

5.6 横向力系数检测

横向力系数检测一般使用横向力系数检测仪进行检测。横向力系数检测仪能够在正常的交通流中使用，不会对交通造成影响，同时检测仪能够采集路面不利条件下的动态摩擦系数，对路面的真实情况有更好的反映。目前，横向力检测仪已经成为我国高等级公路检测的高效自动化检测设备。

横向力系数检测车的构造及检测原理如图5-13所示，将承受恒定竖向荷载的测试轮与地面接触，并与车辆前进方向成一定角度，这样当车辆前进时就在测试轮上产生一个横向滑动摩擦阻力。横向力由一个压力传感器测得，且与路面轮胎间的摩擦系数成正比，横向力与竖向荷载的比值为横向力系数（SFC），可以反映纵、横两个方向的摩擦力性能。横向力测试车由测试机构、供水系统、数据采集系统、力传感器系统和整车运行系统构成，测试轮与车辆行进方向呈20°，以模拟车辆转弯过程和制动过程的滑动摩擦。横向力是可以由力传感器求出来的，测试轮与路面的相对速度由偏转角决定，因此定义横向力系数与测试轮相对速度：

$$SFC = \frac{F_S}{F_V} \times 100 \qquad (5-21)$$

式中，F_S 为横向力；F_V 为测试轮垂直恒定荷载（200kg）；SFC 为横向力系数。

$$v = V\sin\alpha \qquad (5-22)$$

式中，v 为测试轮与路面相对速度；V 为测试车行驶速度；α 为测试轮偏转角。

整车式的路面横向力系数检测车性能稳定，可以以时速50km/h的速度进行单车道20m间隔采样，一次水箱满载可供测试里程约55km，采样数据包括SFC、路面抗滑性能指数（SRI）、速度、检测温度、行车距离，同时可以自动进行速度、温度修正以符合规范要求，检测速度快，精度高。

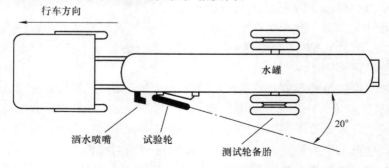

图5-13 横向力系数检测车的构造及检测原理

在测试前,应该对设备进行标定和校准。如果 SFC 误差大于或等于±1,就必须重新标定以保证测试数据的准确性。具体标定、校准主要包括距离和 SFC 两项内容。在标定完成之后,需要进行校核,校核误差如果超过规定要求,则必须进行排查调整,然后重新进行标定和校核,直到满足规定要求。

5.7 路面磨耗检测

路面磨耗是指路面表面构造磨损状况,常用路面磨耗指数(Pavement Surface Wearing Index,PWI)表示。一般采用断面类检测设备,检测位置为车道的左右轮迹带和无磨损的车道中线。检测指标为 MPD,每 10m 计算一个统计值。

路面磨耗指数应按照式(5-23)、式(5-24)计算:

$$PWI = 100 - a_0 WR^{a_1} \tag{5-23}$$

$$WR = 100 \times \frac{MPD_c - \min\{MPD_L, MPD_R\}}{MPD_c} \tag{5-24}$$

式中,WR 为路面磨耗率(%);a_0 为模型参数,采用 1.696;a_1 为模型参数,采用 0.785;MPD 为路面构造深度(mm);MPD_c 为路面构造深度基准值,采用无磨损的车道中线路面构造深度(mm);MPD_L 为左轮迹带的路面构造深度(mm);MPD_R 为右轮迹带的路面构造深度(mm)。

车道中线路面表面有明显磨损时,可采用同一断面同质路肩的路面构造深度检测数据为基准值。路面磨耗检测从原理上讲也是对路面构造深度的检测,可以采用其他方法,如铺砂法、基于激光位移的构造深度检测方法、基于图像法的构造深度检测方法等。目前常用的高效检测方法为基于激光位移的构造深度检测方法。在获得道路左右轮迹带和车道中线路面的构造深度之后,根据路面磨耗率的计算公式可以得到路面的磨耗状况。

第 6 章　车载路面损坏检测技术

路面损坏图像检测就是通过在检测车上安装相机、辅助照明系统等，按照道路里程获取路面图像。基于所拍摄的路面图像，通过不同的方法对图像进行处理，从图像中判断病害的类型、检测病害的参数等。路面损坏的图像检测已经成为路面损坏检测的主要方法。本章主要研究路面损坏图像的高效检测技术。

6.1　路面损坏的分类及检测指标

6.1.1　路面损坏的分类及机理

路面损坏按照其形成机理主要分为裂缝类破损、松散类破损、变形类破损和其他类破损。

（1）裂缝类破损

裂缝类破损主要有横向裂缝、纵向裂缝和不规则裂缝等。对于最典型的横向裂缝和纵向裂缝，由于产生机理的不同也有所差异。

横向裂缝的影响因素主要表现在材料、结构和温度变化三个方面，按照成因可划分为温缩裂缝和半刚性路面的反射裂缝，其典型的形态如图 6-1 所示。

a) 温缩裂缝　　　　　　　　　　b) 反射裂缝

图 6-1　横向裂缝

温缩裂缝又可细分为一次性降温引起的低温开裂和温度反复作用引起的疲劳开裂。低温开裂是指低温时，沥青劲度模量增大，沥青变脆，沥青混凝土应力松弛不能适应温度应力的增长，温度下降产生的应力超过混凝土的极限抗拉强度而使沥青路面产生开裂。这种开裂一般首先出现在路表，是路表裂缝的一种，并随着温度应力的持续作用向面层下部扩展；其次是气温骤降时，混合料劲度模量急剧增大，超过极限劲度而产生开裂,这种裂缝在南方炎热多雨地区常见,夏季路表气温高,由于暴雨骤降使得沥青混凝土路面温度急剧降低,产生开裂。路面反射裂缝是由于面层下部的拉应力超过了沥青混凝土的极限强度所致,偏荷载作用下的主拉应力(或剪应力)和温度变化下的收缩应力是反射裂缝形成的根本原因。在冬季低温下,当基层开裂后,由于基层失去抵抗拉应力的作用,在开裂位置将应力传递给面层,造成面层在裂缝处的应力集中,而且在低温下沥青面层的模量较大,仅能承受较小的温度应力,因而极易产生反射裂缝。

纵向裂缝产生的原因有多种可能性,其形态如图6-2所示。在新建公路中由于碾压不同等原因,出现填土未压实或两侧密实度不均,使路基产生不均匀的沉陷而形成裂缝。对于改建公路,因与老路相接处没有处理或者处理不符合技术规范要求,造成路基不均匀的沉陷或者滑坡而形成裂缝,特别是填挖结合部或填高沿横向变化较大处更易出现,其纵缝常是断续的。路肩加固处理或处理不当,路基边缘受水浸蚀,导致路基湿软、承载力不足,进而引起路面边缘的纵向裂缝,形成边缘裂缝或称啃边,填土含水量偏大,在冻胀作用下形成裂缝。沥青混合料摊铺时,由于接缝处理不当,造成路面早期渗水或压实度未达到要求,在行车荷载作用下形成纵向裂缝,出现的纵向裂缝相当长并且比较顺直。沥青含蜡量偏高,延度偏于下限,油层抗拉强度低,加之受交通流不同的影响,出现公路两侧空、重载失调,长期在行车荷载作用下形成纵向裂缝。在许多路上也经常可以见到轮胎破坏后轮毂在路面上行走造成的压裂。

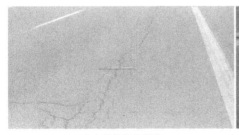 

a) 有支缝的纵向裂缝　　　　　　　　b) 长且直的纵向裂缝

图6-2　纵向裂缝

龟裂、不规则裂缝的形成主要是路面整体强度不足,沥青路面老化,在行车荷载长期作用下而形成的,其形态如图6-3所示。龟裂是相互交错的疲劳裂缝,形成一系列多边形小块组成的网状开裂,它的初始形态是沿轮迹带出现单条或多条平行的纵向裂缝,后在纵向裂缝间出现横向和斜向连接缝,形成网状裂缝。龟裂是沥青混凝土中沥青老化、松弛性能降低、车辆超载、行车荷载反复作用的结果。龟裂的产生反映了路面结构的强度不足以承受行车荷载的作用,是沥青路面的一种主要结构损坏类型。另外,基层排水不良,低温时沥青混合料变硬或变脆，也会造成龟裂。

a) 龟裂　　　　　　　　　　　b) 不规则裂缝

图 6-3　龟裂及不规则裂缝

（2）松散类破损

松散类破损包括麻面、脱皮、松散、坑槽、啃边等多种形式，其形态如图 6-4 所示。由于面层沥青用量不足、矿料级配偏粗、嵌缝料规格不当，或者低温、雨季施工，路面未能成型，部分粒料脱落，即形成麻面。如果处理不及时，由于麻面渗水，油层碎裂，则会发展成为松散。如沥青（渣油）黏结力不足，或者加温过度，也可造成松散。在养护中，一般是根据麻面和松散程度，分别采用洒油封面、加铺罩面层、局部挖补、分段新铺等方法处理。

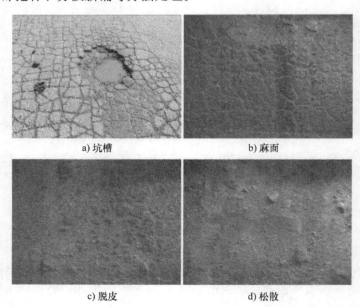

a) 坑槽　　　　　　　　　　　b) 麻面

c) 脱皮　　　　　　　　　　　d) 松散

图 6-4　松散类破损

坑槽深度一般在 2cm 以上，会引起车辆跳车和强烈颠簸，严重影响行车安全。造成这种破损的原因较多，有的由于路基不实、土质差、强度不够、地下水位高等先引起路基变形，进而引起路面开裂破坏，形成坑槽；有的由于路面厚度不足、级配不佳、拌和不匀、排水不良，或者磨耗层铺筑不及时、长期露骨等原因所造成；龟裂、松散等破损若未及时修复，在行车作用下会不断扩展恶化，最后油层破碎，路基底部易形成积水，也容易使路面出现坑槽。对于这种破损，一般用与原路面相同的材料修补，其中因基层破坏引起的，须先修好基层，再补油层。

啃边是指当道路通车后，由于雨水或车辆行驶，对路面的边缘有啃蚀的破坏。产生啃边的原因较多，如路面宽度不足、路肩和路面衔接不适当、路肩积水渗水，或者路面边缘基层压实不够、油面成型不好，在行车作用下，油层边缘破裂剥落，并逐步向路中发展而形成啃边；机动车超重，碾压路面边缘，或者路面边缘未设置路缘石也会造成啃边。

（3）变形类破损

沉陷是由于路基的竖向变形导致路面下沉的现象，其形态如图 6-5a 所示。沉陷的形成从理论上主要原因包括：①基础承载能力的下降；②施工时处理基层使用材料质量的偏差；③在路面自身静载和动载的垂直荷载作用下的基层压缩不稳定，造成侧向挤出后使原先土层产生较大的变量，减少原先基层的承载力。

车辙是指路面经过车辆反复行驶产生流动变形、磨损、沉陷后，在行车道轨迹上产生的纵向带状辙槽。车辙产生的根本原因是路面竖直方向残余变形的积累，形成这种变形的因素有两个：一个是材料本身的特性，其中包括施工工艺设计要素、面层和基层间有不稳定的夹层、基层强度不足、水稳性能不好等，使基层局部下沉均易造成车辙；另一个是外部因素，路面在交通流的作用下，受横向推挤形成的横向波形车辙。

在行车（特别是重型车）作用下混合料被推拥挤压，在路面两侧或行车道范围内，形成波浪状隆起的现象称为拥包。拥包进一步发展，在顺路方向形成规则的波峰波谷，连接成片，称为波浪，如图 6-5b 所示。产生拥包和波浪的原因有：①泛油处理不当，路面中油料含量偏高；②矿料级配不良，细料多，骨料少；③沥青材料的黏度和软化点低；④基层湿软变形或同路面结合不好；⑤路基、基层稳定性和平整度差等。

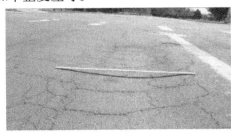

a) 沉陷

b) 拥包及波浪

图 6-5 变形类破损

(4) 其他类破损

其他类型的路面破损主要包括泛油、修补、冻胀、翻浆、磨光等形式,其形态如图 6-6 所示。

图 6-6 其他类破损

6.1.2 路面损坏的检测指标

我国交通运输部颁布的 JTG 5142—2019《公路沥青路面养护技术规范》将沥青路面破损分为裂缝类、松散类、变形类及其他类四大类,并对不同的路面破损进行了外观描述和定量分级,具体指标见表 6-1。路面破损检测也就是按照标准提出的指标对路面的破损进行检测和评价。

表 6-1 沥青路面破损分类分级

破损类型		分级	外观描述	分级指标	计量单位
裂缝类	龟裂	轻	初期龟裂,缝细,无散落,裂区无变形	块度:20~50cm	m^2
		中	裂块明显,缝较宽,无或轻散落或轻度变形	块度:<20cm	
		重	裂块破碎,缝宽,散落重,变形明显,急待修理	块度:<20cm	
	不规则裂缝	轻	缝细,不散落或者轻微散落,块度大	块度:>100cm	
		重	缝宽,散落,裂块小	块度:50~100cm	
	纵缝	轻	缝壁无散落或者轻微散落,无或少支缝	缝宽:≤5mm	
		重	缝壁散落多,支缝多	缝宽:>5mm	
	横缝	轻	缝壁无散落或者轻微散落,无或少支缝	缝宽:≤5mm	
		重	缝壁散落多,支缝多	缝宽:>5mm	

（续）

破损类型		分级	外观描述	分级指标	计量单位
松散类	坑槽	轻	坑浅，面积小（<1m²）	坑深：≤25mm	m²
		重	坑深，面积大（>1m²）	坑深：>25mm	
	麻面		细小嵌缝料散失，出现粗麻表面		
	脱皮		路面面层层状脱落		
	啃边		路面边缘破碎脱落，宽度10cm以上		
	松散	轻	细集料散失，路面磨损，路表粗麻		
		重	细集料散失，多量微坑，表面剥落		
变形类	沉陷	轻	深度浅，行车无明显不适感	深度：≤25mm	m²
		重	深度深，行车明显颠簸不适	深度：>25mm	
	车辙	轻	变形较浅	深度：≤25mm	
		重	变形较深	深度：>25mm	
	搓板		路面产生纵向连续起伏、似搓板状的变形		
	波浪	轻	波峰波谷高差小	高差：≤25mm	
		重	波峰波谷高差大	高差：>25mm	
	拥包	轻	波峰波谷高差小	高差：≤25mm	
		重	波峰波谷高差大	高差：>25mm	
其他类	泛油		路表面呈现出沥青膜，发亮，镜面，有轮印		m²
	磨光		路面原有粗构造衰退或消失，路表光滑		
	修补		因破损或者病害而采取修复措施进行处治，路表外观上已修补的部分与未修补部分明显不同		
	冻胀		路基下部的水分向上聚集并冻结成冰，引起路面结构膨胀，造成路表拱起或者开裂		
	翻浆		因路基湿软，路面出现弹簧、破裂、冒浆的现象		

为了便于自动检测，由美国联邦公路局颁布的《路面破损识别手册》只定义了5种类型的破损，即龟裂、纵缝、横缝、修补与坑槽，并规定这些破损可以采用视频方式进行测量。该手册规定每一种破损均可根据其几何参数及外观进行评级，然后根据这些评级对路面整体性能进行评估。

6.1.3 路面破损评价计算

我国JTG 5142—2019《公路沥青路面养护技术规范》提出用路面损坏状况指

数（PCI）评价路面损坏程度，PCI（数值范围为 0~100，其值越大，表明路况越好）的计算公式为

$$PCI = 100 - 15DR^{0.412} \tag{6-1}$$

式中，DR 表示沥青路面破损率，其计算公式见式（6-2）。

$$DR = D/A \times 100 = \sum \sum D_{ij} K_{ij}/A \times 100 \tag{6-2}$$

式中，D 为调查路段内的折合破损面积，$D = \sum \sum D_{ij} K_{ij}$；$A$ 为调查路段的路面总面积；D_{ij} 为第 i 类破损，第 j 类严重程度的实际破损面积，其中规定纵、横向裂缝破损面积为裂缝长度×0.2，车辙破损面积为长度×0.4；K_{ij} 为第 i 类损坏，第 j 类严重程度的换算系数，可以从表 6-2 获取。

表 6-2 路面破损换算系数

破损类型	严重程度	换算系数（K）
龟裂	轻	0.6
	中	0.8
	重	1.0
不规则裂缝	轻	0.2
	重	0.4
纵缝	轻	0.4
	重	0.5
横缝	轻	0.2
	重	0.6
坑槽	轻	0.8
	重	1.0
麻面		0.1
脱皮		0.6
啃边		0.8
松散	轻	0.2
	重	0.4
沉陷	轻	0.4
	重	1.0
车辙	轻	0.4
	重	1.0
搓板		0.8
波浪	轻	0.4
	重	0.8

（续）

破损类型	严重程度	换算系数（K）
拥包	轻	0.4
	重	0.8
泛油		0.1
磨光		0.6
修补		0.1
冻胀		1.0
翻浆		1.0

JTG 5142—2019《公路沥青路面养护技术规范》根据 PCI 指数将路面质量分为优、良、中、次、差 5 个等级，评价标准应符合表 6-3。

表 6-3 路面行驶质量评价标准

等级	优	良	中	次	差
PCI 指数	≥85	70～<85	55～<70	40～<55	<40

6.2 路面损坏图像采集系统

在路面损坏检测与评价中，要求记录损坏的类型、大小、位置与严重程度等。路面损坏检测是一项检测内容多、分类细、费时费力的检测项目。

在道路路面损坏数字图像检测过程中，需要对路表面进行数字图像拍摄。通常有两种拍摄方式，一种是采用线阵数字相机对路表面的一条窄带区域进行拍摄，每次获得一帧一维图像，通过多帧一维图像的叠加可得到路表面的二维图像；另一种是采用面阵数字相机对路表面的一个特定区域进行拍摄，直接获得一幅二维图像。通过连续不断地拍摄，可得到路表面的数字图像。

6.2.1 基于面阵相机的路面损坏检测

数字成像技术和计算机图像处理技术的飞速发展，促进了以低成本、高分辨率、高采集速率的数字面阵相机为采集设备的路面图像采集。数字相机将物体图像的灰度或者色彩直接转成像素矩阵形式的数据，其空间分辨率和图像采集速率要远远高于模拟视频摄像机。该类系统具有以下优点：

1）采用面阵 CCD 传感器对路面图像进行捕获，通过专用总线接口（Camera-link、千兆网、PCIE 等接口）直接将图片数据存储到计算机硬盘中。

2）采用图像压缩技术对采集的图像数据进行实时压缩存储，节省硬盘空间。

3）采用 GPS 定位技术和陀螺仪惯性系统对路线几何线形及横纵坡数据进行

采集。

4）在后期数据处理过程中，采用路面图像预处理技术，提高了图像数据的处理速度和准确率。

虽然数字相机的采集速率较高、成像曝光时间短，但需要增加人工照明光源（高速闪光灯或者LED恒光源），才能获得较好的拍照效果。

6.2.2 基于线阵相机的路面损坏检测

随着技术的发展，基于高速线扫描数字相机和激光照明技术的路面快速检测系统在路面破损检测、车辙检测、路面辅助照明及图像识别等方面取得了巨大突破。线阵相机路面图像采集系统广泛采用线扫描相机技术和红外激光照明技术，使图像质量更加稳定。该方法通过在检测车上安装高速、高分辨率线阵相机进行路面图像采集，辅助照明采用线激光照明。由于采用大功率线激光源照明，图像采集系统可以全天候使用，并且消除了路侧物体、高架桥及检测车本身造成的阴影。

6.3 路面检测辅助照明

检测照明系统性能的好坏直接影响所采集路面破损图像的质量，进而影响后续图像的识别与处理，因此路面破损检测照明系统不仅是为照亮路面而设计的，图像的成像质量才是最重要的。图像的成像质量往往直接受光源和照明方案的影响，如果光源和照明方案布置不合理，将间接影响整个系统的性能。车载路面检测照明主要有连续照明技术与频闪照明技术。

6.3.1 车载路面检测连续照明

车载路面检测连续照明分为激光照明技术与LED连续照明技术两大类。

（1）激光照明技术

激光照明技术，也称为激光主动照明技术，利用不断发射的照明激光脉冲进行照明，提高目标与背景的对比度，利用CCD等成像器件，完成对目标的成像测量，获得目标的细节图像。激光主动照明技术属于主动探测，受天气条件、环境温度及背景照度的影响较小。该技术利用了激光高方向性、单色性、相干性和高亮性特点，并且能够根据要求将波长控制在大气窗口内，可将激光脉冲的宽度压缩至几纳秒，获得较高的最大功率；激光照明结合距离选通技术，可有效削弱大气后向散射噪声信号对照射目标所反射有用信号的干扰。激光照明技术能够克服被动成像的缺点，有效地提高成像系统在低照度背景光环境下对暗目标和小目标的分辨识别能力，提高成像清晰度、对比度、探测距离，抑制背景及干扰，易于识别目标及目标特征部位。

影响激光照明的因素主要有大气吸收、大气溶胶散射、湍流、激光的波长、光束质量及目标表面特性与运动速度等,将以上因素归结为大气、激光光源与目标特性三大类因素。

1) 大气。激光的传输介质是大气,而在大气中存在各种气体分子,使得激光在传输过程中部分能量被吸收,部分能量被大气中的粒子反射或散射,最终导致激光在传输方向上受到衰减。由于大气对某些特定的波长会进行强烈吸收,对某些波长的吸收呈现为弱吸收,根据大气的这种特性,将光波通过大气时衰减较弱的波段,称为大气窗口(图6-7)。大气窗口将光谱段分为4个:微波波段(0.03~1μm)、热红外波段(8~14μm)、中红外波段(3.5~5.5μm)、近紫外、可见光和近红外波段。

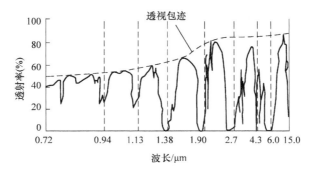

图6-7 大气透射率及大气窗口

激光在大气中传播会发生散射现象,散射受大气颗粒大小与电磁波波长的关系影响。大气散射按大气粒子与电磁波长的关系,分为瑞利散射、米氏散射和非选择性散射。

瑞利散射是指大气颗粒粒径小于光波波长的1/10,电磁波波长越短,散射能力越强。米氏散射是指大气颗粒粒径与光波波长相等,在一般的雾霾环境中,霾粒子的分布比较均匀,灰霾粒子的尺度比较小,平均直径在1~2μm,因此在雾霾环境中,近红外波段激光一般发生米氏散射。非选择性散射是指大气颗粒粒径远大于波长,这种情况下散射强度与波长无关,各个波段基本保持一致。

大气中除大气分子外,还会有大量粒度在0.03~2000μm的固态和液态微粒,大致是尘埃、烟粒、微水滴、盐粒及有机微生物等。气溶胶对光波的衰减包括气溶胶的散射和吸收,散射符合瑞利散射与米氏散射定理。大气是动态流动的,是一种湍流状态。激光在大气中传输时,受大气湍流的作用而使光的辐射强度、频率相位等特性发生随机变化,但试验发现,湍流对成像系统的影响并不大。

2) 激光光源。光束质量是激光实际应用过程中的一个评价指标,光束质量的评价参数有发散角、聚焦光斑尺寸、斯特列尔(Strehl)比、光束传输因子、桶中功率(PIB)等,针对不同的应用目的选用不同的评价参数。质量最好的光束是基模高斯光束,在传输时能量集中度最好。用于照明时,从提升照明的均匀性和稳定性来看，要求光束质量应具有远场和近场光强度分布均匀、稳定性好、相干性较差等特性。

激光对被测目标表面照明的不均匀性，受距离与湍流的影响，当距离较近、湍流较弱时，照明的不均匀性比大气湍流的影响更严重。相干性差的激光束比相干性好的激光束均匀性更为理想，采用多光束照明可有效提高照明的均匀性。

因此，高分辨率成像对激光的波长、光束质量、非相干性、光强分布、均匀性以及重复频率、单脉冲能量、脉冲宽度等参数都有严格的要求。

3) 目标特性。目标的表面特性与目标相对运动速度等因素，均会对激光照明有影响。表面光滑的目标，当光照射在这些物体表面时，大部分被反射回来，只有很少一部分被吸收，且根据反射定理，表面光滑的目标应尽量避免直射；表面粗糙的目标，当光照射在这些物体表面时，光束质量与入射角度不同，表面效果的呈现不一样，从而影响了目标的真实和准确表达。

当激光照明与被光照目标具有相对速度时，照明效果受到影响，相对速度越高，照明图像运动模糊感越强。

(2) LED连续照明技术

公路路面裂缝等损坏检测一般采用数字面阵相机或线阵相机拍摄图像，通过图像处理获得有关损坏信息。为了不影响正常交通，路面损坏数字图像拍摄的方法均使用检测车进行拍摄。检测车的行驶速度在高速公路上不能低于60km/h，一般的行驶速度在80km/h左右。为了获得清晰的数字图像，相机的拍摄速度即相机的曝光时间约为1/20000s。另外，由于被拍摄的沥青路面呈灰色或黑色，对沥青路面进行数字图像拍摄时需要很强的照明光源。

采用线阵相机拍摄路面损坏情况，当检测车行驶速度在80km/h左右时，路面拍摄分辨率在1mm左右，线阵相机的扫描拍摄频率要求达到20000帧/s以上，因此常常采用连续光源照明。目前高等级公路路面大都采用沥青混凝土材料，沥青混凝土呈黑色（新建或新维修路面）或灰色（使用一段时间的路面），当相机的拍摄曝光时间小于1/20000s时，拍摄沥青路面需要很强的照明光源。

试验证明，当沥青路面的照度达到80000~120000 lx时，可以拍摄出清晰的数字图像，基本不受外界光照强弱变化的影响，特别是不受太阳光亮暗、有无的影响。采用模块化LED聚光照明系统，可以满足线阵相机拍摄路面损坏的基本要求。

目前连续照明的强光灯有金属卤素灯、氙灯、钠灯等。这些灯在高亮度下功耗特别大，不适合使用。通过分析比较，选择LED灯作为照明光源。

发光二极管（LED）是一种半导体电致发光器件。商品LED问世至今已有几十年的历史，在发光材料、晶体生长、封装工艺等方面都有巨大的进步。尤其是20世纪90年代白光LED问世以来，商品化白光LED的光效提升迅速，到2006年已达80~100 lm/W，2007年在实验室中已达180 lm/W，单体LED的功率达10W以上，复合LED的功率已超过100W。

LED本质上就是一个二极管,从电子学的角度看就是一个P-N结。当P(阳极)加正电压、N(负极)加负电压时,电子和空穴就向P-N结的截面运动,电子和空穴在P-N结的截面复合时就要释放出能量。LED发光的颜色,即光的波长由构成P-N结的材料决定。红、绿、黄、蓝等LED的应用非常广泛。白光LED采用蓝色LED激发荧光粉发出复合光,复合光和蓝光混合产生白光的效果。美国Cree公司宣布其冷白光LED光效的研发水平达到129 lm/W,暖白光LED的光效也达到99 lm/W。美国国家标准技术研究院的测试结果表明其冷白光(5813K)LED的光输出为135.7 lm,光效为129 lm/W,暖白光(2950K)LED的光输出为104.2 lm,光效为99 lm/W。

因此,采用LED照明必须满足以下技术要求:大功率白光LED的驱动需要稳压源;大功率白光LED的驱动需要稳流源;一般来说大功率白光LED的驱动应由稳压和稳流结合实现;大功率白光LED照明需要散热。

6.3.2 车载路面检测频闪照明

(1)氙灯照明频闪照明系统

采用面阵相机拍摄路面损坏具有其独特的优点,即在单幅拍摄的时间内,外界的振动、车辆颠簸等因素对拍摄图像基本上不会产生影响。当采用面阵数字相机拍摄路面裂缝等损坏时,由于一次拍摄的路表面是一个一定大小的面形,一般为一个矩形面,例如1100mm×4000mm,对于这样一个区域进行高速拍摄,必须采用高亮度的照明光源,使被照射路表面的照度达到80000~120000 lx。为了达到这样一个照度,采用连续照明的方式通常是不可行的,因为这需要很大的照明功率,一般的车载发电设备难以满足。解决面阵相机拍摄照明的问题,最佳的照明光源就是采用频闪灯照明。

面阵相机拍摄一般采用频闪氙灯作为光源,频闪氙灯投光面积较大,单根灯管的亮度较高,频闪频率在20~30Hz时,1J灯管光功率在20~30W,考虑电路的效率,单根1J灯管的功耗为60~80W,整体光源的功耗在2000W左右,车载发电机是可以承受的。

频闪氙灯是一种能够近乎连续不断重复发出高速闪光的电子光源。频闪氙灯也称脉冲氙灯,外形做成玻璃管状,内部充有高压氙气,两端装有不同材料做成的阴阳电极,它可在极短的时间内发出极强的光。氙灯辐射光谱能量分布与日光十分接近,色温为5000~6000K,其光电特性良好,且受外部条件影响很小。它的缺点是光效较低,约40 lm/W,寿命较短,约几千万次。频闪氙灯工作原理如图6-8所示。

在图6-8中,220V交流电源电压经变压器升压,通过二极管对电容器充电到频闪氙灯的点火电压。在灯管的外侧绕着触发电极,当高压脉冲加到触发电极时气体被击穿,产生雪崩效应从而形成强烈的电离,在离子的碰撞下使电极发热,电流密度急剧上升。同时,高压气体被迅速加热,使强光气体充满玻璃管。

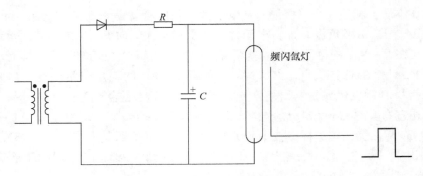

图 6-8　频闪氙灯工作原理

频闪氙灯和其他光源的性能对比见表 6-4。

表 6-4　频闪氙灯和其他光源的性能对比

光源	峰值功率/kW	峰值光通量/$\times 10^3$ lm	峰值亮度/($\times 10^6$ cd/m^2)
反射式白炽灯	20	600	30
高强度电弧	100	4500	1400
超高压汞灯	10	600	1300
超高压氙灯	30	1300	6000
管状氙灯	100	5000	25
管状脉冲氙灯	200000	10000000	10000
球形脉冲氙灯	10000	200000	100000

从表 6-4 可以看出，管状脉冲氙灯的峰值功率和峰值光通量最大。脉冲氙灯点亮时间约几十微秒，其平均功率较小，而面阵相机工作间隔的时间一般为十几到几十微秒，因此在利用面阵相机进行高速摄影中的理想光源首选频闪氙灯。

(2) LED 频闪照明系统

当目标处于运动状态，并且使用传统连续照明方式进行照明时，获得的目标表面图像模糊，而使用频闪照明系统，只要照明持续时间足够短，就能够得到运动目标表面的瞬时图像。LED 频闪照明是以一定的频率快速闪动，光源每秒开启和关闭若干次。LED 工作模式有以下几种：

1）LED 工作在常亮状态。

2）LED 工作在中低频状态，使 LED 在 1~1600Hz 的驱动频率下工作。

3）LED 工作在高频状态，使 LED 在 1600Hz 以上的驱动频率下工作。

4）由位置传感器实时跟踪监测目标运动，同步触发 LED 照明与图像采集系统工作。

使用 LED 频闪照明系统观测运动目标时，通过调节 LED 灯的闪光频率，使其与目标运动频率相同，虽然目标处于高速运动状态，但获取图像时为相对静止状态。

LED 频闪照明系统主要包括 LED 频闪光源、CCD 相机、探测器及图像采集等设备，其工作原理为 LED 频闪光源与 CCD 相机配合工作，工作时将 LED 频闪光源的同步输入接口与 CCD 相机的闪光灯同步接口用接线连接，并将 LED 频闪光源的同步输出接口与被摄目标运动开启装置连接，这样便实现了对 CCD 相机快门、LED 频闪光源和被摄目标运动的同步控制。

6.4 路面破损图像检测技术

路面破损的形式较多，其中最主要的检测指标为路面裂缝的检测。路面裂缝是道路路面结构退化的早期迹象之一，任由裂缝持续发展将加速路面破坏，而检测判断裂缝的发展程度是道路路面养护的重要依据。最早采用的裂缝检测方法是人工检查，需要绘制裂缝位置图，并记录路面裂缝长度、走向与严重程度等具体情况。由于人工方法取决于检测人员的知识和经验，检测结果易受人为因素影响，近年来，基于图像的路面裂缝检测成为主流路面损坏检测方法。

在实际工作中，裂缝的快速、准确检测是一个难度较大、不易解决的问题，主要原因有：裂缝与路面的对比度低，成像后裂缝不明显；成像后裂缝的断续程度不同，不易准确计算裂缝长度；与裂缝相似的非裂缝阴影干扰；成像后的裂缝亮度受太阳光干扰严重。为解决这些问题，国内外学者们提出了有针对性的解决方法。一部分学者主要研究路面裂缝的图像处理技术，通过采用不同算法，实现路面裂缝的检测和识别；另一部分学者主要研究如何提高路面裂缝图像的拍摄质量、检测和识别精度。目前，国内外通过研究不同算法来实现路面裂缝识别的研究较多，并取得了较好的成果，在如何提高图像拍摄质量与降低算法难度方面的研究较少。在实践工程应用中，后者的研究更有效，适应性更强。

路面损坏图像检测的有效思路为：首先对采集的原始图像进行增强处理得到效果较高、较一致的图像，再进行分割处理分割出路面的裂缝，对分割出的裂缝进行形态学处理得到特征明显的裂缝图像，最后计算裂缝的长度、宽度等参数。

6.4.1 路面裂缝图像增强

图像增强的目的是提高图像的质量，如去除噪声、提高图像的清晰度等。图像增强是为突出图像中所感兴趣的部分，如强化图像高频分量，可使图像中物体的轮廓清晰、细节明显，强调低频分量可减少图像中的噪声影响。对路面图像进行的增强方法主要包括直方图均衡化、图像滤波、图像光场校正等内容。

（1）直方图均衡化

直方图均衡化是灰度图像常用的增强方法，直方图均衡化的基本思想是对原始图像的灰度值进行一种变换，变化后图像的直方图灰度值均匀分布，图像灰度的动态范围扩大，从而增强了图像对比度，使图像更清晰。经过均衡化处理的图像，其灰度级出现的概率相同,此时图像的熵最大,图像所包含的信息量最大。此方法适用于图像过于明亮或黑暗、图像对比度较差及图像的灰度分布大多集中在明、暗两端的情况。直方图均衡化计算过程如下:

1)列出原始图像和变换后图像的灰度级:$i, j = 0, 1, \cdots, L-1$,其中 L 是灰度级的个数。

2)统计原图像各灰度级的像素个数 n_i。

3)计算原始图像直方图:$p(i) = \dfrac{n_i}{n}$,n 为始图像像素总个数。

4)计算累积直方图:$P_j = \sum\limits_{k=0}^{j} p(k)$。

5)利用灰度变换函数计算变换后的灰度值,并四舍五入:$j = \text{INT}[(L-1)P_j + 0.5]$。

6)确定灰度变换关系 $i \rightarrow j$,据此将原图像的灰度值 $f(m,n)=i$ 修正为 $g(m,n)=j$。

7)统计变换后各灰度级的像素个数 n_j。

8)计算变换后图像的直方图:$p(j) = \dfrac{n_i}{n}$。

对原始图像做直方图均衡化处理,不同方式拍摄下的原始图像的直方图和均衡后的直方图如图 6-9 和图 6-10 所示。均衡化后图像直方图的动态范围变大了,但直方图的"单峰"特性变得不明显了。这是因为,图像的边缘在成像时曝光不均匀,使图像增强后直方图变得有些"零乱"。

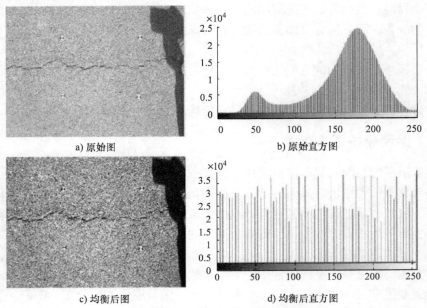

a) 原始图　　b) 原始直方图

c) 均衡后　　d) 均衡后直方图

图 6-9　垂直拍摄图像及均衡结果

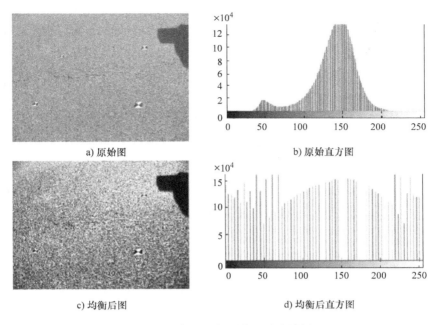

图 6-10 倾斜拍摄图像及均衡结果

（2）图像滤波

图像滤波器主要有线性滤波器与非线性滤波器，通常分别用邻域平均法和中值滤波法进行滤波。

1）邻域平均法。邻域平均法是一种常用的局部图像处理方法，其基本思路是，一个像素点的值不仅与本身像素相关，而且也与周围的像素点有关联。最简单的邻域平均法是将一个像素与其周围的 8 个像素点的灰度值进行相加，然后求得平均值，作为该像素点的灰度值。根据不同的需要，邻域模板可以选择不同大小，常用的邻域大小有 3×3、5×5、7×7、9×9 等。邻域平均法的表达式为

$$g(x,y) = \frac{\sum f(x_i,y_j)}{N}, \quad (i,j) \leq M \tag{6-3}$$

式中，$f(x_i,y_j)$ 为原始图像像素点（x_i，y_j）点的灰度值；$g(x,y)$ 为经过邻域平均法后的灰度值；M 为邻域模板区域；N 为邻域模板中的像素个数。

由于噪声多为高频噪声，噪声点与附近邻域内的像素点灰度值差异较大，因而在进行邻域平均后，噪声点的灰度值会被邻域内的平均值所取代，从而对噪声进行了抑制，并且模板尺寸选用越大，噪声减小的效果越大。邻域平均法具有良好的平滑效果，是最基本的一种图像平滑方法，同时在平滑过程中，邻域平均法是以图像模糊为代价的，使用的模板越大，图像模糊程度越大，因此邻域平均法的模板大小选择要适度。

传统的均值滤波器是一种简单且对高斯噪声具有良好抑制能力的算法,但是传统的均值滤波算法也有其自身难以克服的缺陷:在图像边缘(裂缝)区域由于存在不同的像素,采用相同权值的均值滤波器会造成图像边缘(裂缝)的模糊;均值滤波对脉冲噪声非常敏感,其根本原因在于均值运算中,各个权值都一样,当滤波窗口中存在脉冲噪声点时,噪声点在很大程度上影响了滤波效果,同时噪声点经过均值滤波后其影响会扩散到周围像素;均值滤波没有充分利用图像像素间的相关性和像素的位置信息。

2) 中值滤波法。中值滤波是一种邻域运算,中值滤波在一定的条件下可以克服线性滤波器带来的图像细节模糊,对脉冲噪声及图像扫描噪声比较有效。

中值滤波是将以目标点为中心的周围一定区域内的所有像素的灰度值按照从小到大的顺序进行排序,如果像素点数为奇数,就将排列在最中间的灰度值赋予该目标点,如果像素点为偶数则选用中间两个灰度值的平均值作为该目标点的灰度值,其公式为

$$g(x,y) = \text{med}\{f(x_1,y_1), f(x_2,y_2), \cdots, f(x_n,y_n)\} \\ = \begin{cases} f(x_{(n+1)/2}, y_{(n+1)/2}) & n \text{ 为偶数} \\ \frac{1}{2}[f(x_{n/2}, y_{n/2}) + f(x_{n/2+1}, y_n)] & n \text{ 为奇数} \end{cases} \quad (6-4)$$

式中,$g(x,y)$为中值滤波后目标点的灰度值;$f(x_i,y_j)$为周围选定区域中像素点的灰度值,并按照从小到大的顺序进行排列。

中值滤波中,选定区域不同的大小和形状将会产生不同的滤波效果,根据不同的应用进行选择。常见的几种中值滤波选择区域有线形、十字形、圆形、方形、菱形等。

中值滤波的效果与均值滤波的效果相比具有以下优点:降噪效果明显;在灰度值变化比较小的情况下仍可以得到很好的平滑处理效果;减低了图像边缘(裂缝)区域的模糊程度。

中值滤波有几个重要特点:对离散阶跃信号和斜升信号没有作用;连续个数小于选定区域数量一半的离散脉冲将被滤除;三角形信号的顶部将被削平。因此在进行中值滤波的时候,对椒盐噪声和脉冲干扰信号的作用非常明显,并且能够保护边缘信息,但是对于细节较多的图像的效果不太理想,其处理效果如图6-11所示。

a) 原图　　　　　　　b) 椒盐噪声图　　　　　　　c) 中值滤波结果

图6-11　中值滤波结果

由于路面图像的滤波不仅要去噪,还需要较好地保护路面图像上的裂缝信息,因此,选用中值滤波器对路面图像进行滤波处理。

中值滤波器的去噪效果取决于两个要素:窗口尺寸及形状。二维中值滤波的窗口可以取方形、圆形或十字形等。标准中值滤波去除脉冲噪声的性能受滤波窗口尺寸的影响较大,在抑制图像噪声和保护细节两方面存在一定的矛盾。滤波窗口小,可以较好地保护图像中某些细节,但滤除噪声的能力会受到限制;滤波窗口大,可以加强噪声抑制能力,但对细节的保护能力会减弱。

(3) 图像光场校正

使用曲面拟合的方法可以获取光场分布信息,用以对路面图像进行光场校正。首先对路面图像进行网格划分,获取每个网格内部的灰度均值,然后采用曲面逼近,得到光场图像 $Bias(r)$。光场校正图像通过式(6-5)获取:

$$B_c(r) = \frac{E[\text{Bias}(r)]}{\text{Bias}(r)} \quad (6-5)$$

路面图像的光场校正采用式(6-6)完成:

$$P'(r) = P(r)B_c(r) \quad (6-6)$$

式中,$P(r)$ 为路面图像;$P'(r)$ 为光场校正后的路面图像。

路面图像光场校正结果如图 6-12 所示。

a) 光场校正前　　　　　　b) 光场校正后

图 6-12　路面图像光场校正结果

6.4.2　路面裂缝图像分割

在过去的几十年里,图像分割的研究一直受到人们高度的重视。近年来,针对路面算法的研究主要集中在对各种裂缝特征的提取,对于目标特征的分割优劣直接影响到检测算法的准确性。迄今为止,国内外研究者已经提出了上千种各类型的分割算法。总体来说可以分为四类:基于边缘的分割技术、基于区域特性的分割技术、基于统计模式分类的分割技术和基于阈值的分割技术。

(1) 基于边缘的分割技术

基于边缘的分割方法主要基于图像灰度级的不连续性，它通过检测不同连续区域之间的边界来实现对图像的分割，这与人的视觉过程有些相似。依据执行方式的不同，这类方法通常又分为串行边缘检测技术和并行边缘检测技术。

串行边缘检测技术首先要检测出一个边缘起始点，然后根据某种相似性准则寻找与前一点同类的边缘点，这种确定后继相似点的方法称为跟踪。并行边缘检测技术通常借助空域微分算子，通过其模板与图像卷积完成，因而可以在各个像素上同时进行，从而大大降低了时间复杂度。常见的并行边缘检测方法有如下几种：Roberts 算子、Laplacian 算子、Sobel 算子、Prewitt 算子、LOG 算子和 Canny 算子等。近年来，Canny 算子被广大学者认为具有最好的边缘检测效果，该算子先对图像做高斯滤波，再对图像做卷积操作，最后通过两个高低阈值来实现非极大值抑制，完成边缘的连接和提取。

上述算法和其他边缘检测算法虽然在检测的准确性和边缘定位精度上有所差异，但是都有一个共同的缺点：不能得到连续的单像素边缘，而这对于分割来说是至关重要的。

(2) 基于区域特性的分割技术

基于区域特性的分割技术有两种基本形式：区域生长和分裂合并。前者是从单个像素出发，逐渐合并以形成所需的分割结果；后者是从整个图像出发，逐渐分裂或合并以形成所需要的分割结果。与阈值方法不同，这类方法不但考虑了像素的相似性，还考虑了空间上的邻接性，因此可以有效消除孤立噪声的干扰，具有很强的鲁棒性。而且，无论是合并还是分裂，都能够将分割深入到像素级，因此可以保证较高的分割精度。

(3) 基于统计模式分类的分割技术

统计模式分类是研究在统计模型或已知判别函数类条件下根据一定的准则对图像中的目标或其他感兴趣部分的定量或结构化的描述，这一过程主要包括两个步骤：特征提取和模式分类。为了改善分割的效果，可以使用能够充分利用图像信息的高维特征来描述每一个像素。

这类方法，对于无法由灰度区分的复杂纹理图像尤为有效。由于模式分类可以借鉴模式识别技术中的成熟算法（如 FCM 算法和 SOM 算法），所以这类分割技术的主要差别在于特征提取的方法。常用的算法有基于随机场模型和模糊 C 均值聚类算法等。

(4) 基于阈值的分割技术

阈值分割是最常见的并行直接检测区域的分割方法，它基于对灰度图像的一种假设：目标或背景内相邻像素间的灰度值是相似的，但不同目标或背景的像素在灰度上有差异，反映在图像直方图上，不同目标和背景则对应不同的峰。选取的阈值应位于两个峰之间的谷，从而将各个峰分开。

阈值分割技术的关键在于阈值的选择，不同的阈值可能会引起完全不同的结果，可以根据先验知识和试验统计数据确定阈值的个数和取值。根据对全图使用统一阈值还是对不同区域使用不同阈值，可以分为全局阈值方法和局部阈值方法；根据阈值的个数又可以分为单阈值方法和多阈值方法。阈值分割的方法较多，最简单和常用的方法是从图像的灰度直方图出发，先得到各个灰度级的概率分布密度，再依据某一准则选取一个或多个合适的阈值，以确定每个像素点的归属，选择的准则不同，得到的阈值化算法就不同。

针对路面图像的分割，通过使用各种经典的图像分割对比试验发现，由于路面纹理的影响，使用基于阈值的分割方法可以取得很好的分割效果，同时具有很高的分割效率。常见的阈值分割方法有以下 4 种。

1）双峰法。双峰法是一种比较简单的阈值分割方法。其基本原理是：把图像分为前景和背景，图像的灰度分布曲线可以近似认为是由两个正态分布函数 (μ_1，σ_1^2) 和 (μ_2, σ_2^2) 叠加而成，此时图像灰度级直方图呈现明显的双峰状，选双峰之间的谷底所对应的灰度值作为分割阈值。

2）迭代法。双峰法选取直方图波谷值作为分割阈值，虽然方法简单，但存在误差，图像分割效果较差。对双峰法做一些改进，首先选择一个近似阈值 T，将图像分割为两部分 R_1 和 R_2，然后计算 R_1 和 R_2 的均值 μ_1 和 μ_2，并选择新的分割阈值 $T = (\mu_1 + \mu_2)/2$，重复上述步骤直到 μ_1 和 μ_2 不再变化为止，这时的 T 即为最终阈值，这种自适应阈值选择法被称为迭代法。

3）大津阈值法（OTSU 法）。大津阈值法又称最大类间方差法，是由日本学者大津展之于 1979 年提出的一种自适应阈值选择法。首先按图像的灰度特性，将图像分成背景和前景两部分。由于图像方差是灰度分布均匀性的一种度量，若背景和前景之间的方差越大，则构成图像的两部分灰度值的差别越大。当部分前景错分为背景或部分背景错分为前景时，都会导致两部分差别变小。因此，使类间方差最大的分割方法意味着图像背景和前景的错分概率最小。

4）局部阈值分割法。局部阈值分割法也称多阈值分割，即使用与像素位置相关的多个阈值对图像各部分分别进行分割。局部阈值分割的时间复杂性和空间复杂性较大，但抗噪能力强，并能避免全局背景强度不一致的影响，从而准确地检测出目标区域。局部阈值分割中阈值的选取有很多方法，如 Niblack 方法、Sauvola 算法、P 分位法、灰度拉伸法、Kirsh 算子等。P 分位法是一种常见的、比较简单的局部阈值分割法，具体方法是将原图分块，取分块后每个子块图像直方图面积达到 10% 时的灰度值为阈值，对相应子块进行二值化分割。

由于路面数据图像存在较大的差别，特别是有的路面图像存在标记线，而有的没有，因此首先需要对图像进行分析，判断当前处理的图像是否包含标记线并对其进行处理，以消除路面标记线对后续裂缝损坏检测结果的影响。路面图像的分割包括两个步骤：

① 判断路面图像是否包含标记线。计算整幅图像的灰度标准差，设置阈值 σ_t（通过实验取 $\sigma_t = 30$）。若是标准差小于 σ_t，则判断该图像不存在标线；若是标准差大于 σ_t，则判断图像存在标线。若是存在标线，则对图像进行 OTSU 阈值分割，将灰度大于阈值的标记为标线，不参与下一步的分割过程。

② 使用局部阈值分割图像。为了进一步提高对光照不均以及路面纹理变化的适应性，首先将图像分成网格子块图像（如 128×128）进行处理，计算每个网格子块图像的标准差 Div 和均值 aver，然后依据阈值计算公式，获取用于当前子块图像的分割的阈值 Threslod。

$$\text{Threslod} = A \times \text{Div} + B \times \text{aver} + C \tag{6-7}$$

判断图像像素点的归属，若灰度值小于 Threslod，则判断为裂纹点。阈值计算公式中的系数 A、B、C 是在局部经验阈值集合的基础上，通过线性回归分析的方法得到的。

6.4.3 路面形态学处理

对路面图像进行阈值分割后得到路面的二值化图像。使用形态学处理方法，对路面的二值化图像进行处理，尽可能多地滤除噪声点，保留可靠的裂缝点，以保证后续识别结果的可靠性。

（1）路面二值化图像形态学滤波

使用线结构模板对路面二值化图像做线性闭运算，对二值化图像进行形态学滤波。闭运算的结构体元素为单个像素宽，L 个像素长的直线。根据裂纹的连续性，对每个非背景点在 N 个方向上利用该结构体元素进行闭运算，只要有一个方向上的处理结果能表明该点为裂纹点，则将该点视为裂纹点，否则将该点视为噪声点，并在二值化图像矩阵中将该噪声点设置为背景点。对于 L 与 N 的取值，一般取 $L = 12$、$N = 18$，这样可以取得很好的形态学滤波效果。

（2）裂纹种子点判断

对经过形态学滤波处理的路面二值化图像进行网格划分，使后续路面裂缝的提取与识别在更小的图像空间中进行。统计二值化图像的每一个 8×8 网格中含有裂纹点的个数，若个数大于或等于 1 个，则该 8×8 网格单元被认为是裂缝种子点，生成一个路面二值化图像的裂缝种子点图像。可见此裂缝种子点图像的大小是路面二值化图像大小的 1/64，从而大大提高后续处理的效率。图 6-13 所示为一个路面裂缝种子点图像的实例。

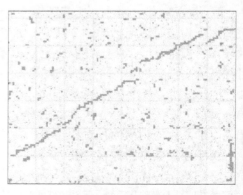

图 6-13 路面裂缝种子点图像

（3）裂纹种子点的二次判断

经过上述过程处理得到的潜在缺陷种子点存在较大的差别，通过分析缺陷种子点和它的邻域像素点的灰度对比度，可以判断网格单元是否含有缺陷点。缺陷种子点至少需要一个灰度值低的网格单元作为其邻域点，而不是一个孤立的点。图 6-14 所示为一系列模板，用于计算缺陷种子点的对比度。

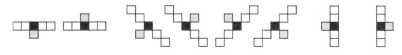

图 6-14　裂纹种子点确认模板

黑色的单元代表需要计算对比度的缺陷种子点，灰色的单元表示缺陷需要计算方向的像素，4 个白色的单元表示其他邻域单元。计算公式表示为

$$C_c = \frac{2\bar{V} - V_b - V_g}{\bar{V}} \tag{6-8}$$

式中，$\bar{V}$ 为 6 个单元的平均灰度值；V_b 和 V_g 分别为黑色和灰色的单元的像素。

如果一个模板的对比度大于某一个灰度对比度阈值，则该单元确定为缺陷点，否则将计算其他模板。如果 6 个模板对比度都没有大于给定的阈值，则这个缺陷种子点将被视为非缺陷单元。

对比度阈值分别取 0.2、0.3、0.4、0.5、0.6 时，结果如图 6-15 所示，其中白色的单元网格为裂纹种子点。从图 6-15 中可以看出，对比度阈值越大，则判断的条件越严格，裂纹种子点保留得越少。

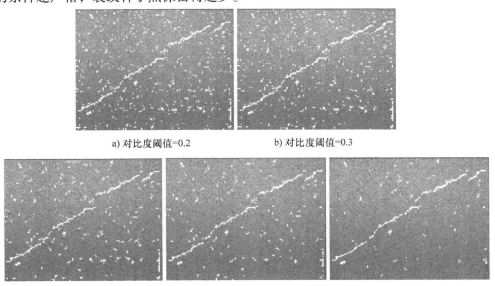

a) 对比度阈值=0.2　　b) 对比度阈值=0.3

c) 对比度阈值=0.4　　d) 对比度阈值=0.5　　e) 对比度阈值=0.6

图 6-15　对比度阈值不同时的结果

（4）裂缝种子点图像的膨胀与细化

通过裂纹种子点确认可以得到较好的裂纹点，并可以判断出裂纹的基本形状，但是不可避免地存在裂纹断裂、不连续等特点。如图 6-14 所示，虽然可以看出图中存在一条较大的裂纹，但是裂纹像素点不连续，存在毛刺和缺口，难以对裂纹进行提取和进一步分析判断。利用形态学的膨胀与细化运算，可以去除其中的毛刺并连接裂缝缺口。

利用 3×3 窗口进行膨胀处理，连接其中断裂的裂纹，如图 6-16 所示。在裂纹的断裂部分，该处理方法能够将裂纹连接起来，比较图 6-16 与图 6-14 的裂纹，图 6-16 的裂纹部分较为完整。

细化的作用是将膨胀的裂纹细化为只有一个像素点的宽度，如图 6-17 所示。通过膨胀、细化两个形态学算子，得到的结果是将裂纹的断裂部分连接起来，使得后续的裂纹分析等步骤能够有效地提取真实裂纹信息，避免将分段的真实裂纹删除。

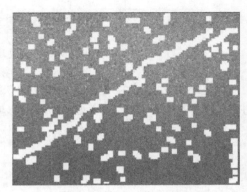

图 6-16　裂纹种子点膨胀处理

（5）裂缝生长与连接

裂缝连接使用基于 8 邻域的裂缝追踪生长方法，获得裂缝链表。利用裂纹数据链表的点个数，判断裂纹的长度是否小于最短裂纹长度。若是小于最短裂纹长度，则判断该裂纹在检测范围之外，不符合要求，可以视为正常路面信息。若是裂纹长度大于最小裂纹长度，则判断为真实裂纹。试验中取值为 0.1m，判断结果如图 6-18 所示。将其他的裂纹数据作为路面数据，只保留 3 条裂纹。

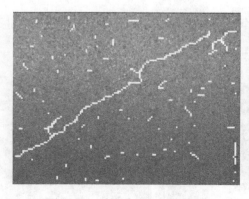

图 6-17　裂纹种子点细化结果

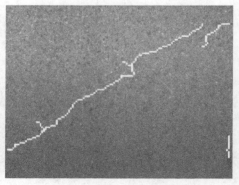

图 6-18　裂纹分析

对得到的裂纹进行真实性分析,即判断裂纹处 8×8 网格单元和裂纹周围 8×8 网格单元的信息。判断两者的平均灰度差,设置其阈值为 3.01。形态学处理后,判断裂纹的真实点为裂纹种子点的比例,设置其阈值为 0.51。将平均灰度差绝对值大于 3.01 且种子点比例大于 0.51 的裂纹视为真实裂纹,结果如图 6-19a 所示,其中没有虚假裂纹。在对比度阈值为 0.4 时,结果如图 6-19b 所示,其中黑色的裂纹为虚假裂纹。

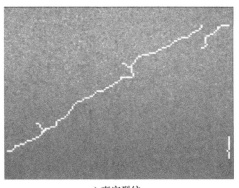

a) 真实裂纹

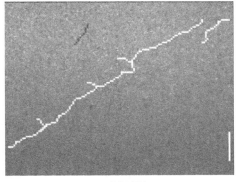

b) 虚假裂纹

图 6-19　裂纹可靠性判断

6.4.4　路面裂缝自动分类技术

在路面养护评定规范中,路面裂缝类损坏主要有横向裂缝、纵向裂缝、块状裂缝与网状裂缝几种。路面图像经过预处理、自适应分割与形态学处理,得到裂缝分割结果后,使用模式识别技术对路面裂缝损坏进行自动分类。模式分类器包括参数分类器和非参数分类器两种,其中前者的典型代表是 Bayes 分类器,后者的典型代表是人工神经网络分类器。目前在损坏图像分类中主要采用人工神经网络分类器。

（1）BP 神经网络的分类思想

BP 神经网络的分类思想是：将输入样本集分为训练样本和测试样本，将训练样本输入输入层，经由网络权重和激励函数作用后，从输出层输出。若实际与期望输出之间的误差大于预定的误差值，则转入误差反向传播过程，对网络的权值进行调整，使实际与期望输出尽可能接近，直到输出层误差小于预定误差时训练截止，保存网络的权值和阈值，从而建立训练好的 BP 网络模型。然后，将测试样本输入网络模型中，输出其识别结果。使用 BP 神经网络对多种裂缝进行分类，其流程如图 6-20 所示。

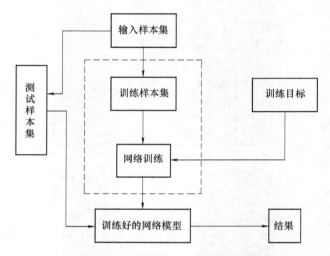

图 6-20　BP 神经网络对多目标识别流程

（2）BP 神经网络分类原理

BP 算法由数据流的正向传播过程和误差信号的反向传播过程构成。正向传播过程为输入层→隐含层→输出层，各层神经元的状态只影响下一层神经元。如果在输出层未得到期望的输出，则转向 BP 算法的第二个过程——误差信号的反向传播过程。在权向量空间执行误差函数梯度下降策略，动态迭代搜索一组权向量，通过二者交替进行，使误差函数达到最小值，这样就完成了学习过程。用于裂缝分类的三层神经网络的拓扑结构示意图如图 6-21 所示。

（3）BP 神经网络结构参数设置

在进行 BP 神经网络设计时，应从网络输入层、隐含层、输出层中的神经元个数、初始值及学习效率等几方面进行考虑。

1）输入、输出层节点数的确定。人工神经网络只能处理表示成数值的输入数据，因此，需要将外部的信息进行变换或编码。如果输入为图像，则输入可以用图像的特征向量的维数，也可以用图像的像素数来确定其神经单元数，若采用图像的像素数作为输入，可能出现识别率不高等问题。因此，采用所提取的特征向量作为

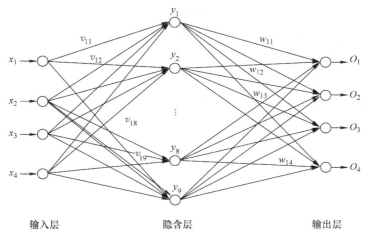

图 6-21　三层神经网络的拓扑结构示意图

输入，可以较好地对 4 种裂缝进行分类。

假设目标类别数为 m 种，可以使用以下两种方法确定输出神经元的个数：

① 输出层有 m 个神经元，其训练样本属于第 j 类，则其输出为

$$o = (0,0,\cdots,0,\overset{j}{1},0,0,\cdots,\overset{m}{0})^{\mathrm{T}} \tag{6-9}$$

即第 j 个神经元的输出为 1，其余为 0。

② 输出神经元还可根据类别进行编码，即 m 类的输出只需用 $\log_2 m$ 个输出单元。由于输入为各裂缝图像所提取出来的特征向量，即 $(x_1, x_2, x_3, x_4) = (x_{\max}, y_{\max}, \mathrm{sum}, d)$，则输入层神经元数目应设为 4，输出层单元数目应设为 4，4 个输出节点代表裂缝的 4 种类型。BP 神经网络期望输出见表 6-5。

表 6-5　BP 神经网络期望输出

路面裂缝类型	网络期望输出			
	节点 1	节点 2	节点 3	节点 4
横向裂缝	1	0	0	0
纵向裂缝	0	1	0	0
块状裂缝	0	0	1	0
网状裂缝	0	0	0	1

期望的输出向量可用下式表示：

$$[d_1, d_2, d_3, d_4] = [1000, 0100, 0010, 0001] \tag{6-10}$$

2）隐含层神经元个数的确定。BP 网络隐含层单元的输入、输出之间服从单调上升的非线性关系，隐含层单元数必须是一个合理的数目。数目太少，则不能成功训练网络或不能提取样本的准确特征，容错性较差；数目太多，则容易导致网络规模庞大、结构复杂，网络的训练时间过长，甚至不收敛、网络无泛化能力，对除训练样本以外的样本识别率降低。在具体设计时，比较实际的做法是隐含层取输入层

的 2 倍，然后适当地加上一点余量。因此，隐含层的单元数选取 9 个，以确保裂缝图像训练样本的误差达到最小。

3）激活函数的确定。S 型激活函数具有良好的微分特性，而且更接近于神经元的信号输出形式。选用 S 型函数 logsig(x) 作为隐含层的激活函数，选用线性函数 Purelin 作为输出层的激活函数。

logsig(x) 函数表达式为

$$\text{logsig}(x) = \frac{1}{1 + \exp(-x)} \quad (6\text{-}11)$$

Purelin 函数表达式为

$$f(x) = ax + b \quad (6\text{-}12)$$

4）初始权值的选取。由于系统是非线性的，初始值的选取与学习是否达到局部最小、是否能够收敛以及训练时间的长短等有很大关系。初始值过大、过小均会影响学习速度，因此权值的初始值应选为均匀分布的小数经验值，一般取初始值在 (-1, 1) 之间的随机数，也可以选取 [$-2.4/F$, $2.4/F$] 之间的随机数，其中 F 为输入特征个数。为避免每一步权值的调整方向是同向的，应将初始值设为随机数，裂缝分类网络的初始值选取 (-1, 1) 之间的随机数。

5）学习效率 η。学习效率决定了每一次循环训练中所产生权值的变化量，太快的学习效率可能导致系统不稳定，但过慢又可能导致训练时间较长，收敛慢，不能保证网络的误差值跳出误差低谷而最终趋于最小误差值。一般情况下，选取较慢的学习效率以保证系统的稳定性，学习效率的选取范围在 0.01~0.8 之间，裂缝分类网络中的学习效率 η 选取 0.01。

6）期望误差的选取。在网络训练过程中，期望误差值是通过对比训练后确定的一个值，即该值相对于所需要的隐含层的节点数来确定，因为较小的期望误差要靠增加隐含层的节点，以及训练时间来获得，裂缝分类网络期望误差初始化为 0.001。

(4) 裂缝类型识别的算法流程

首先设计好神经网络的结构（网络的层数、每层包含的神经单元数及激活函数），然后考虑神经网络的训练。算法实现如下：

1）首先，用小随机数初始化权值 $W = (W_{j1}, W_{j2}, \cdots, W_{j4})^T$，$V = (V_{i1}, V_{i2}, \cdots, V_{i9})^T$，确保 BP 网络不因为大的加权输入而饱和；其次，将样本模式计数器 p 和训练次数计数器 q 置于 1；然后对网络进行初始化，其中期望误差最小值 $E_{\min}$ 为 0.001、网络最大循环次数 q 为 1000，修正权值的学习效率 η 为 0.01。

2）输入一个训练样本的特征向量 (x_1, x_2, x_3, x_4)，计算各层输出为

$$y_i = f(\text{net}_j) = f\left(\sum_{i=1}^{4} v_{ij} x_i\right) \quad j = 0,1,2,\cdots,9 \quad (6\text{-}13)$$

$$o_k = f(\sum_{j=1}^{9} w_{jk} y_j) \quad k = 1,2,3,\cdots,4 \tag{6-14}$$

3）计算网络输出误差，网络对于不同的样本具有不同的误差 $E^p = \sqrt{\sum_{k=1}^{4}(d_k^p - o_k^p)^2}$，使用均方差误差 $E_{RME} = \sqrt{\frac{1}{p}\sum_{p=1}^{p}(E^p)^2}$ 代表网络的总输出误差。

4）计算各层误差信号：

$$\delta_k^o = (d_k - o_k) o_k (1 - o_k)$$

$$\delta_j^y = \left[\sum_{k=1}^{4}(d_k - o_k) f'(\text{net}_k) w_{jk}\right] f'(\text{net}_k) = (\sum_{k=1}^{4} \delta_k^o \omega_{jk}) y_j (1 - y_j) \tag{6-15}$$

5）各层权值的增量为

$$\Delta w_{jk} = \eta \delta_k^o y_j = \eta(d_k - o_k) o_k (1 - o_k) y_j$$
$$\Delta v_{ij} = \eta \delta_j^y x_i = \eta(\sum_{k=1}^{4} \delta_k^o \omega_{jk}) y_j (1 - y_j) x_i \tag{6-16}$$

调整各层的权值为

$$\begin{cases} w_{jk} = w_{jk} + \eta \delta_k^o y_j = w_{jk} + \eta(d_k - o_k) o_k (1 - o_k) y_j \\ v_{ij} = v_{ij} + \eta \delta_j^y x_i = v_{ij} + \eta(\sum_{k=1}^{4} \delta_k^o \omega_{jk}) y_j (1 - y_j) x_i \end{cases} \tag{6-17}$$

6）检查是否对所有样本完成一次轮训。若 $p < P$，其中 P 为训练样本的个数，计数器 $p = p + 1$、$q = q + 1$，返回2)，否则转到7)。

7）检查网络总误差是否达到精度要求。当用 E_{RME} 作为网络的总误差时，若满足 $E_{RME} < E_{min}$ 或 $q > 1000$，则训练结束，否则 E 置0，p 置1，返回2)。

（5）裂缝类型识别结果

针对30幅横向裂缝图像、32幅纵向裂缝图像、18幅块状裂缝图像和4幅网状裂缝图像，采用BP神经网络分类器对图像进行分类试验。该分类器隐含层节点为9个，输入、输出节点均为4个，分类器的输入为（x_{max}, y_{max}, sum, d），采用以上特征值的一组裂缝数据作为训练样本，目标误差初始化为0.001，训练1000次后学习过程收敛。

采用BP神经网络方法对训练和测试样本进行分类的结果见表6-6、表6-7。

表6-6 BP神经网络对裂缝图像（训练样本）分类结果

裂缝类型	网络识别					
	横向裂缝	纵向裂缝	块状裂缝	网状裂缝	误判	正确率（%）
横向裂缝	32	0	0	0	0	100
纵向裂缝	0	32	0	0	0	100

(续)

裂缝类型	网络识别					
	横向裂缝	纵向裂缝	块状裂缝	网状裂缝	误判	正确率（%）
块状裂缝	0	0	18	0	0	100
网状裂缝	0	0	0	4	0	100
误判	0	0	0	0	0	100

表 6-7　BP 神经网络对裂缝图像（测试样本）分类结果

裂缝类型	横向裂缝	纵向裂缝	块状裂缝	网状裂缝
测试样本数目	34	28	28	6
分类正确数目	31	26	22	5
正确率（%）	91.2	92.9	78.6	83.3

可以看出，通过抽取 x_{max}、y_{max}、sum 和 d 4 个特征值，设计 BP 神经网络对裂缝进行分类，测试样本识别率为 87.5%，而无裂缝和训练样本的识别率均为 100%，最终系统识别率为 94%。

6.5　基于双相机立体摄影测量的路面裂缝识别

基于双相机立体摄影测量的路面裂缝快速检测方法是利用空间不同角度的 2 台相机同时拍摄同一路面，对同一物点建立 2 台相机图像之间的映射关系。通过这种映射关系进行图像变换，并将变换后的图像与原图像进行运算处理获得新的路面图像。该路面图像能够突出裂缝信息，剔除背景信息，便于图像的快速识别。

6.5.1　快速检测的原理

基于双相机立体图像测量的路面裂缝快速检测原理如图 6-22 所示，采用 2 台相机同时拍摄路面，1 台垂直放置，1 台倾斜放置。垂直拍摄时裂缝的底部能够拍上，因而垂直相机获取的路面裂缝较明显且裂缝与背景差别较大；倾斜拍摄时裂缝的底部拍不上，因而倾斜相机获取的路面裂缝和背景亮度差别不大。将倾斜拍摄的图像通过变换转化为垂直拍摄，利用 2 幅图像灰度值的差异，进行图像运算，提取路面裂缝信息。

按照第 2 章中的三维物空间光学成像测量理论可以得到同一路面同一时刻垂直拍摄的物像关系见式（6-18），倾斜拍摄的物像关系见式（6-19）。

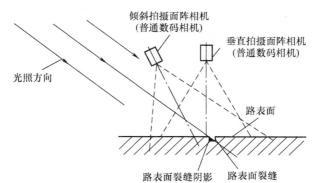

图 6-22 双相机路面裂缝摄影测量原理

$$x_1 + \frac{t_1 X + t_2 Y + t_3}{t_7 X + t_8 Y + 1} = 0$$

$$y_1 + \frac{t_4 X + t_5 Y + t_6}{t_7 X + t_8 Y + 1} = 0 \quad (6\text{-}18)$$

$$x_2 + \frac{t'_1 X + t'_2 Y + t'_3}{t'_7 X + t'_8 Y + 1} = 0$$

$$y_2 + \frac{t'_4 X + t'_5 Y + t'_6}{t'_7 X + t'_8 Y + 1} = 0 \quad (6\text{-}19)$$

式中，$t_1 \sim t_8$ 为垂直拍摄时的物像映射参数；$t'_1 \sim t'_8$ 为倾斜拍摄时的物像映射参数。

整理式 (6-18)、式 (6-19) 可得

$$\left. \begin{array}{l} (t_7 x_1 + t_1)X + (t_8 x_1 + t_2)Y + x_1 + t_3 = 0 \\ (t_7 y_1 + t_4)X + (t_8 y_1 + t_5)Y + y_1 + t_6 = 0 \end{array} \right\} \quad (6\text{-}20)$$

$$\left. \begin{array}{l} (t'_7 x_2 + t'_1)X + (t'_8 x_2 + t'_2)Y + x_2 + t'_3 = 0 \\ (t'_7 y_2 + t'_4)X + (t'_8 y_2 + t'_5)Y + y_2 + t'_6 = 0 \end{array} \right\} \quad (6\text{-}21)$$

式 (6-20)、式 (6-21) 的矩阵形式分别为

$$\begin{bmatrix} t_7 x_1 + t_1 & t_8 x_1 + t_2 \\ t_7 y_1 + t_4 & t_8 y_1 + t_5 \end{bmatrix} \begin{bmatrix} X \\ Y \end{bmatrix} = \begin{bmatrix} -x_1 - t_3 \\ -y_1 - t_6 \end{bmatrix} \quad (6\text{-}22)$$

$$\begin{bmatrix} t'_7 x_2 + t'_1 & t'_8 x_2 + t'_2 \\ t'_7 y_2 + t'_4 & t'_8 y_2 + t'_5 \end{bmatrix} \begin{bmatrix} X \\ Y \end{bmatrix} = \begin{bmatrix} -x_2 - t'_3 \\ -y_2 - t'_6 \end{bmatrix} \quad (6\text{-}23)$$

整理式 (6-22)、式 (6-23)，并令

$$\boldsymbol{H} = \begin{bmatrix} t_7 x_1 + t_1 & t_8 x_1 + t_2 \\ t_7 y_1 + t_4 & t_8 y_1 + t_5 \end{bmatrix}, \boldsymbol{K} = \begin{bmatrix} -x_1 - t_3 \\ -y_1 - t_6 \end{bmatrix}$$

$$\boldsymbol{M} = \begin{bmatrix} t'_7 x_2 + t'_1 & t'_8 x_2 + t'_2 \\ t'_7 y_2 + t'_4 & t'_8 y_2 + t'_5 \end{bmatrix}, \boldsymbol{N} = \begin{bmatrix} -x_2 - t'_3 \\ -y_2 - t'_6 \end{bmatrix} \quad (6\text{-}24)$$

则有

$$H\begin{bmatrix}X\\Y\end{bmatrix}=K,\quad M\begin{bmatrix}X\\Y\end{bmatrix}=N \tag{6-25}$$

式中，$(X, Y)^T$ 为同一时刻获取的路面物空间坐标，消去 $(X, Y)^T$ 可获得2台相机拍摄同一路面物空间的对应关系，见式（6-26）。

$$H^{-1}K = M^{-1}N \tag{6-26}$$

从以上推导可知，垂直拍摄图像和倾斜拍摄图像对同一物点存在式（6-26）所示的映射关系。将垂直拍摄的图像记为图像 a，倾斜拍摄的图像记为图像 b，图像 b 按照以上确立的映射关系，计算出图像 c。图像 a 和图像 c 分别为相同拍摄物点的不同灰度图像，图像 a 和图像 c 中路面背景差别小，但图像 a 中的裂缝比图像 c 中的裂缝明显。将图像 a 和图像 c 做运算，可提取路面裂缝信息。

6.5.2　测试系统构建

测试系统以长安大学多功能道路检测车为载体，按照如图 6-23 所示的布置方式，将2台面阵 CCD 相机安装在检测车后方，1台相机垂直拍摄路面，1台倾斜拍摄路面。CCD 相机主要参数为分辨率 1624 像素×1234 像素，最大帧速率 28 帧/s，像元尺寸 4μm×4.4μm。镜头参数为焦距 8mm，光圈 F1.4，直径 33.5mm。整个试验系统由供电系统、数据采集系统、照明系统、定位系统、数据处理与分析系统组成。

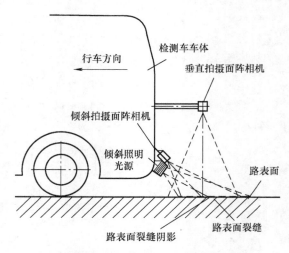

图 6-23　路面裂缝立体拍摄系统布局

6.5.3　双相机图像映射关系确定

检测系统中2台相机固定在刚性结构上，在任何时刻和状态下，2台相机的相对位置是确定的。为了获得式（6-26）所示的映射关系，就是要获得参数 $t_1 \sim t_8$ 和 $t_1' \sim t_8'$。实际检测过程中，车辆会由于路面不平及车速的变动而产生车辆姿态变化，引起相机到路面的距离、相机与路面的夹角发生改变。如果利用静止状态下获取的映射参数计算，会使 2 台相机图像的映射关系产生误差。为此，采用实时计算映射参数的方法来解决该问题。

具体方法是：在路面上设置 4 个标志点（图 6-24），由于标志点的位置和 2 台相机的相对位置是固定的，在检测过程中，每拍摄 1 帧，当车辆姿态发生变化时，只要能够拍摄到标志点，就可以按照式（6-26）获得该状态下 2 台相机图像的映射关系，利用该映射关系就可以实现图像的对应变换。

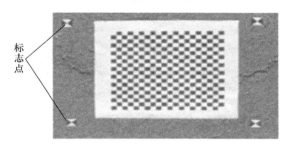

图 6-24　垂直拍摄检测图

为了验证该方法的有效性，在车辆怠速下，进行标志点图像计算图像映射关系试验。图 6-24、图 6-25 所示为试验中同一时刻拍摄的 1 帧图像，图 6-24 为垂直拍摄图像，图 6-25 为倾斜拍摄图像。提取标志点并按式（6-26）建立方程组，求解获得的映射参数见表 6-8。利用计算的参数可获得 2 幅图像之间的映射关系。

图 6-25　倾斜拍摄检测图

表 6-8　相机标定参数

参数	参数值	参数	参数值
t_1	-16.0649	t_1'	-1.0753
t_2	1.3326	t_2'	-0.4891
t_3	-158.6937	t_3'	0.0417
t_4	-0.2921	t_4'	-209.6118
t_5	18.5121	t_5'	0.2456
t_6	-1076.1136	t_6'	-0.9853
t_7	0.0078	t_7'	0.3726
t_8	-0.0017	t_8'	-271.4091

为了实现路面裂缝的快速检测,可以在检测系统中安装辅助准直激光系统,向路面投射激光标志点,并利用激光点组成确定的几何形状点阵。通过标志点实时计算图像映射参数,利用映射关系进行图像变换和运算,以实现路面裂缝的快速检测。

6.5.4 路面裂缝分割结果

垂直相机拍摄的路面图像如图 6-26 所示,倾斜相机拍摄的路面图像如图 6-27 所示,按照以上映射关系,获得变换后的图像如图 6-28 所示。

2 台相机从 2 个角度去拍摄同一路面,由于角度不同,相机拍摄范围也有所差异。试验中,在路面上人为设置了特征点,研究特征点所构成的区域。

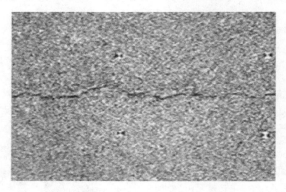

图 6-26　垂直相机拍摄路面图像

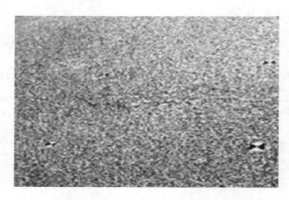

图 6-27　倾斜相机拍摄路面图像

图 6-28 中,设定区域内的灰度值由按照式(6-26)计算出的图 6-27 中对应坐标点灰度值代替,设定区域外的灰度值由图 6-26 中对应点的灰度值代替。对垂直拍摄的路面图像和倾斜拍摄变换后的图像进行图像运算,完成路面裂缝图像处理。

图像加减法运算处理将相机垂直拍摄的路面图像(图 6-26)与倾斜拍摄的路

图 6-28 倾斜拍摄路面图像变换后图像

面图像变换后的图像（图 6-28）做加法运算，得到的图像如图 6-29 所示。从图 6-29 可以看出，图像整体变亮，裂缝信息更加明显。将图 6-26 和图 6-28 做减法运算，得到的图像如图 6-30 所示。从图 6-30 可以看出，图像的背景变暗，部分区域的背景灰度值近似为 0，裂缝相对变亮。

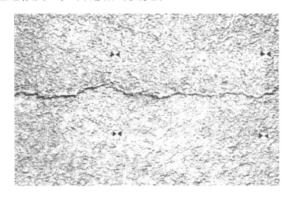

图 6-29 加法运算后的图像

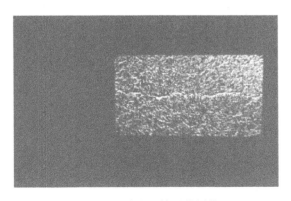

图 6-30 减法运算后的图像

将图 6-26 与图 6-28 做乘法运算得到的图像如图 6-31 所示。从图 6-31 可以看出，图像背景灰度很亮，基本上灰度值都饱和，背景和裂缝对比非常明显。

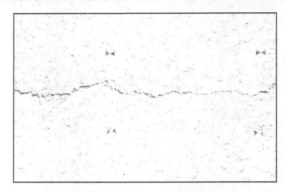

图 6-31　乘法运算后的图像

通过以上结果可以看出，图 6-29 比原始拍摄图像对比度明显，裂缝特征显著，但不能消除背景影响。图 6-30 虽然对比度有所增强，但在有些区域路面背景弱化不太明显。图 6-31 不但能够突出路面裂缝信息，同时也弱化了路面背景信息。

从试验分析可知，利用变换后的图像相乘，能够很好地突出路面信息，剔除背景信息。对乘法运算后的图像进行简单的处理就可以提取出路面的裂缝信息。采用灰度直方图法对图 6-31 进行二值化，识别出的路面裂缝如图 6-32 所示，在此基础上可以获取裂缝宽度和长度等信息。

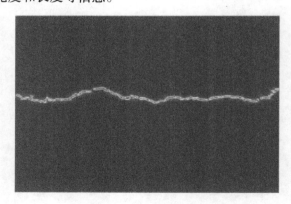

图 6-32　分割出的裂缝

6.5.5　识别效果对比分析

为了有效评估裂缝识别的效果，采用基于 Hausdorff 距离的分值测量方法来进行裂缝提取、识别评估。Hausdorff 距离是描述 2 组点集之间相似程度的一种度量，它是 2 个点集之间距离的一种定义形式。假设 2 组集合 $P = \{a_1, a_2, \cdots, a_j\}$、$Q = \{b_1, b_2, \cdots, b_j\}$，则这 2 个点集合之间的 Hausdorff 距离定位为

$$\begin{cases} H(P,Q) = \max\{h(P,Q), h(Q,p)\} \\ h(P,Q) = \max(a \in P) \min(b \in Q) \|a - b\| \\ h(Q,P) = \max(b \in Q) \min(a \in P) \|b - a\| \end{cases} \quad (6\text{-}27)$$

式中，P 为人工分割图像；Q 为待评价的分割图像；$\|\cdot\|$ 为点集 P 和 Q 之间的距离范数。

为了定量评估裂缝检测的效果，定义评价指标 S_{scm} 为

$$S_{\text{scm}} = 100 - \frac{H(P,Q)}{L} \times 100\% \quad (6\text{-}28)$$

式中，L 为图像 P 的邻域范围的阈值，取 1/5 的图像宽度。

Hausdorff 距离 $H(P,Q)$ 为图像 P 和图像 Q 之间的差异程度，$H(P,Q) = 0$ 为图像 P 和图像 Q 完全重叠，次数评价指标 $S_{\text{scm}} = 100$；$H(P,Q)$ 较大时 S_{scm} 较小。

挑选横缝、纵缝、斜缝、龟裂等 4 类具有代表性的沥青路面图像进行测试，分别采用种子修正法、迭代裁剪法、灰度直方图法和双相机立体法进行裂缝识别，识别后的结果如图 6-33 ~ 图 6-36 所示。对比各类裂缝的识别几个可以看出，双相机立体法识别结果最接近人工识别结果。

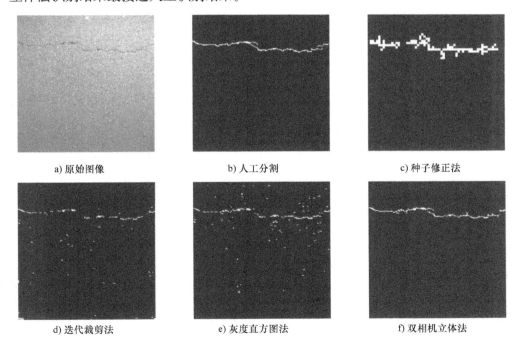

图 6-33 横缝识别结果

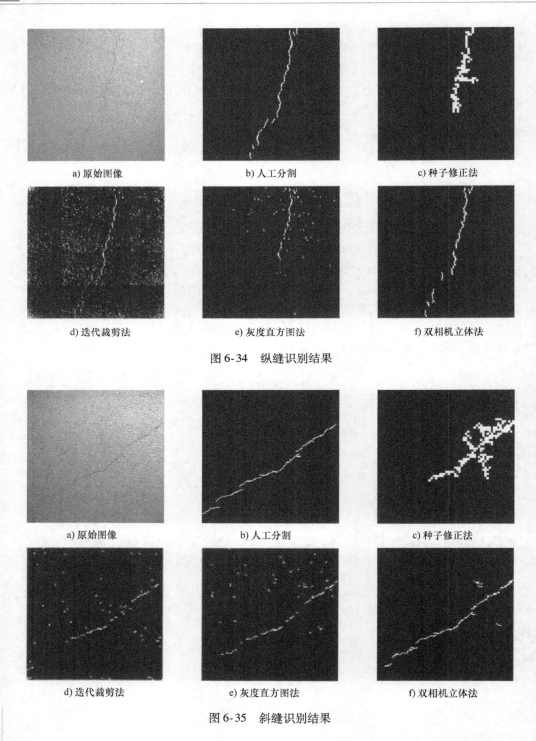

图 6-34 纵缝识别结果

图 6-35 斜缝识别结果

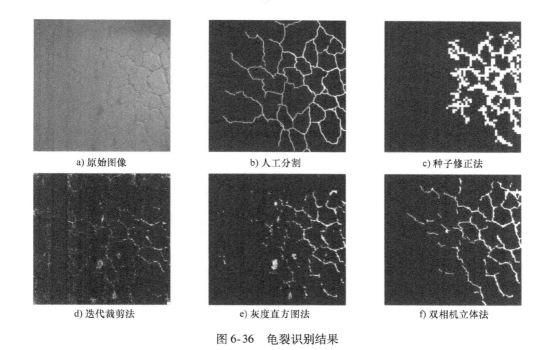

图6-36 龟裂识别结果

按照提出的评估指标,对每种算法的处理结果进行计算,结果见表6-9。

表6-9 识别结果评价值

裂缝类型	S_{scm}值			
	种子修正法	迭代裁剪法	灰度直方图法	双相机立体法
横缝	93.8	90.1	92.8	99.2
纵缝	65.2	72.6	53.5	90.1
斜缝	64.2	74.9	81.1	98.6
龟裂	81.4	80.6	86.1	93.5

通过在检测车上安装2台相机同时拍摄同一路面,1台垂直拍摄,1台倾斜拍摄,可以实现路面裂缝的立体摄影测量,建立路面上同一物点的2台相机拍摄图像的映射关系。利用映射变换关系,可将倾斜拍摄图像转化为新的图像,通过将新图像与垂直拍摄图像做相乘运算,可以突出路面的裂缝信息,弱化路面背景信息,实现路面裂缝图像的快速识别。测试结果显示,双相机立体法的识别效果优于其他3种经典算法。

6.6 基于多特征融合的路面破损图像自动识别

大量试验研究发现,路面破损目标具有多维特征。由于图像采集时的环境光线、路面材料和路面破损演变阶段不同,同一类型的破损目标在不同特征维度上表现出不同的强度,导致仅用单一特征很难实现破损目标的精确识别。对于这类问题,利用多特征融合的方法实现破损目标的分割具有良好的效果。

6.6.1 图像融合的原理及分类

图像融合根据融合处理所处的阶段不同,通常在3个不同层次上进行,即像素级融合、特征级融合和决策级融合,这3个层次上所采用的融J合算法各不相同,因此,图像融合通常按照这3个层次相应地划分为3类,其主要应用方向如图6-37所示。

从数据处理代价和获得融合性能角度分析,这3个层次的融合各有优缺点。其中,像素级融合是最重要,是最根本的图像融合方法,虽然处理开销大,实时性

图6-37 各层次图像融合及其主要应用方向

差,但是其精度高,融合结果直观,也利于进一步进行图像分析和理解;决策级融合是在信息表示的最高层上进行的融合,其任务是完成局部决策的融合处理,从而获得最终的联合判决,常用的决策级融合方法有贝叶斯方法、D-S证据理论、粗糙集理论、模糊集理论等;特征级图像融合是中间层的融合处理过程,既保留了参与融合的多特征的有效鉴别信息,又在很大程度上消除了多特征之间相关性的冗余信息,保留有效的目标分类信息,实现了可观的信息压缩,从而有利于信息的实时处理,对最终的图像理解具有重要的意义。

特征级图像融合可分为目标状态信息融合和目标特征融合。特征级目标状态信息融合主要应用于多传感器目标跟踪领域,其融合处理主要实现参数相关和状态矢量估计。特征级目标特征融合就是特征层的联合目标识别,其融合方法中仍然要用到模式识别的相关技术,只是在融合处理前必须对特征进行相关处理,对特征矢量进行分类和综合。更为重要的是,在模式识别、图像处理和计算机视觉等领域,人们已经对特征提取和基于特征的聚类问题进行了深入研究,有许多方法可以借鉴。在融合过程中,常用到模糊方法、神经网络技术、聚类方法以及Kalman滤波器等。已有文献论述了采用特征级图像融合方法进行目标识别性能要优于像素级图像融合和决策级图像融合。通过特征级图像融合不仅可以增加从图像中提取的特征信息,进行综合分析及融合处理,还可能获得一些有用的复合特征,最大限度地降低训练学习的复杂性,提高算法的自适应能力。

融合图像特征提取目标的方法可以归纳为以下3类:①一幅图像中各种图像特征的融合;②一个景物的同类传感器的多图像融合;③不同传感模式的多图像融合。

路面破损图像识别采用的特征融合方法为第一类，即对一幅图像中多种图像特征进行融合，从而实现路面破损图像的自动识别。

目前存在的特征级融合算法大体上可以分为如下 3 类：第一种是简单的特征组合，即将所有的特征向量，按照串行、并行的方法组合在一起，构成新的特征向量，也可以称作经典的特征融合算法，如串行和并行融合算法、基于协方差矩阵的方法和基于多特征直方图的方法；第二种是特征选择，即采用最优计算或智能计算的方法，从新组合的特征向量中，对每一维数据都选择出一个对分类最优的数据，最后把选择出来的数据组成新的特征，如基于遗传算法的特征融合算法、基于人工神经网络的特征融合算法和基于模糊逻辑的特征融合算法等；最后一种是特征变换，即使用一定的数学方法变换图像或者原始特征为一种全新的特征表达方式，如基于复数主分量分析的方法、基于典型相关分析的方法和基于复数独立分量分析的方法等。

6.6.2 基于多特征融合的路面裂缝融合检测算法

为了获取更好的裂缝检测效果，采用如图 6-38 所示的融合流程对路面裂缝图像进行多特征融合：①充分利用灰度特征图像和脊边缘特征图像的各自优点，对两者进行像素级融合，尽量提高裂缝检测目标的连续性；②采用 D-S 证据理论对裂缝形状参数进行融合，去除背景斑点噪声；③根据裂缝的宏观线性特征，对 D-S 融合后的裂缝图像进行连接处理，使裂缝目标的连续性更好。具体实现步骤如下文所述。

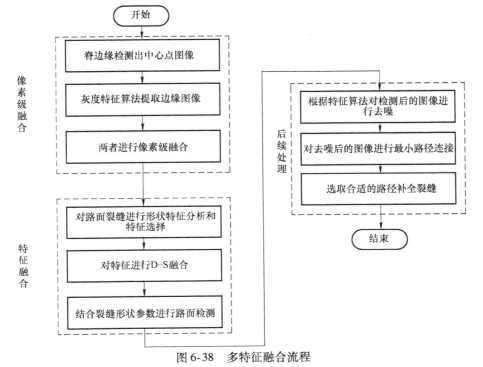

图 6-38 多特征融合流程

(1) 灰度特征图像与脊边缘特征图像的像素级融合

基于灰度特征检测出来的裂缝比较饱满，它能把裂缝中心点周边的裂缝区域都保留下来，但是它检测出来的裂缝连续性较差，而脊边缘检测出来的裂缝，它的连续性比较好，但是检测出来的是脊边缘的中心位置，检测出的裂缝目标宽度要明显小于实际裂缝宽度。因此结合两者的优点，按照式（6-29）对两者按"或"运算进行像素级融合，可以得到如图 6-39 所示的融合效果。从图中可以看出，融合后的效果要优于融合前的分割效果。

$$F = A \oplus B \tag{6-29}$$

式中，A 为灰度特征图像；B 为脊边缘特征图像；F 为融合结果。

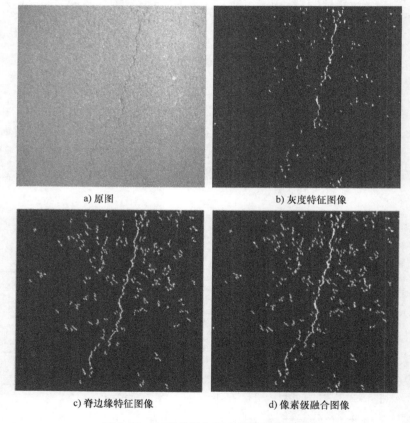

a) 原图　　　　　　　b) 灰度特征图像

c) 脊边缘特征图像　　　　d) 像素级融合图像

图 6-39　灰度特征与脊边缘像素级融合

(2) 面裂缝形状特征分析与特征选择

从图 6-39 可以看出，通过灰度特征和脊边缘特征融合后，裂缝子块图像均被识别出来，但是少量非裂纹图像子块也同样被保留下来，这是因为部分背景区域图像子块中存在较多的低灰度像素和较短的脊边缘，这些噪声目标符合灰度特征与脊边缘检测融合规则，因此被误识别为目标。但是裂缝子块图像与非裂缝子块图像二者在形状特征上存在着较大区别，其中裂缝子块二值化图像中的连通域呈线状，连续性较好，面积大，分布较为集中，而非裂缝子块二值化图像中的连通域呈圆饼形，连续性差，面积小，分布较为分散，因此选用形状特征和 D – S 证据理论融合方法对二者进行分类。

形状分析在图像特征抽取和识别中有着广泛的应用，常用的有 6 种方法：①傅里叶描述方法；②轮廓描述方法；③边界矩和骨架的计算方法；④光学投影描述方法；⑤拓扑属性描述方法；⑥基于结构的表示方法。根据裂缝子块的拓扑属性和投影性质选取了以下 6 个形状因子，从而组成裂缝子块形状的特征向量 $X = \{n, d, \text{average}, \text{max}L, \rho, \theta\}$，通过 D – S 证据理论融合方法对裂缝子块进行识别。

1) 粒子个数 n：指子块二值化图像中连通域的个数，反映了二值化后像素的聚集程度，含有裂缝的子块像素聚集性较好，因此粒子个数较少，而噪声子块则相反。

2) 粒子分散度 d：指子块二值化图像中连通域的分散程度，将 64×64 二值化图像子块进行水平和垂直方向的投影，粒子个数除以水平或垂直投影中的最大值作为粒子分散度，见式（6-30）。当子块中不含有裂缝时，子块中的连通域分布较分散，投影曲线较平缓，不会产生明显峰值，因此粒子分散度较大，而含有裂缝的子块则相反。

$$d = \frac{n}{\max(\text{peak}_h, \text{peak}_v)} \quad (6-30)$$

3) 连通域面积平均值 average：指子块二值化图像中连通域面积的平均值，该值反映了二值化后像素的分散程度。

4) 最大粒子有效长度 $\max L$：指子块二值化图像中最大连通域的有效长度，该值反映二值化子块图像中是否含有线状目标。

5) 最大连通域长短轴比 ρ：指子块二值化图像中最大连通域的长轴 L 与短轴 l 之比。长轴指子块二值化图像中最大连通域的两个像素间最长欧式距离，短轴是指长轴的法线与最大连通域的割线长度，该比值反映裂缝的线状特征。

6) 最大连通域的圆形度 θ：指子块二值化图像中最大连通域的面积与最小外接圆面积之比，该比值反映了裂缝的线状性特征。$\theta = \frac{4S}{\pi L^2}$，$S$ 指最大连通域的面积，L 指最大连通域的长轴。

为对多幅子块图像进行粒子个数 n、粒子分散度 d、连通域面积平均值 average、最大粒子有效长度 $\max L$、最大连通域长短轴比 ρ 和最大连通域的圆形度 θ 的统计，找到裂缝子块和非裂缝子块的区别（图 6-40）。通过分析，选择粒子分散度 d、连通域面积平均值 average、最大粒子有效长度 $\max L$、最大连通域的圆形度 θ 作为提取特征。

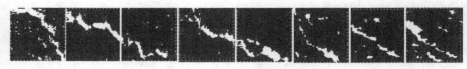

a) 裂缝子块放大图像

b) 非裂缝子块的放大图像

图 6-40 裂缝子块和非裂缝子块的二值图像

6.6.3 基于 D-S 证据理论和裂缝形状参数路面裂缝融合检测

（1）D-S 证据理论概述

在信息处理过程中，很多信息是不确定的，D-S 算法就是对不确定信息处理的一个理论工具，是用于对不确定信息做智能处理和数据融合的典型方法。Dempster-Shafer 证据理论是由 A. P. Dempster 首先提出，由 G. Shafer 在 1967 年推广并且形成证据理论，它比传统的概率论能更好地把握问题的未知性和不确定性。在 D-S 证据理论中，首先将待识别对象所有可能结果的集合所构成的空间定义为识别框架，记作 Ω，并把 Ω 中所有子集组成的集合记作 2^Ω。对于 2^Ω 中任何假设集合 A，有 $m(A) \in [0,1]$，并且

$$m(\Phi) = 0 \tag{6-31}$$

$$\sum_{A \in 2^\Omega} m(A) = 1 \tag{6-32}$$

式中，Φ 为空集；m 为 2^Ω 上的概率分配函数；$m(A)$ 为 A 的基本概率。

D-S 证据理论定义了信任函数 Bel 和似然函数 Pls 来表示问题的不确定性，即

$$Bel: 2^\Omega \to (0.1), Bel(A) = \sum_{B \subseteq A} m(B) \tag{6-33}$$

$$Pls: 2^\Omega \to (0.1), Pls(A) = \sum_{B \cap A \neq \Phi} m(B) \tag{6-34}$$

在有多证据存在的情况下，可以使用 Dempster 合成法则对多个 BPAF 进行合成，即

$$m(A) = K^{-1} \times \sum_{A_i = A1} \prod_{i \leq n} m_i(A_i)$$

式中，$K = \sum_{\cap A_i \neq \Phi} \prod_{1 < i < n} m_i(A_i)$；$m_1, m_2, \cdots, m_n$ 为 n 个 BPAF。

（2）基于 D-S 证据理论的路面裂缝识别

D-S 证据理论对于数据融合具有较好的应用价值，各个特征阈值的选取与具

体图像关联性较大,导致实际应用缺乏通用性。按照道路模型和 D‑S 理论,构造辨识框架:$\Omega = \{Y, N\}$,其中 Y 为裂缝子块,N 为非裂缝子块。设 T_d、T_a、T_m、T_θ 分别为裂缝子块必须满足的最基本的几个阈值条件,分别为分散度、粒子平均面积、最大粒子面积和圆形度。

1) 预处理。设置阈值 T_m,当最大粒子的有效长度(maxL)大于 T_m 时,直接将其划分为裂缝图像,这一操作可以在后续的处理过程中减少执行时间。T_m 的选取依据图像空间分辨率的高低和提取目标的大小而定,这里 $T_m \in (100, 1000)$。

2) 获取基本概率分配函数。裂缝图像的粒子分散度比非裂缝图像的粒子分散度小,粒子分散度越大,越接近于非裂缝图像。因此,粒子分布散度 d 的概率分配函数为

$$\begin{aligned}&\text{if}(d > T_d):\\ &m_1(Y) = T_d/d \times (1 - \alpha_1)\\ &m_1(N) = (1 - T_d/d)(1 - \alpha_1)\\ &m_1(Y, N) = \alpha_1\\ &\text{else}:\\ &m_1(Y) = 0.9; m_1(N) = 0.1, m_1(Y, N) = 0\end{aligned} \qquad (6\text{-}35)$$

裂缝图像的粒子面积平均值比非裂缝图像的粒子平均值大。平均面积越大,越接近于裂缝图像。因此,粒子平均面积 average 的概率分配函数为

$$\begin{aligned}&\text{if}(\text{average} > T_a):\\ &m_2(Y) = (1 - T_a/\text{average})(1 - \alpha_2)\\ &m_2(N) = T_a/\text{average} \times (1 - \alpha_2)\\ &m_2(Y, N) = \alpha_2\\ &\text{else}:\\ &m_2(Y) = 0.1, m_2(N) = 0.9, m_2(Y, N) = 0\end{aligned} \qquad (6\text{-}36)$$

裂缝图像的最大粒子圆形度比非裂缝图像的最大粒子圆形度小。最大粒子圆形度越小,越接近于裂缝图像。因此,最大粒子圆形度 θ 的概率分配函数为

$$\begin{aligned}&\text{if}(\theta < T_\theta):\\ &m_3(Y) = (1 - \theta)(1 - \alpha_3)\\ &m_3(N) = \theta(1 - \alpha_3)\\ &m_3(Y_3, N) = \alpha_3\\ &\text{else}:\\ &m_3(Y) = 0.1, m_3(N) = 0.9, m_3(Y, N) = 0\end{aligned} \qquad (6\text{-}37)$$

式中,α_1、α_2、α_3 为特征权重输入参数。

对于 1mm 分辨率路面图像,设定各个特征阈值为:$T_d = 0.25$,$T_a = 8$,$T_\theta =$

0.3，$\alpha_1 = 0.6$，$\alpha_2 = 0.35$，$\alpha_3 = 0.5$。

在求出了粒子分散度 d 的概率分配函数 m_1，粒子平均面积 average 的概率分配函数 m_2，最大粒子圆形度 θ 的概率分配函数 m_3 后，使用 Dempster 合成法则对 3 个 BPAF 进行合成，得到融合结果。上述实例计算过程如下：

$$\begin{aligned}
K &= \sum_{E \cap F \cap G \neq \Phi} m_1(E) \times m_2(F) \times m_3(G) \\
&= m_1(Y) \times m_2(Y) \times m_3(Y) + m_1(Y) \times m_2(Y) \times m_3(Y,N) + \\
&\quad m_1(Y) \times m_2(Y,N) \times m_3(Y) + m_1(Y) \times m_2(Y,N) \times m_3(Y,N) + \\
&\quad m_1(Y,N) \times m_2(Y) \times m_3(Y) + m_1(Y,N) \times m_2(Y) \times m_3(Y,N) + \\
&\quad m_1(Y,N) \times m_2(Y,N) \times m_3(Y) + m_1(Y,N) \times m_2(Y,N) \times m_3(Y,N) + \\
&\quad m_1(N) \times m_2(N) \times m_3(N) + m_1(N) \times m_2(N) \times m_3(Y,N) + \\
&\quad m_1(N) \times m_2(Y,N) \times m_3(N) + m_1(N) \times m_2(Y,N) \times m_3(Y,N) + \\
&\quad m_1(Y,N) \times m_2(N) \times m_3(N) + m_1(Y,N) \times m_2(N) \times m_3(Y,N) + \\
&\quad m_1(Y,N) \times m_2(Y,N) \times m_3(N) \tag{6-38}
\end{aligned}$$

$$\begin{aligned}
m(Y) &= K^{-1} \times \sum_{E \cap F \cap G = Y} m_1(E) \times m_2(F) \times m_3(G) \\
&= K^{-1} \times (m_1(Y) \times m_2(Y) \times m_3(Y) + m_1(Y) \times m_2(Y) \times m_3(Y,N) + \\
&\quad m_1(Y) \times m_2(Y,N) \times m_3(Y) + m_1(Y) \times m_2(Y,N) \times m_3(Y,N) + \\
&\quad m_1(Y,N) \times m_2(Y) \times m_3(Y) + m_1(Y,N) \times m_2(Y) \times m_3(Y,N) + \\
&\quad m_1(Y,N) \times m_2(Y,N) \times m_3(Y)) \tag{6-39}
\end{aligned}$$

$$\begin{aligned}
m(N) &= K^{-1} \times \sum_{E \cap F \cap G = N} m_1(E) \times m_2(F) \times m_3(G) \\
&= K^{-1} \times (m_1(Y) \times m_2(Y) \times m_3(Y) + m_1(Y) \times m_2(Y) \times m_3(Y,N) + \\
&\quad m_1(Y) \times m_2(Y,N) \times m_3(Y) + m_1(Y) \times m_2(Y,N) \times m_3(Y,N) + \\
&\quad m_1(Y,N) \times m_2(Y) \times m_3(Y) + m_1(Y,N) \times m_2(Y) \times m_3(Y,N) + \\
&\quad m_1(Y,N) \times m_2(Y,N) \times m_3(N)) \tag{6-40}
\end{aligned}$$

$$\begin{aligned}
m(Y,N) &= K^{-1} \times \sum_{E \cap F \cap G = Y,N} m_1(E) \times m_2(F) \times m_3(G) \\
&= K^{-1} \times m_1(Y,N) \times m_2(Y,N) \times m_3(Y,N) \tag{6-41}
\end{aligned}$$

算法中，先根据最大粒子的有效长度将图像子块过滤（过滤阈值范围为 100～1000），然后对粒子分布散度、粒子平均面积和圆形度等特征进行融合，根据最终的融合结论将所有图像子块区分出来。结果显示，多特征融合后的数据分布的集中程度要明显优于单特征的集中程度，可以有效用于裂缝子块和非裂缝子块的区分。

采用该方法对图 6-39d 进行 D-S 形状特征融合，得到如图 6-41 所示的图像。

（3）基于裂缝宏观线性特征的后处理

由于路面材料的颗粒特性，路面图像背景具有较强的颗粒纹理特征，在裂缝目标识别时表现为斑点噪声。路面裂缝作为一种线性目标，在路面图像中表现为：

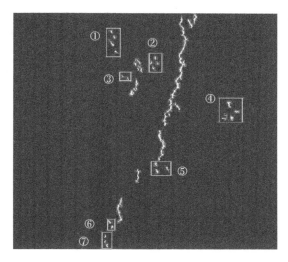

图 6-41　D-S 融合检测结果

①斑点噪声强，裂缝目标信噪比低；②裂缝与背景之间亮度、对比度低；③裂缝目标像素的空间连续性差。当裂缝不连续、缝壁脱落积灰、拍摄时光线强度和方向不能使裂缝形成阴影时，此时裂缝只在宏观上呈现为线目标。采用局部方法只能得到裂缝分割的零碎片段，很难获得期望的结果，因此可以利用裂缝宏观线性特征来进行后续处理。

1)"野点"的删除。如图 6-41所示，经过融合后的二值图像中仍存在少量误识别的线状目标，这些子块俗称"野点"。产生"野点"的主要原因是由于某些噪声目标在小尺度下与裂缝子块相似，而被检测为裂缝目标。可以通过以下几个特征将其剔除：裂缝具有一定的长度和面积；相邻裂缝的方向具有一致性；裂缝在宏观上是连续的。例如，图 6-41 中的①②③⑤⑥区域的"野点"可以根据连续性算法去除，④⑦可以根据线性度去除。去除后的结果如图 6-42所示。

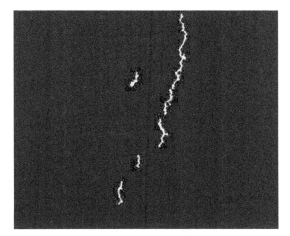

图 6-42　"野点"去除后的结果

2)裂缝的连接。提出的基于 D-S 证据理论和多特征融合的路面裂缝检测算法只利用了裂缝的局部线状特征，对于对比度较弱的裂缝容易出现漏检。本节提出了一种基于最小代价路径搜索的路面裂缝检测方法，首先通过对裂缝面元的处理，获取潜在的裂缝种子点，然后运用基于最小代价路径搜索的算法，实现裂缝种子点的生长和连接，并最终提取裂缝。对提出的算法进行简化和改进，算法流程如图 6-43 所示，首先通过细化方法检测出裂缝线段的端点，然后通过最小生成树连接这些端点，然后根据裂缝的位置和方向删除伪连接，最后通过邻域二值化方法补全连线处的裂缝。为了防止误连接或者过度连接，对强制连接的线段采用其所在区域的灰度特征进行检验，具体算法为：①计算线段的邻域范围，其定义为到这条线段上的像素距离小于一个门限 L 的区域（图 6-44）；②采用 P 分位法对邻域内的像素进行二值化；③检查二值化图像中是否存在长度大于 M 的线状目标；④有则保留区域内的现状目标，否则不保留。

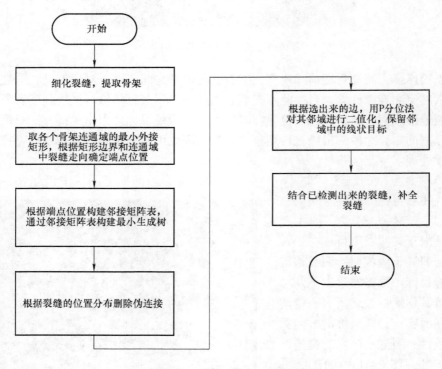

图 6-43　最短路径连接流程

通过 D – S 证据理论和裂缝融合算法的结果如图 6-45 所示。从分割出的裂缝图像进行裂缝参数的识别，就可以判断出裂缝的类型以及裂缝的长度、宽度等指标。

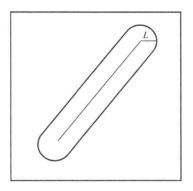

图 6-44 线段的邻域图

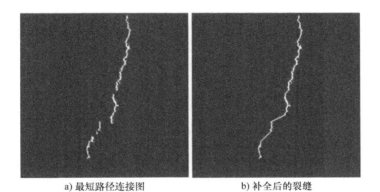

a) 最短路径连接图　　　　b) 补全后的裂缝

图 6-45 多特征融合结果

第 7 章　车载三维数字路面检测技术

通过前几章的路面检测技术可知，获得路面的纵断面信息，就可以计算出路面的平整度等指标；获得路面的横断面信息，就可以计算出路面的车辙等指标；获取路面的破损图像信息，就可以判断路面的损坏类型及各种类型的定量指标，比如裂缝的长度和宽度等。但是以上方法都是从不同的较单一的方面评价道路质量，为了更准确、更合理地为道路评价提供基础数据，需要构建准确的三维路面，并以此为基础进行更合理的路面评价和养护技术研究。因此，通过在精确获取路面纵断面、横断面信息的基础上研究路面三维重建模型，重构出路面三维形状，将路面的破损图像映射到三维形状上，建立信息完整的三维路面，为路面的智能分析及管理提供基础数据。

7.1　三维数字路面检测原理及误差分析

7.1.1　路面三维定义

路面三维形状是指包含了整个道路路面的经度、维度、海拔，即整个道路在地球坐标中的位置信息；道路设计时需要确定的线形信息；影响行车舒适性的大波长信息和中波长信息；影响车辆高频振动的小波长信息；影响路面构造深度的纹理信息。

通过定义可知，路面三维形状的坐标系是地球坐标系，路面三维形状检测的目的是为道路管理系统、地理信息系统、路谱精确计算等提供准确、充足的数据。

一般地理信息系统需要路面的线形信息，路面管理系统需要得到路面的平整度、车辙、构造深度等信息，路谱计算则需要获得路面的相对高程即路面不平信息。

因此，采用地球坐标系不能很好地适应所有的需要。为了使检测结果和实际路面对应起来，本研究建立如图 7-1 所示的坐标系，其中 x 轴方向为路面的横断面方向，y 轴方向为路面的高程，z 轴方向为路面的里程方向。

7.1.2　车载路面三维检测模型的建立

从图 7-1 所示的路面三维模型坐标系中可以看出，路面 R 能表示为一个连续的三维函数即：

$$R = f(x,y,z) \tag{7-1}$$

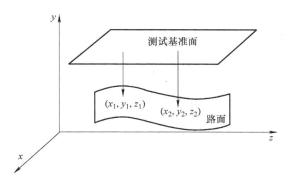

图 7-1 路面三维坐标系

用一个平行于 zox 平面的基准平面 $y = D$（令 $D = 0$）去切分所建立的坐标系。如果设路面到该基准面的各点的距离用（z_i，x_j，y_{ij}）表示，那么路面的三维形状 R 可以表示为

$$R = \begin{Bmatrix} (z_1,x_1,y_{11})(z_1,x_2,y_{12})\cdots(z_1,x_m,y_{1m}) \\ (z_2,x_1,y_{21})(z_2,x_2,y_{22})\cdots(z_2,x_m,y_{2m}) \\ \vdots \\ (z_n,x_1,y_{n1})(z_n,x_2,y_{n2})\cdots(z_n,x_m,y_{nm}) \end{Bmatrix} \tag{7-2}$$

对于 y 坐标相同的各点 $T_i = \{(z_i,x_1,y_{i1})(z_i,x_2,y_{i2})\cdots(z_i,x_m,y_{im})\}$ 可以表示为

$$R = \begin{Bmatrix} T_1 \\ T_2 \\ \vdots \\ T_n \end{Bmatrix} \tag{7-3}$$

从式（7-3）可知，路面可以表示为横断面的集合。对于 x 坐标相同的各点可以表示为

$$L_i = \begin{Bmatrix} z_1,x_i,y_{1i} \\ z_2,x_i,y_{2i} \\ \vdots \\ z_n,x_i,y_{ni} \end{Bmatrix} \tag{7-4}$$

从式（7-4）中可以看出，路面可以表示为 $R = \{L_1,L_2,\cdots,L_M\}$，也就是各纵断面的集合。

由以上理论分析可知：只要知道路面的横断面和纵断面，就可以重构出路面的三维形状。通过纵断面信息可以计算路面的平整度指标如国际平整度指数等，也可以精确计算路谱；通过横断面信息可以计算路面的车辙深度等指标。

通过第 4 章路面车辙检测方法可知，无论采用多点激光检测还是线激光检测得到的路面横断面都是相对横断面，主要是由于整个检测系统的振动以及路面横坡等的存在，虽然从相对横断面能够合理地计算车辙指标，但是在构建三维路面时是不合理的。

通过第 3 章路面平整度检测方法可知，通过惯性基准和基准传递方法都可以得到路面的纵断面，该方法得到的是路面真实纵断面，但是由于检测的响应差别，是在一定波长范围内的真实纵断面。因此通过 GPS 和测距传感器相融合的方法得到路面的大波长纵断面信息，利用平整度检测方法得到路面的中小波长信息，将大小波融合可以得到大波长范围内的路面纵断面信息。检测系统在布置传感器时，有一组传感器是横断面检测和纵断面检测公用的，通过该组传感器建立起某时刻横断面和纵断面的联系，即通过将测量的相对横断面变换过渡到准确测量的纵断面上，然后利用曲面插值和拟合等方法实现路面三维精确重建，其基本原理如图 7-2 所示。

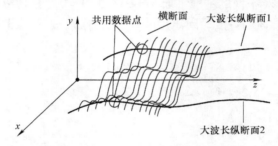

图 7-2　路面三维检测基本原理

可见，路面三维检测的精度主要由路面纵断面的检测精度、路面横断面的相对测量精度以及数据三维重构算法的精度共同决定。

7.1.3　车载路面三维检测模型的误差分析

通过检测原理可知，只要能够获得路面精确的横断面和至少两条纵断面就可以实现路面的三维重建。路面横断面检测方法按照第 4 章 4.4 节中的检测原理可知：在横断面方向上布置 n 个准直激光位移传感器，传感器激光点之间的间距为 d。假设准直激光束照射点处的路面高差为 $h_{i0}(i=1,2,3,\cdots,n)$，n 为准直激光束的个数。

在检测前先对系统进行标定，假设用该系统检测一个与系统平行的刚性梁时各个传感器的值为 $h_{i0}(i=1,2,3,\cdots,n)$，整个系统的结果用 z_0 表示：

$$z_0 = [h_{10}, h_{20}, h_{30}, \cdots, h_n] \tag{7-5}$$

在检测过程中，某一时刻 t，各个传感器的输出值为 $h_{it}(i=1,2,3,\cdots,n)$，用 z_t 表示：

$$z_t = [h_{1t}, h_{2t}, h_{3t}, \cdots, h_{nt}] \tag{7-6}$$

则检测的横断面上各个采样点的相对高程为

$$\theta e = z' - z = \Delta h = z_t - z_0 = [h_{1t} - h_{10}, h_{2t} - h_{20}, h_{3t} - h_{30}, \cdots, h_{nt} - h_{n0}]$$
(7-7)

由式（7-7）就可以得到路面的横断面，但前提条件是检测横梁始终在基准面内。实际检测过程中，由于振动的影响，检测横梁通常会偏离基准面，这对检测结果必然产生影响，以下具体分析。

（1）垂直振动的影响

检测横梁垂直振动时，如图7-3所示。

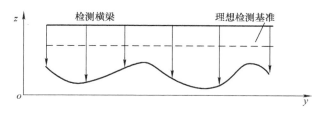

图7-3 检测横梁垂直振动示意图

由以上分析可知，在检测过程中的某一时刻 t，各个传感器的输出值为 $h_{it}(i=1,2,3,\cdots,n)$，用 z_t 表示：

$$z_t = [h_{1t}, h_{2t}, h_{3t}, \cdots, h_{nt}]$$
(7-8)

式（7-8）是在基准面不动的情况上测量的，当检测梁只有垂直振动时，即检测梁只沿基准面产生了一个跳动量 Δh，这时各个传感器的输出值可以表示为

$$z'_t = [h_{1t} + \Delta h, h_{2t} + \Delta h, h_{3t} + \Delta h, \cdots, h_{nt} + \Delta h]$$
(7-9)

则此时测量的横断面上各个采样点的相对高程为

$$z' = z'_t - z_0 = [h_{1t} - h_{10} + \Delta h, h_{2t} - h_{20} + \Delta h, h_{3t} - h_{30} + \Delta h, \cdots, h_{nt} - h_{n0} + \Delta h]$$
(7-10)

这样可以得到垂直振动的误差为

$$e = z' - z = \Delta h$$
(7-11)

通过分析可知，当检测横梁只垂直振动时，对每个断面而言，其检测结果中加入了一个常数项，这个常数项对断面的形状没有影响，只对断面测量的数值产生影响，如果对其检测结果进行去直流项处理，就可以得到路面的横断面形状。

（2）侧倾振动的影响

检测横梁侧倾振动时，如图7-4所示。

当检测横梁只有侧倾振动时，即检测横梁只沿基准面产生一个侧倾角 α。由于准直激光光束是与刚性梁垂直的，所以当刚性梁转过一个角度后，激光束也转过了一个角度，此时激光束照射在路面上的位置与基准面不动时照射到路面上的位置相比产生了一个横向偏差，而且此时激光束的输出为斜射激光束的距离。为了分析这种误差，建立以下模型：

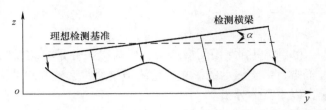

图 7-4 检测横梁侧倾振动示意图

设道路横断面按双余弦分布，其曲线为

$$f(x) = A\cos(4\pi x/3.75) \tag{7-12}$$

式中，A 为横断面的值，通常一个车道宽度为 3.75m。

为了后面分析的方便，对横断面进行归一化处理，则式（7-12）转化为

$$f(x) = \frac{1}{2}[\cos(4\pi x/3.75) + 1] \tag{7-13}$$

具体的分析方法为：在激光束个数一定的情况下，讨论各种侧倾角对检测结果的影响，然后再分析侧倾角一定时，激光束个数不同对检测结果的影响。

通过将一定数量的激光束均匀分布在 3.75m 的横向梁的模型来分析。由于在检测路面的横断面时基准面是可以任意选取的，所以为了分析方便，假设检测过程的基准面为与横断面刚性梁重合，如图 7-5～图 7-10 中的水平线所示，当检测横梁由于侧倾振动转过一个角度时激光束也产生了偏转。当检测梁没有侧倾前，激光束检测的结果为水平线到路面横断面之间的距离，检测梁倾斜后，激光束检测的结果为倾斜梁到横断面的倾斜的斜线距离，如图 7-5～图 7-10 中的倾斜线所示。

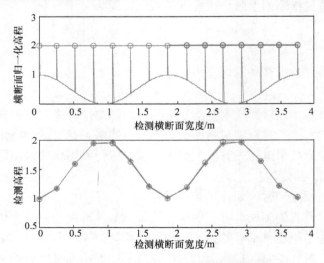

图 7-5 15 个激光束 -0.5°侧倾角检测结果

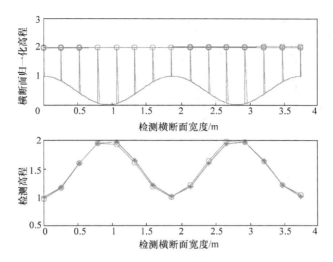

图 7-6　15 个激光束 -1°侧倾角检测结果

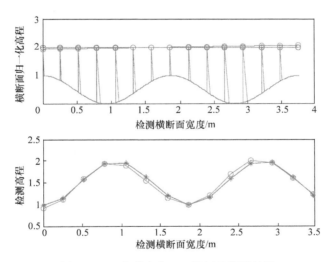

图 7-7　15 个激光束 -2°侧倾角检测结果

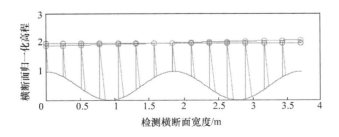

图 7-8　15 个激光束 -3°侧倾角检测结果

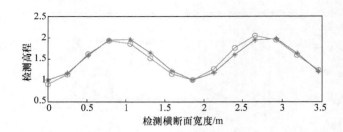

图 7-8　15 个激光束 -3°侧倾角检测结果（续）

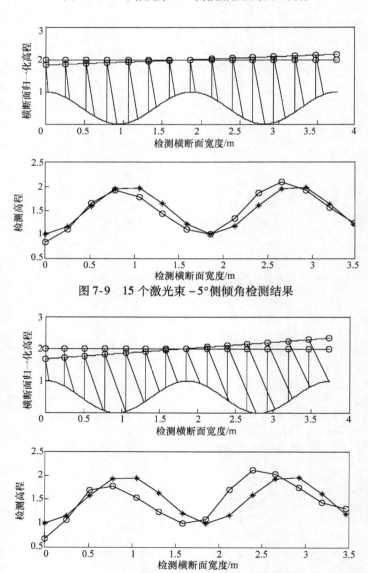

图 7-9　15 个激光束 -5°侧倾角检测结果

图 7-10　15 个激光束 -10°侧倾角检测结果

从图 7-5～图 7-10 中可以明显看出,其检测会产生误差。当检测梁水平时,横断面的检测结果如图 7-5～图 7-10 中带星号的线所示,当检测横梁产生倾斜时,检测的横断面结果如图 7-5～图 7-10 中带圆圈的线所示。从两个结果的对比来看,随着准直激光束侧倾角度的增大,其检测值也在增大并且表现为在原检测结果中加进了一个趋势项。

以上只给出了 15 个激光束个别侧倾角的检测结果,不同侧倾角对检测结果的影响用图 7-11 表示。

从图 7-11 中可以看出,随着侧倾角的增大,断面检测的误差也在迅速增大。在侧倾角为 1°时,检测误差就已经超过了 5%,可见检测误差相当大。因此,必须通过改进算法减小其误差。

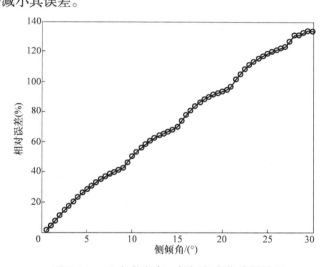

图 7-11　15 个激光束－侧倾角变化检测结果

以上分析了在激光束个数不变的情况下,侧倾角的变化对检测精度的影响,以下分析在侧倾角不变的情况下,激光束个数对横断面检测精度的影响。图 7-12～图 7-15 给出了 3°侧倾角时,不同准直激光束个数对检测结果的影响。

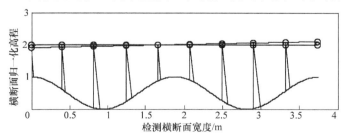

图 7-12　3°侧倾角－10 个激光束检测结果

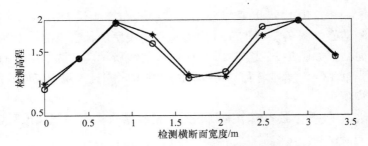

图 7-12 3°侧倾角-10 个激光束检测结果（续）

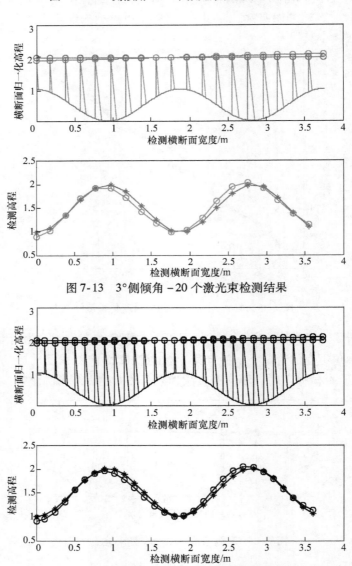

图 7-13 3°侧倾角-20 个激光束检测结果

图 7-14 3°侧倾角-30 个激光束检测结果

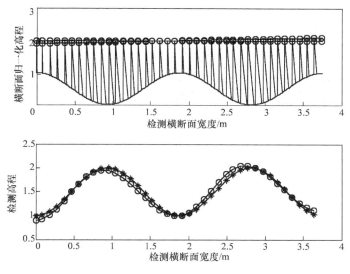

图 7-15　3°侧倾角 -40 个激光束检测结果

在侧倾角一定的情况下，随着激光束个数的增加变化，检测系统对检测精度的影响用图 7-16 表示。

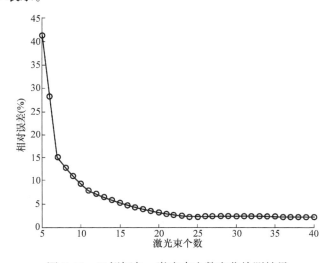

图 7-16　3°侧倾角 - 激光束个数变化检测结果

以下分析激光束个数不同，侧倾角也不同时，整个检测系统的误差。通过分析可知，激光束个数和侧倾角都不同时，检测系统的相对误差如图 7-17 所示。

从图 7-17 中可以看出，对同一侧倾角，随着激光束个数的增加，检测误差先迅速减小，当激光束个数超过 20 个以后，检测误差的减小速度变慢，随着激光束个数的再增加，检测误差基本上趋于平稳。当激光束个数一定时，随着侧倾角的增

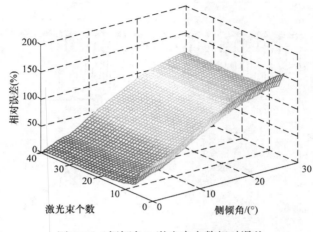

图 7-17　侧倾角 – 激光束个数相对误差

加，检测误差一直在增大。从整体上看，当侧倾角存在时，整个检测系统的检测误差基本上都超过了5%，必须采用一定的方法减小其误差，否则系统的检测结果是不可信的。

（3）俯仰振动的影响

检测车在检测过程中的俯仰振动，使检测横梁产生了一个绕检测车横向的转动，这种转动对激光束检测结果产生的误差与侧倾振动对激光束产生的误差类似，以下不再分析。区别是侧倾振动使检测的横断面缺少了一段，基本上不会影响断面的整体，尤其是准直激光束较多时；当检测量俯仰振动时，检测的断面产生了纵向偏离，使俯仰振动前后检测的不是同一个横断面。

这种误差主要来自断面的不重合，可以通过大密度的采样，然后对采集的数据进行平均来减小断面不重合引起的误差。

以上分别分析了垂直振动、侧倾振动和俯仰振动对断面检测的误差，实际检测过程中，这三种振动是同时存在的，但由于激光传感器安装在一个刚性梁上，当检测系统振动时，对每个传感器产生同样的影响，即在同一时刻，这些振动都在各个准直激光传感器的测量中加进了一个相同的误差系数，这样在同一检测过程中，横断面的检测结果中都包含一个趋势项。如果对检测数据采用去趋势项处理，就可以得到较精确的检测结果。

7.1.4　车载路面三维检测技术的实现及误差分析

从图7-17中可以看出，即使在激光束个数很多时，只要检测横梁的侧倾角超过0.5°，检测系统的误差就超过了5%，而在实际的检测过程中，检测车的侧倾角经常会超过1°甚至3°，所以必须对直接的检测结果进行处理，否则其检测结果是不可信的。以下具体分析减小检测误差的方法，为了分析方便，这里只考虑侧倾振动,实际上通过以上分析可知,当侧倾和俯仰振动同时存在时,用以下方法也可以减小误差。

设在基准面上检测得到的横断面曲线 T 的方程为

$$T_i = f(y) \\ = \{(x_i,y_1,z_{i1}),(x_i,y_2,z_{i2}),\cdots,(x_i,y_m,z_{im})\} \quad (7\text{-}14)$$

则由于检测横梁的侧倾振动,测量得到的横断面曲线 T'_i 为

$$T'_i = T_i + y_i\tan\alpha + b_i \\ = \{(x_i,y_1,z'_{i1}),(x_i,y_2,z'_{i2}),\cdots,(x_i,y_m,z'_{im})\} \quad (7\text{-}15)$$

式中,α 为车辆振动引起的横梁倾角;b_i 为检测横梁相对理想基准的截距。

由以上分析可知,要获得路面的横断面曲线,就必须计算出 α 和 b_i。

如果采用最小二乘法去除检测结果中的趋势项,就可以得到路面的横断面。具体方法是将检测得到横断面数据 (y_m, z_{im}) 带入直线方程:

$$z'_{ij} = y_j\tan\alpha_i + b_i \quad (7\text{-}16)$$

得到:

$$\begin{cases} z'_{i1} = y_1\tan\alpha_i + b_i \\ z'_{i2} = y_2\tan\alpha_i + b_i \\ \vdots \\ z'_{im} = y_m\tan\alpha_i + b_i \end{cases} \quad (7\text{-}17)$$

通过最小二乘法求出 α 和 b_i。带入式(7-15)得到:

$$T' = T + y\tan\alpha + b \quad (7\text{-}18)$$

按照式(7-18)就可以较准确地得到路面的横断面形状。

图 7-18~图 7-23 给出了几个典型的侧倾角和不同准直激光束个数时横断面的计算过程。每个图上带星号的线是检测横梁在检测基准面内时检测得到的路面横断

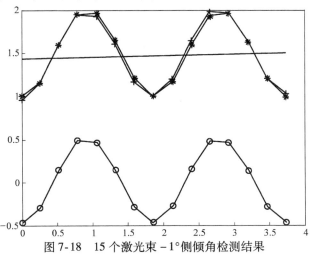

图 7-18 15 个激光束 -1°侧倾角检测结果

面曲线,带加号的线是检测横梁倾斜后测量得到的横断面曲线;图中的直线是对检测结果进行最小二乘法逼近得到的线性误差项;图中带圆圈的线是去除检测误差后的路面横断面检测结果。

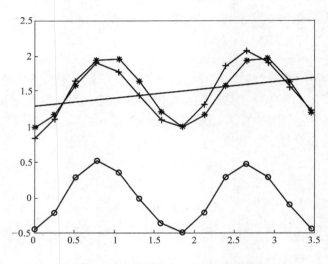

图 7-19　15 个激光束 -5°侧倾角检测结果

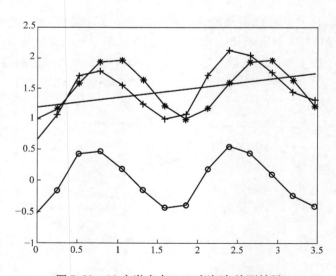

图 7-20　15 个激光束 -10°侧倾角检测结果

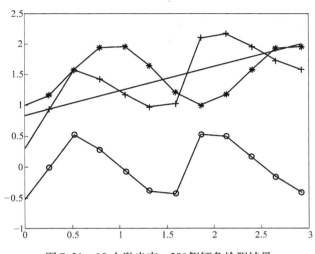

图 7-21 15 个激光束 -20°侧倾角检测结果

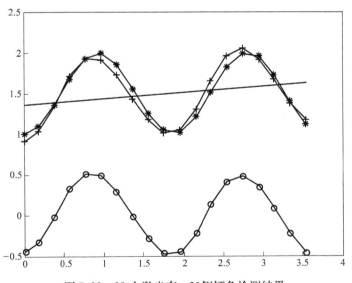

图 7-22 20 个激光束 -3°侧倾角检测结果

图 7-24 所示为对检测结果进行去趋势项处理后得到的误差结果，其分析的是 15 个激光束的侧倾角对检测结果的影响。从图中可以看出，随着侧倾角的增大，其检测误差也在增大，侧倾角越大，检测误差增大得越快，但总体误差较小，当侧倾角为 10°时检测误差也不超过 2%，这完全可以满足工程的需要。

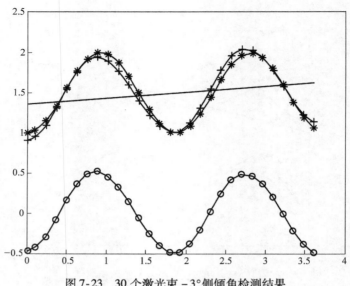

图 7-23　30 个激光束 -3°侧倾角检测结果

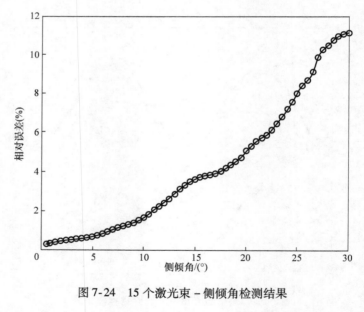

图 7-24　15 个激光束 - 侧倾角检测结果

图 7-25 所示为侧倾角为 3°时,不同的激光束个数对横断面检测结果的影响,从图中可以看出其趋势与不去趋势项处理前是相同,但总体误差显著减小。

图 7-26 所示为侧倾角和激光束个数都变化时检测结果的误差曲面。从图中可以看出,本文提出的检测技术,可以使检测误差显著减小,检测结果完全可以满足需要。

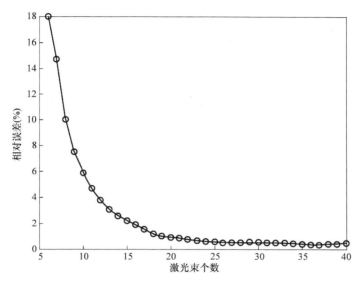

图 7-25　3°侧倾角 – 激光束个数检测结果

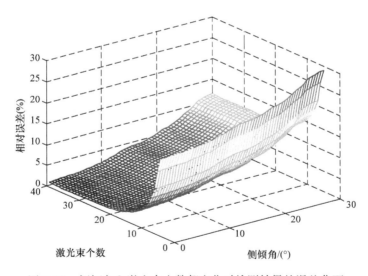

图 7-26　侧倾角和激光束个数都变化时检测结果的误差曲面

由于检测过程中各种振动的影响，在检测中必须对横断面检测结果进行去误差处理，否则检测结果不可信，但是经过去误差处理后，很可能去掉了横断面本来的趋势如纵坡等，而且由于振动的不同，每次检测时的检测基准都是不同的。因此，实际的检测只能获得路面的横断面形状，而不能获得准确的路面三维信息。要获得路面的三维形状，就必须增加纵断面高程信息，下面将继续研究纵断面的精确测量方法。

7.2 路面纵断面检测技术

路面纵断面主要通过安装在三维检测车上的激光位移传感器、加速度传感器、GPS 以及姿态仪等多个传感器检测得到的数据融合获得。道路路面的纵断面包含了从低频到高频大范围内的波长信号。而由于目前的仪器硬件及传感器性能和参数的限制,仅使用一种传感器很难覆盖所有波长频段,因此可以采用把测量的纵断面分为大波长信号和小波长信号,分别采用不同的传感器进行检测。把大于检测车轴距的波长称为大波长,把小于检测车轴距的称为小波长。

大波长信号运用 GPS 与姿态仪检测结果的数据融合获得;小波长信号用激光位移传感器和加速度传感器联合计算获得或通过多个激光位移传感器通过基准传递原理和阵列信号的数据融合获得。

7.2.1 基于惯性基准的车载路面纵断面小波长检测方法

(1) 基于惯性基准的纵断面小波长检测原理

按照第 3.4 节中的惯性基准平整度检测原理可以得出路形 $\Delta_z(t)$:

$$\Delta_z(t) = z_1 - z_0 + z_2(0) - z_4(t)\cos(\theta_y(t)) + \int_0^t \int_0^t a(\tau)\cos(\theta_y(\tau)) \mathrm{d}\tau \mathrm{d}\tau$$

式中,$z_1 - z_0 + z_2(0)$ 为常数项,不会影响检测段内的路面纵断面形状,因此能够设为 0;$z_4(t)$、$\theta_y(t)$ 和 $a(\tau)$ 为已知项,分别由激光位移传感器、姿态传感器和加速度传感器获得。这就可以求解出 $\Delta_z(t)$,也就实现了路面纵断面小波长的检测。

(2) 基于惯性基准的纵断面小波长检测难点

基于惯性基准的纵断面小波长检测的难点主要集中在对安装在激光位移传感器上的加速度传感器测量的加速度 $\ddot{z}$ 的处理。

当车辆受到俯仰、侧倾振动或在斜坡上时,重力与加速度的敏感轴作用方向发生改变,因此在测量的加速度值中就引入了一个不期望引入的加速度误差值。同时由于横向加速度的存在,车辆的横向振动将被叠加到垂直位移中,造成了加速度的测量误差。可见,如何较准确地测量加速度值在纵断面检测中是至关重要的,一般采用基于自适应卡尔曼滤波的方法来实现加速度的精度检测。

虽然由加速度的两次积分获得位移在理论上是简单可行的,但是在实际处理过程中由于噪声和误差会使结果不收敛。因此必须采用滤波,但是滤波又加进了新的误差。以下具体分析惯性基准纵断面检测中遇到的难点问题。

1) 两次积分。理想的两次积分的频率响应函数为

$$H(\mathrm{j}\omega) = -\frac{1}{\omega^2} \tag{7-19}$$

设激励函数为

$$h(t) = \begin{cases} t, & t > 0 \\ 0, & t \leq 0 \end{cases} \tag{7-20}$$

理想两次积分的频率幅值响应、相位响应和斜坡响应分别如图 7-27 和图 7-28 中的实线所示。

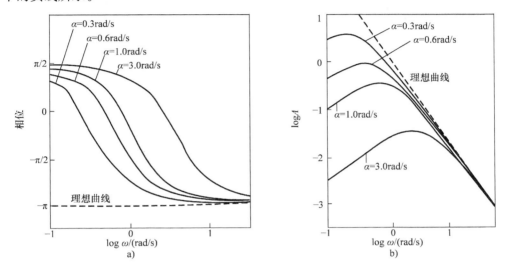

图 7-27 理想两次积分和近似两次积分的幅值和相位响应

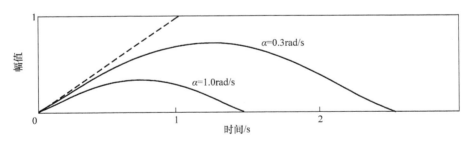

图 7-28 理想两次积分和近似两次积分的斜坡响应

注意到：

$$\lim_{\omega \to 0} H(j\omega) \to -\infty$$

位移量可通过时域卷积获得：

$$z(t) = \int_{-\infty}^{t} h(t-\tau)\ddot{z}(\tau)\mathrm{d}\tau$$

但由于包含无界函数 $h(t-\tau)$，因此积分是不收敛的，尤其是当 $\ddot{z}(\tau)$ 中包含噪声和误差信号时。

为了解决这个问题，在加速度处理过程中采用近似的两次积分。其频率响应函数为

$$H(j\omega) = \frac{j\omega}{(j\omega + \alpha)(-\omega^2 + j\omega\alpha + \alpha^2)} \tag{7-21}$$

相应的激励响应为

$$h(t) = \begin{cases} \frac{1}{\alpha}\exp(-1/2\alpha t)\left[\cos(\beta t) + \frac{\alpha}{\beta}\sin(\beta t) - \exp(-1/2\alpha t)\right], & t > 0 \\ 0, & t \leq 0 \end{cases} \tag{7-22}$$

式中，α 为截止频率；$\beta = \sqrt{\frac{3}{4}}\alpha$。

近似两次积分的响应函数如图 7-27、图 7-28 中的虚线所示，可见加速度的理想两次积分和近似两次积分在高频或小波长时收敛。当路面的波长小于处理截止波长 $2\pi V/\alpha$（V 为采样速率）时，近似两次积分能够得到满意的结果。

可见要得到较精确的两次积分结果就必须使用高通滤波器，由于模拟滤波会带来畸变，所以应该采用数字滤波器。

2）加速度传感器方向。当检测车水平时，加速度传感器的敏感轴是垂直的，这时加速度的输出为

$$a = \ddot{z} + g$$

式中，g 为重力加速度。

加速度传感器通常修正一个偏差 $-g$，因此加速度的输出为

$$a = \ddot{z}$$

这是加速度传感器精确的理论输出，当检测车不水平时，加速度传感器的敏感轴不垂直，加速度传感器修正后的输出为

$$a = \ddot{z} + g(\cos\theta\cos\varphi - 1) \tag{7-23}$$

式中，θ 为侧倾角；φ 为俯仰角。

由于这两个角都比较小，所以加速度传感器的输出近似为

$$a \approx \ddot{z} - 1/2g(\theta^2 + \varphi^2) \tag{7-24}$$

多种因素可以引起这种不水平，比如高速公路的设计曲线引起的不水平；检测车行驶时，左右轮迹的不同引起的不水平。

以下具体分析加速度的敏感轴不垂直所引起的纵断面的检测误差。

假定道路的路形由两种不同的正弦波组成，如：

$$z = B_1\sin(2\pi x/\lambda_1) + B_2\sin(2\pi x/\lambda_2) \tag{7-25}$$

式中，B_1、B_2 为两种正弦波的幅值；λ_1、λ_2 为两种正弦波相应的波长；x 为沿测量方向的距离。

第一种正弦波代表道路的大波长，第二种正弦波代表道路的小波长，则相应的俯仰角为

$$\varphi = \frac{dz}{dx} = \frac{2\pi B_1}{\lambda_1}\cos\left(\frac{2\pi x}{\lambda_1}\right) + \frac{2\pi B_2}{\lambda_2}\cos\left(\frac{2\pi x}{\lambda_2}\right) \tag{7-26}$$

由于典型高速公路路面的功率谱密度是 B_i 直接随 λ_i 变化,这种变化可以简单表示为

$$C = \frac{B_1}{\lambda_1} = \frac{B_2}{\lambda_2}$$

则:

$$\varphi = 2\pi C[\cos(2\pi x/\lambda_1) + \cos(2\pi x/\lambda_2)]$$

$$1/2g\varphi^2 = \pi^2 gC^2[\cos(4\pi x/\lambda_1) + \cos(4\pi x/\lambda_2) + 2\cos(2\pi x/\lambda_s) + 2\cos(2\pi x/\lambda_d)]$$
(7-27)

其中:

$$\frac{1}{\lambda_s} = \frac{1}{\lambda_1} + \frac{1}{\lambda_2}; \quad \frac{1}{\lambda_d} = \frac{1}{\lambda_1} - \frac{1}{\lambda_2} \tag{7-28}$$

把式(7-25)和式(7-27)带入式(7-24)计算检测到的加速度值,则通过加速度两次积分得到的纵断面高程值为

$$\iint a dt \approx B_1 \sin(2\pi x/\lambda_1) + B_2 \sin(2\pi x/\lambda_2) +$$

$$\left\{ \frac{gC^2}{4V^2} \left[\frac{\lambda_1^2}{4}\cos(4\pi x/\lambda_1) + \frac{\lambda_2^2}{4}\cos(4\pi x/\lambda_2) + \right.\right.$$

$$4\lambda_2^2 \cos(2\pi x/\lambda_1)\cos(2\pi x/\lambda_2) +$$

$$\left.\left. \frac{8\lambda_2^3}{\lambda_1}\sin(2\pi x/\lambda_1)\sin(2\pi x/\lambda_2) \right] \right\} \tag{7-29}$$

从式(7-29)中可以看出,两次积分的结果中除了真实的路形外还有误差项,其中大括号外为真实的道路路形,大括号内的4个误差项是由重力加速度影响所产生的误差项。以下分别说明:

第一个误差项中包含真实路形的大波长信息,用同一波长的振幅变化率来表示误差的大小,则:

$$p_1 = \frac{E_1}{B_1} = \frac{gB_1}{16V^2} \times 2$$

当长波振幅 $B_1 = 7.6m$ 时,数据的采样速度为40km/h,则 $p_1 = 0.075$,可见两次积分引起的长波的误差为7.5%,这种误差在后处理中采用数字滤波时,会显著减小。因为采用数字滤波时可以采用更长的波长(高速公路波长与振幅成正比),这样 p_1 的值会小到可以忽略。

第二个误差项和第一个误差项有相同的形式,也用同一小波波长的振幅变化率来表示误差的大小,则:

$$p_1 = \frac{E_2}{B_2} = \frac{gB_2}{16V^2} \times 2$$

在处理中采用小的振幅及小的波长,这样可以使两次积分引起的波形误差显著

减小。

第三个和第四个误差项表现为小波波长和大波波长的调制波,这两项的振幅变化率分别为

$$p_3 = \frac{E_3}{B_3} = \frac{gB_2}{V^2}, p_4 = \frac{2gB_2\lambda_2}{V^2\lambda_1}$$

第三项的误差主要是因为与真实的路面波形有 90°的相位差引起的,这种相位差增加了路面波形的振幅误差。第四项只产生路面波形的振幅误差,而没有相位误差。

总之,加速度传感器的方向误差正比于 $1/V^2$,因此采用惯性基准方法检测路面纵断面时应该采用较高的检测速度,尤其是当路面不平或路面有斜坡时。

通过以上分析可知:高通滤波可以控制两次积分的误差,为了减小误差尽量采用无相位差的高通滤波;检测过程中尽量不要采用模拟滤波器,以保证检测数据的真实性,可以采用事后处理的方法并采用数字滤波器;实现时间域向距离域的转换,并采用距离高通滤波器,因为距离高通滤波器与时间和速度无关。

(3) 基于自适应卡尔曼滤波的加速度信号降噪方法

在基于惯性基准的道路纵断面检测过程中,需要实时精确测量检测设备的动位移,而系统动位移的测量通常是通过加速度传感器的两次积分来完成的。要得到精确的动位移,除了采用较先进的积分方法外,更重要的是需要得到信噪比较高的原始加速度信号。这就需要对加速度信号进行滤波处理,以去除检测得到的加速度信号中的噪声。通常采用卡尔曼滤波方法能够实现信号的降噪处理,但在实际的操作过程中,由于各种因素的影响,不能完全确定卡尔曼滤波的系统噪声和量测噪声的统计规律,所以很难使用卡尔曼滤波来实现加速度的降噪处理。为了解决这个问题,可以采用自适应卡尔曼滤波方法来实现加速度的降噪处理。

1) 加速度降噪模型。如果把加速度传感器的理论值作为状态量,并假定系统的状态是稳定的,在这样的前提下,就可以采用卡尔曼滤波来实现加速度信号的降噪。通常能够直接检测到包含噪声的加速度的电压值,通过标定加速度传感器就可以得到加速度真实值和电压值之间的转化关系,通过这个关系就可以由电压获得真实的加速度值。因此,加速度传感器信号的降噪模型可以表示为

$$\begin{aligned} X_{k+1} &= X_k + w_k \\ Z_{k+1} &= \frac{K}{g_0} X_{k+1} + v_{k+1} \end{aligned} \tag{7-30}$$

式中,g_0 为检测现场的重力加速度;K 为加速度传感器的电压标定系数;X_k 为 k 时刻系统状态量;w_k 为系统噪声;Z_{k+1} 为 $k+1$ 时刻系统量测值;v_{k+1} 为系统量测噪声。

本节采用了一种新的自适应滤波方法,具体方法为:针对不同的新息滑动窗,分别设计不同的自适应卡尔曼滤波器,然后利用新息方差的估计值对这些滤波器进

行加权优化处理,以此来实现较优的滤波效果。

2)新自适应卡尔曼滤波器的设计。由于加速度传感器测量的是离散值,所以先分析离散系统,设其系统方程和量测方程表示为式(7-31)和式(7-32)。

$$X_{k+1} = F_{(k+1,k)}X_k + w_k \tag{7-31}$$

$$Z_{k+1} = H_{k+1}X_{k+1} + v_{k+1} \tag{7-32}$$

式中,$F_{(k+1,k)}$为系统一步状态转移矩阵;H_{k+1}为系统量测矩阵;X_k为k时刻系统状态量;w_k为系统噪声,它的协方差阵为Q_k;v_{k+1}为量测噪声,它的协方差阵为R_{k+1};Z_{k+1}为$k+1$时刻系统的量测值。则离散、线性系统的卡尔曼滤波算法可以表示为:

状态一步预测为

$$\bar{x}_{(k+1,k)} = F_{(k+1,k)}\bar{x}_k \tag{7-33}$$

均方误差一步预测为

$$P_{(k+1,k)} = F_{(k+1,k)}P_k F^T_{(k+1,k)} + Q_k \tag{7-34}$$

滤波增益为

$$K_{k+1} = P_{(k+1,k)}H^T_{k+1} + CIV^{-1}_{k+1} \tag{7-35}$$

状态估计为

$$\bar{x}_{k+1} = \bar{x}_{(k+1,k)} + K_{k+1}IV_{k+1} \tag{7-36}$$

均方误差估计为

$$P_{k+1} = (I - K_{k+1}H_{k+1})P_{(k+1,k)} \tag{7-37}$$

式中,IV_{k+1}为$k+1$时刻新息状态;CIV_{k+1}为其方差。

$$IV_{k+1} = Z_{k+1} - H_{k+1}\bar{x}_{(k+1,k)} \tag{7-38}$$

$$CIV_{k+1} = H_{k+1}P_{(k+1,k)}H^T_{k+1} + R_{k+1} \tag{7-39}$$

由于离散、线性卡尔曼滤波算法的重点是噪声统计特性(Q,R)具有不确定性,为了解决这个问题,本节采用新息序列实现Q、R的自适应估计。

以下讨论噪声的自适应估计,噪声协方差阵Q的自适应估计由式(7-34)可以得到:

$$Q_k = P_{(k+1,k)} - P_{k+1} + P_{k+1} - F_{(k+1,k)}P_k F^T_{(k+1,k)} \tag{7-40}$$

由式(7-37)可知:

$$P_{(k+1,k)} - P_{k+1} = K_{k+1}H_{k+1}P_{(k+1,k)} \tag{7-41}$$

整理式(7-40)和式(7-41)可以得到:

$$Q_k = K_{k+1}H_{k+1}P_{(k+1,k)} + P_{k+1} - F_{(k+1,k)}P_k F^T_{(k+1,k)} \tag{7-42}$$

因为在滤波器稳定时,均方误差阵P趋近于0,式(7-42)可以近似表示为

$$Q_k \approx K_{k+1}H_{k+1}P_{(k+1,k)} \tag{7-43}$$

将式(7-35)代入$K_{k+1}CIV_{k+1}K^T_{k+1}$可得:$K_{k+1}CIV_{k+1}K^T_{k+1} = K_{k+1}K_{k+1}P_{(k+1,k)}$;联立式(7-42)和式(7-43)就可以得到基于新息噪声协方差阵Q的自适应估计。

量测噪声协方差阵 R 的自适应估计由式（7-39）变形获得。在以上的计算过程中，滑动估计窗口宽度 N 选择要适当，如果太小就无法有效估计新息方差，如果太大将失去新息的部分动态特性。为了解决这个问题，运用动窗口

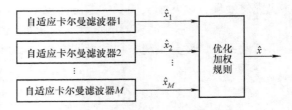

图 7-29 并行滤波器优化

优化选取的方法。其具体方法为针对不同宽度窗口，设计不同的并行自适应滤波器，然后采用加权优化方法对其进行组合，如图 7-29 所示。M 个窗口宽度分别记为 $N_1, N_2, \cdots, N_M$，设计了 M 个滤波器。

并行滤波器的总输出是各滤波器输出的加权平均值，可以表示为

$$\hat{X} = \omega_1 \hat{X}_1 + \omega_2 \hat{X}_2 + \cdots + \omega_M \hat{X}_M \tag{7-44}$$

加权值可以表示为

$$\omega_i = \frac{1/tr(\boldsymbol{CIV}_{(i)})}{1/tr(\boldsymbol{CIV}_{(1)}) + 1/tr(\boldsymbol{CIV}_{(2)}) + \cdots + 1/tr(\boldsymbol{CIV}_{(M)})} \tag{7-45}$$

式中，$tr(\ )$ 为矩阵求迹算子；$\boldsymbol{CIV}_{(i)}$ 为第 i 个滤波器的方差。

通过自适应卡尔曼滤波，可以把检测车检测得到的加速度信号中的噪声信号降到最低，并为由加速度信号得到动位移做铺垫。

（4）动位移的精确测量方法

在基于惯性基准的道路平整度检测过程中，需要实时、精确地测量检测设备的动位移，测量的准确性直接影响到道路平整度检测的精度。对检测设备动位移的测量通常是通过位移传感器来实现的。因为检测设备在检查过程中没有一个统一的基准，所以检测车的动位移很难用位移传感器测量，一般通过加速度两次积分计算获得。目前，通过加速度计算动位移时，一般采用时域两次积分或频域两次积分法。由于实测加速度信号中除了有直流趋势存在外，还有高频噪声，所以在时域积分过程中，需要对加速度信号进行去趋势项和滤波处理。但信号的趋势项不可能完全剔除，残余的微小误差在两次积分过程中累积放大甚至会使波形发生畸变。频域积分利用傅里叶正、逆变换，积分在频域以傅里叶分量系数的代换形式表示，可直接以频域内正弦、余弦的积分互换关系避开时域积分对微小误差的累积放大作用，但频域积分有对低频敏感的缺点。

1）时域两次积分误差分析。工程测量得到的加速度信号中必然包含由于各种干扰因素引起的误差项 δ，所以测量得到的加速度信号为 $a(t) = f(t) + \delta$。因此，速度信号的表达式为

$$v(t) = \int a(t)\,\mathrm{d}t = \int (f(t) + \delta)\,\mathrm{d}t = \int f(t)\,\mathrm{d}t + \delta t + \varepsilon \tag{7-46}$$

误差 δ 在积分运算中被逐渐放大,同时由于积分初值无法确定,所以加速度时域一次积分结果中含有一次误差项 $\delta t + \varepsilon$。

位移信号的表达式为

$$s(t) = \int v(t)\mathrm{d}t = \int \left[\int f(t)\mathrm{d}t + \delta t + \varepsilon \right] \mathrm{d}t$$

$$= \int \left[\int f(t)\mathrm{d}t \right] \mathrm{d}t + 0.5\delta t^2 + \varepsilon t + e \quad (7\text{-}47)$$

由式 (7-47) 可知,在加速度时域两次积分得到的位移信号中,有二次项的累积误差。这是由于实测加速度信号的趋势项不可能完全剔除,所以在时域积分中残余的微小误差在两次积分过程中会被累积放大,甚至会使得到的位移信号失真。

2) 频域两次积分误差分析。频域积分先将需要积分的加速度信号做傅里叶变换到频域内,时域积分运算就变成了在频域内的傅里叶分量系数的积分运算,将运算的结果再经傅里叶逆变换得到积分后的时域信号。在频域内离散的加速度、速度、位移之间的关系为

$$V(k) = \sum_{k=0}^{N-1} \frac{1}{\mathrm{j}2\pi k \Delta f} H(k) A(k) \mathrm{e}^{\mathrm{j}2\pi kr/N} \quad (7\text{-}48)$$

$$S(k) = \sum_{k=0}^{N-1} -\frac{1}{(2\pi k \Delta f)^2} H(k) A(k) \mathrm{e}^{\mathrm{j}2\pi kr/N} \quad (7\text{-}49)$$

其中:

$$H(k) = \begin{cases} 1 & (f_d \leqslant k\Delta f \leqslant f_u) \\ 0 & (其他) \end{cases} \quad (7\text{-}50)$$

式中,f_d 和 f_u 分别为下限和上限截止频率;$A(k)$ 为加速度 $a(r)$ 的傅里叶变换,$V(k)$ 为速度 $v(r)$ 的傅里叶变换;$S(k)$ 为位移 $s(r)$ 的傅里叶变换;Δf 为频率分辨率;j 为虚数单位。

由式 (7-50) 可知,频域积分直接以频域内正弦、余弦的积分互换为基础,避开了时域积分对微小误差的累积放大作用。从式 (7-49) 可以看出,由于分母含有 $(2\pi k\Delta f)^2$ 项,此项越接近零,傅里叶分量的系数就越大。可见动位移两次频域积分的傅里叶分量系数与 $(2\pi k\Delta f)^2$ 成反比,即频域积分精度受低频影响较大,具有低频敏感性。然而,加速度传感器原理决定了低频也恰恰是传感器精度较差的频段。因此低频段是产生频域积分误差的一个主要来源。

3) 频域-时域混合积分方法。由以上分析可知:频域的二次积分受低频误差影响较大,而频域的一次积分受低频误差影响要小一些。时域的二次积分会产生较大的累积误差,而时域的一次积分产生的累积误差要小些,如果再通过最小二乘法拟合去除一次误差项,则会使总误差更小。由此结论,提出了频域-时域混合积分法。即在求动位移的两次积分中仅在频域内进行一次,剩下一次在时域内进行,或者反过来先进行时域一次积分,后进行频域一次积分。这样就可以使由加速度计算

动位移的误差显著减小。可见频域–时域混合积分的关键是一次时域积分和一次频域积分的优化，以下重点分析一次时域积分和一次频域积分。

4）时域一次积分法的优化。由于测量的信号中难免有直流分量，因此需要信号先去直流再滤波。去直流的方法是求出 N 个采样点的平均值，再用采样点的值减去平均值，去直流后的表达式为

$$x'_i = x_i - \frac{1}{N}\sum_{i=0}^{N-1} x_i \tag{7-51}$$

式中，x'_i 为去除直流分量后的值；x_i 为采样时刻的信号值。

去掉直流分量后的信号还需要进行滤波才能达到积分要求，通过滤波得到的信号表示为

$$y(n) = \sum_{i=0}^{M} b_i x(n-i) - \sum_{k=1}^{N} a_k y(n-k) \tag{7-52}$$

式中，x 为输入信号；y 为输出信号；a 和 b 为滤波器系数。

butterworth 滤波器在通频带内有很好的稳定性，一般采用此类滤波器，同时为了提高滤波运算的速度，滤波器的阶数不能设计得太高，一般采用 3 阶。

设计的滤波器为 $\vec{a} = \{a_1 \quad a_2 \quad a_3 \quad a_4\}$、$\vec{b} = \{b_1 \quad b_2 \quad b_3 \quad b_4\}$，可知滤波后的信号为

$$y(i) = b_1 x(i) + b_2 x(i-1) + b_3 x(i-2) + b_4 x(i-3) - a_2 y(i-1) - a_3 y(i-2) - a_4 y(i-3) \tag{7-53}$$

然后对去直流项和滤波后的信号进行一次积分。时域积分的方法有很多，如梯形积分法、Simpson 积分法等。Simpson 一次积分计算公式如下：

$$z(i) = z(i-1) + \frac{y(i-1) + 4y(i) + y(i+1)}{6}\Delta t \tag{7-54}$$

式中，y 为预处理后信号；z 为一次积分后的信号；Δt 为采样时间。

由时域积分的误差分析可知，积分后的信号 z 中包含一次误差项，采用最小二乘法进行一次拟合，设拟合后的函数为 $\psi(t) = Ct + D$。假设：

$$l_1 = \sum_{i=1}^{n} i, l_2 = \sum_{i=1}^{n} i^2, R = \sum_{i=1}^{n} y(i), S = \sum_{i=1}^{n} t(i)y(i) \tag{7-55}$$

式中，n 为采样点数；$t(i)$ 为第 i 点的时间；$y(i)$ 为第 i 点一次积分后的值。

拟合公式为 $\begin{bmatrix} n & l_1 \\ l_1 & l_2 \end{bmatrix}\begin{bmatrix} D \\ C \end{bmatrix} = \begin{bmatrix} R \\ S \end{bmatrix}$，则 C 和 D 的表达式为

$$C = \frac{-l_1 R + nS}{nl_2 - l_1^2}, \quad D = \frac{-l_2 R + RS}{nl_2 - l_1^2} \tag{7-56}$$

则一次积分后的值为

$$y'(i) = y(i) - Ct(i) - D \tag{7-57}$$

按照式（7-57）可以计算出接近精确的一次积分结果值。

5）频域一次积分法的优化。如果输入信号 $x(t)$ 在时间 T 内采集 N 个数据，则信号的傅里叶变换的归一离散形式为

$$X(k) = \sum_{n=0}^{N-1} x(n) e^{-j\frac{2\pi}{N}kn}, \quad k = 0, 1, \cdots, N-1 \tag{7-58}$$

其对应的傅里叶反变换的归一化离散形式为

$$x(n) = \frac{1}{N} \sum_{k=0}^{N-1} X(k) e^{j\frac{2\pi}{N}kn}, n = 0, 1, \cdots, N-1 \tag{7-59}$$

$x(n)$ 经离散傅里叶变换后得到的 $X(k)$ 为一个长度为 N 的复数，它的第 k 个数据 $X(k) = X(k\Delta f) = X(k/T) = a_k + b_k j$，代表 $x(n)$ 中频率为 k/T 的分量 x_k。

$$x_k = A_k \cos(2\pi kt/T + \varphi_k) \tag{7-60}$$

式中，A_k 为 x_k 的幅值，$A_k = \sqrt{a_k^2 + b_k^2}$；$\varphi_k = \arctan(b_k/a_k)$。

可以将 $x(n)$ 表示为

$$x(n) = \sum_{k=0}^{N-1} [A_k \cos(2\pi kt/T + \varphi_k)] \tag{7-61}$$

设一次积分前的信号为 $x(n)(0 < n < N-1)$，将其进行傅里叶变换为

$$X(k) = \sum_{n=0}^{N-1} x(n) e^{-j\frac{2\pi}{N}kn} = a_k + b_k (0 < n < N-1) \tag{7-62}$$

再将每一个频率分量的信号值 $A(k)$ 转换为一次积分后的值，由于一次积分值与输入信号值相位相差 $90°$，则对应于该频率分量的一次积分值 $D(k)$ 为

$$D(k) = d_{1k} + d_{2k} j, d_{1k} = \frac{A_k}{\omega_k} \cos\left(\varphi_k - \frac{\pi}{2}\right), d_{2k} = \frac{A_k}{\omega_k} \sin\left(\varphi_k - \frac{\pi}{2}\right) \tag{7-63}$$

式中，$A_k = \sqrt{a_k^2 + b_k^2}$；$\varphi_k = \arctan(b_k/a_k)$；$\omega_k = 2\pi k/T$。

再根据式（7-59）对 $D(k)$ 做离散傅里叶反变换，即可得到对应于输入信号 $x(n)$ 较精确的一次积分后的时间历程。

6）误差评价指标。为了评估精确动位移测量算法的准确性，以下通过试验来验证。为了表征计算结果波形与实际波形的差异，引入平均峰值误差、平均最大相对误差及平方和误差指标。

平均峰值误差是积分位移时程 $y(t)$ 的正、负峰值分别相对于实测位移时程 $s(t)$ 正、负峰值的误差的平均值：

$$E_{\mathrm{rp}} = \frac{1}{2} \left\{ \frac{|\max[y(t)] - \max[s(t)]|}{\max[s(t)]} + \frac{|\min[y(t)] - \min[s(t)]|}{\min[s(t)]} \right\} \tag{7-64}$$

平均最大相对误差是相对误差时程 $[y(t) - s(t)]$ 的正、负峰值分别相对 $s(t)$ 正、负峰值的误差的平均值：

$$E_{rr} = \frac{1}{2}\left\{\frac{|\max[y(t)-s(t)]|}{\max[s(t)]} + \frac{|\min[y(t)-s(t)]|}{\min[s(t)]}\right\} \quad (7\text{-}65)$$

对比评价两个波形，不仅应注意其各自峰值差别，而且应考察其总体效应即波形代表的能量差别，可引入平方和误差来描述积分与实测动位移的能量误差：

$$E_{rsq} = \frac{\sum_{i=1}^{N}[y(i)]^2 - \sum_{i=1}^{N}[s(i)]^2}{\sum_{i=1}^{N}[s(i)]^2} \quad (7\text{-}66)$$

式中，$y(i)$、$s(i)$ 为 $y(t)$、$s(t)$ 时程的位移采样值；N 为采样点数。

7）实测数据计算结果对比。为了验证频域-时域混合积分法的有效性，在工程实验室的 mts 振动试验台上进行了试验。在 mts 的做动头上安装一个加速度传感器测量振动的加速度值，同时在试验台上安装一个位移传感器测量振动的位移。对位移传感器测量的动位移和加速度频域-时域混合积分法计算的动位移进行对比。

试验中实际测量的加速度信号如图 7-30 所示，通过加速度频域-时域混合积分法计算的动位移和位移传感器测量的动位移的结果如图 7-31 所示。图 7-31 中实线为传感器测量值，虚线为频域-时域混合积分动位移结果，可见两条曲线几乎完全重合，即采用方法的积分精度较高。

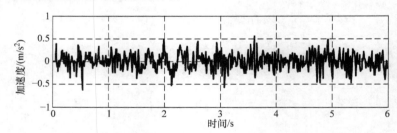

图 7-30 实测加速度信号（见彩插）

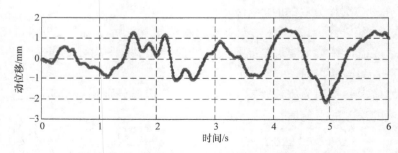

图 7-31 混合积分结果与位移传感器结果对比（见彩插）

通过提出的指标对加速度频域-时域混合积分法计算动位移的误差进行评价，具体结果见表 7-1。

表 7-1　加速度频域－时域混合积分法的位移误差

误差名称	平均峰值误差	平均最大相对误差	平方和误差
误差值（%）	3.52	1.15	2.54

从结果可以看出，加速度频域－时域混合积分法计算动位移有很高的精度，完全可以满足实际工程的需要。可见通过加速度信号精确计算动位移的频域－时域混合积分方法克服了时域积分法会产生累积误差和频域积分法具有低频截止频率敏感性的弊端。试验结果表明，频域－时域混合积分法是一种有效的由加速度信号精确测量动位移的方法。

7.2.2　基于基准传递的车载路面纵断面小波长检测方法

（1）基于基准传递的纵断面检测原理

由于在检测过程中车辆振动是客观存在的，所以采用惯性基准的纵断面检测方法必然存在较大的误差，为了减小误差则必须提高检测速度，但实际检测过程中检测车速受很多因素的影响，尤其是市政路况。为了解决采用惯性基准检测的不足，按照第3.5节提出的基于惯性基准传递的纵断面检测进行小步长的纵断面检测，具体采用如图7-32所示的检测系统。

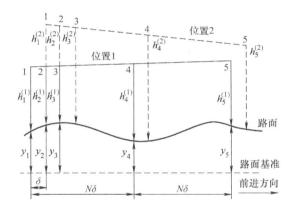

图 7-32　激光路面纵断面基准传递检测

把刚性检测梁安装到检测车上，保证刚性检测梁和路面之间有一定的距离，同时在刚性检测梁的 1、2、3、4、5 这 5 个位置上分别安装一个激光位移传感器。激光位移传感器 1、2 和 2、3 之间的间隔为 δ，激光位移传感器 1、4 和 4、5 之间的间隔距离为 $N\delta$。按照世界银行文件规定的纵断面一类检测标准，通常取 $\delta = 0.25\mathrm{m}$，同时考虑到检测过程中的安全性，取 $N=6$，则梁长为 $12\delta = 3\mathrm{m}$。

在检测过程中，当刚性检测梁沿检测方向移动时，检测梁上的 5 个激光位移传感器会同时测量路面相对高程值。假设 y_1、y_2、y_3、y_4、y_5 分别为路面上各点的高程；h_1、h_2、h_3、h_4、h_5 分别为刚性检测梁上各处的激光位移传感器到路面的距离。分析可知，通过激光位移传感器 1、4、5 能够测量的最大波长为 6δ。以下先分析通过激光位移传感器 1、4、5 来测量路面纵断面的方法：从图7-32中可以看出，在第一个位置时，激光位移传感器到路面的距离为 $h_1^{(1)}$、$h_4^{(1)}$、$h_5^{(1)}$，当刚性

检测梁向前移动 $N\delta$ 时，检测出的位移传感器到路面的距离为 $h_1^{(2)}$、$h_4^{(2)}$、$h_5^{(2)}$，其中上标的数字表示为刚性检测量向前移动的步长数。由几何关系可知，在位置1时有：

$$\frac{1}{2}(h_1^{(1)} + y_1^{(1)} + h_5^{(1)} + y_5^{(1)}) = h_4^{(1)} + y_4^{(1)} \qquad (7\text{-}67)$$

式（7-67）可变形为

$$y_5^{(1)} = 2y_4^{(1)} - y_1^{(1)} + U^{(1)} \qquad (7\text{-}68)$$

其中：

$$U^{(1)} = 2h_4^{(1)} - h_1^{(1)} - h_5^{(1)}$$

在位置2时，有：

$$\frac{1}{2}(h_1^{(2)} + y_1^{(2)} + h_5^{(2)} + y_5^{(2)}) = h_4^{(2)} + y_4^{(2)} \qquad (7\text{-}69)$$

同样可以变形为

$$y_5^{(2)} = 2y_4^{(2)} - y_1^{(2)} + U^{(2)} \qquad (7\text{-}70)$$

其中：

$$U^{(2)} = 2h_4^{(2)} - h_1^{(2)} - h_5^{(2)}$$

$U^{(1)}$ 和 $U^{(2)}$ 为路面特征参数，表示了刚性检测梁的倾斜和检测路面的坡度变化。当刚性检测梁依次向前移动 $N\delta$ 时，可以得到：

$$y_5^{(2)} = 2y_4^{(2)} - y_1^{(2)} + U^{(2)}$$
$$U^{(2)} = 2h_4^{(2)} - h_1^{(2)} - h_5^{(2)}$$
$$y_4^{(2)} = y_5^{(1)},\ y_1^{(2)} = y_4^{(1)}$$
$$\vdots$$
$$y_5^{(n)} = 2y_4^{(n)} - y_1^{(n)} + U^{(n)}$$
$$U^{(n)} = 2h_4^{(n)} - h_1^{(n)} - h_5^{(n)}$$
$$y_4^{(n)} = y_5^{(n-1)},\ y_1^{(n)} = y_4^{(n-1)} \qquad (7\text{-}71)$$

在式（7-71）中，下标对应传感器序号，上标对应刚性检测梁的位置。从式（7-71）可以看出，通过获得 $y_5^{(i)}$ 就获得了被检测路面的纵断面断面形状。

整理式（7-70）、式（7-71），可以得到：

$$y_5^{(n)} = (n+1)y_4^{(1)} - ny_1^{(1)} + \sum_{i=1}^{n}(n-i+1)U^{(i)} \qquad (7\text{-}72)$$

式中，$U^{(i)}$ 为检测梁在第 i 处的性特征参数。

当确定起始点后可以使 $y_4^{(1)} = y_1^{(1)} = 0$，此时式（7-72）可改写为

$$y_5^{(n)} = \sum_{i=1}^{n}(n-i+1)U^{(i)} \qquad (7\text{-}73)$$

如果用 Y 表示测量的波长，则波长的各点值可以表示为

$$Y^{(n)} = y_5^{(n)} \qquad (7\text{-}74)$$

以上是用激光位移传感器1、4、5来计算的最大波长为6δ的纵断面，同理可以采用激光位移传感器1、2、3来计算最大波长为δ纵断面。按照以上的分析方法，当检测梁沿检测方向移动一个δ时有：

$$y_3^{(2)} = 2y_2^{(2)} - y_1^{(2)} + U^{(2)}$$
$$U^{(2)} = 2h_2^{(2)} - h_1^{(2)} - h_3^{(2)}$$
$$y_2^{(2)} = y_3^{(1)}, \quad y_1^{(2)} = y_2^{(1)}$$
$$\vdots \qquad (7\text{-}75)$$
$$y_3^{(n)} = 2y_2^{(n)} - y_1^{(n)} + U^{(n)}$$
$$U^{(n)} = 2h_2^{(n)} - h_1^{(n)} - h_3^{(n)}$$
$$y_2^{(n)} = y_3^{(n-1)}, \quad y_1^{(n)} = y_3^{(n-1)}$$

$$y_3^{(n)} = (n+1)y_2^{(1)} - ny_1^{(1)} + \sum_{i=1}^{n}(n-i+1)U^{(i)} \qquad (7\text{-}76)$$

如果用y表示波长为δ的纵断面检测值，则有：

$$y^{(n)} = y_3^{(n)} \qquad (7\text{-}77)$$

由（7-76）式可以看出：路面纵断面的高程是一个递推公式，只要知道开始检测时的第一点和第二点的高程值，就可以计算任意点处的高程，即获得路面的纵断面；检测过程中，各点的高程总保持同一个基准；计算过程中的$h^{(n)}$只与传感器的检测精度有关，与检测速度无关；检测过程中，由于路面颠簸引起的刚性检测量的上下振动和倾斜不影响检测结果。

由以上分析可知，道路的纵断面形状可以表示为最大波长为δ和最大波长为6δ的检测断面的迭加，可以表示为

$$\bar{y}^{(n)} = Y^{(n/N)} + y^{(n)} + (Y^{(n/N-1)} - Y^{(n/N)}) \bmod (d/N) \qquad (7\text{-}78)$$

通过式（7-78）的遍历值就可以得到路面的纵断面曲线。采用此方法可以实现路面纵断面小波长的检测，其检测过程与速度无关。

（2）基准传递纵断面检测误差分析

通过以上分析可知，采用基准传递原理能够实现路面纵断面形状的检测。但以上提出的基于基准传递的路面纵断面检测方法是在一定的假定条件下才成立的。这些假定条件包括：检测梁必须是刚性的，是不能变形的；安装在检测梁上的5个激光位移传感器必须严格共面；检测过程中后一次的检测点必须与前一次的检测点完全重合等。由于在检测过程中检测车辆的振动以及环境等因素的影响都会引起检测梁变形，使检测过程中前后测量点不能完全重合。这些因素都会对检测系统产生影响，使检测结果出现误差。

这些误差主要包括由于温度改变引起的检测梁变形误差；由于路面纹理对激光位移传感器测量值的影响产生的误差；由于传感器的精度引起的系统误差；由于检测过程中前后两次激光位移传感器的测量点不能重合引起的误差。以下具体说明：

1）检测梁温度变化引起的变形误差。在实际的使用过程中，真正的刚性梁是不存在的，而且实际使用中检测梁通常是用金属材料制成的。这就决定了检测梁必然存在温度效应，而检测车通常的检测环境在 $-10 \sim 40℃$ 之间，由于金属的热胀冷缩必然引起检测梁的伸长或缩短，这种检测梁的形变必然会引起检测点的不重合，最终使纵断面检测结果出现误差。

2）路面纹理引起的检测误差。为了增加道路路面的抗滑性能，在路面的建造过程中要保证路面具有一定的纹理。在路面纵断面检测中采用激光位移传感器来感知检测梁到路面的距离，由于路面纹理的存在，就会造成激光位移传感器测量的高程出现误差。这种误差的大小和路面的纹理深度以及纹理分布密切相关。通常路面的纹理深度在 $0.3 \sim 2mm$ 之间，所以该误差对纵断面检测的影响较大。为了减小该误差，常采用的方法有：在检测过程中减小采样间隔，然后对检测得到的高密度采样数据进行平均处理来减小误差；也可以通过增大激光位移传感器的光斑面积，然后对 CCD 上的象元采用重心算法来减小路面纹理引起的误差。

3）传感器精度引起的系统误差。由于任何传感器都具有一定的精度，为了获得良好的测量结果，必然要求传感器具有相当好的精度。但是，随着传感器精度的增加，传感器的成本也将显著增加，因此在传感器的选择中要综合考虑这两种因素。

4）采样点不重合引起的模型误差。从式（7-70）和式（7-71）中可以看出，基准传递检测的原理能实现路面纵断面检测的前提是检测过程中后一个步长必须与前一个完全重合。而采样间隔的限制和检测车的状态尤其是转弯的影响会引起检测点的不重合。此时各个激光位移传感器测量的不再是检测梁到路面各点的距离值，而是该距离值和误差的叠加。

$$y_5^{(n)} = (n+1)y_4^{(1)} - ny_1^{(1)} + \sum_{i=1}^{n}(n-i+1)U^{(i)} + \sum_{i=1}^{n}(n-i+1)\varepsilon^{(i)}$$

(7-79)

从式（7-79）可以看出，路面各点纵断面的计算是一个不断叠加的过程。一个很小的误差，经过不断叠加必然会产生很大的误差，有时甚至会超过纵断面本身，因此基准传递的纵断面检测的关键在于叠加算法的优化以及如何保证采样点的重合。通过试验可知，在检测过程中采用大密度采样，然后按采样间隔平均，并且迭代距离不超过 100m 时，基于基准传递的纵断面检测的误差是很小的，纵断面的检测精度完全满足工程检测的需要。

7.2.3 车载路面纵断面大波长检测方法

由于加速度传感器本身存在一定的测量误差，因此在对加速度信号进行两次积分后就必然存在比较大的趋势项，为了提高积分的精度只能使用曲线拟合的方法来去除这个趋势项。这样必然造成采用纵断面小波长算法无法得到较长道路的整体坡度起伏。针对这一问题,本节主要阐述如何测量路面的大波形整体起伏的数据。

对于较长路段的大波形起伏的测量,传统上一般使用精密水准仪来测量,但其测量过程需要几个人合作才能完成。由于加进去了各种人为因素使得测量的误差不容易控制,同时这种测量效率低下,劳动强度大,不能实现路面大波长的快速检测。可采用基于惯性原理,通过姿态测量系统、GPS 以及光电旋转编码器的里程数据来计算道路路面的大波形起伏数据。

按照第 3.3 节中的 GPS 高程与姿态以高程数据融合实现纵断面大步长的检测。由第 3 章的分析可知,采用 GPS 测量大波长高程数据或采用姿态仪测量大波长高程都有一定的优点和不足,具体表现在:通过 GPS 测量高程数据,只存在单点测量误差,不存在累积误差,而且测量误差是固定的,但是 GPS 采样速率低,通常只有 20Hz;当在林荫或市区(存在树木、建筑物等的遮挡)以及在某些特殊的气象环境下,GPS 的信号不好,或者不可用。通过姿态仪测量纵断面大波长高程的主要优点是采样速率高,并且整个检测过程中全路段都有数据;缺点也是非常明显的,由于通过姿态仪测量高程时是通过里程和检测车俯仰角度的叠加来实现的,所以计算环节中有累加运算,因此存在累积误差。

由于这两类方法测量纵断面大波长高程数据时各有优势,因此采用这两种数据的融合,在 GPS 信号好时采用 GPS 测量纵断面高程,在信号不好时采用姿态仪测量纵断面高程。通过这种数据融合方法能够充分发挥各自方法的优点,弥补其缺点,从而尽量提高道路路面纵断面大波长形状检测的精度。

根据 GPS 高程和姿态仪高程数据的特点,采用如下的方法对其进行融合:

1)当 GPS 数据有效时,采用卡尔曼滤波的方法来融合两种传感器的信号,从而通过计算获得路面的大波长高程。

2)当 GPS 数据无效时,找到之前 GPS 数据有效时的最末点,并从该点开始通过姿态仪的数据来计算路面大波长高程。

3)当 GPS 数据从无效恢复到有效时,将姿态仪计算的路面大波长高程数据利用直线拟和方法连接到 GPS 数据有效的起始点,再根据第 1)步的方法进行计算。

在上述的数据融合方法中,当 GPS 数据有效时,需要使用卡尔曼滤波的方法来融合两种传感器的信号从而计算出路面的高程。

通过以上三步就完成了 GPS 高程数据和姿态仪数据的融合处理,实现路面纵断面大波长的较精确测量。

利用数据融合的方法,对一段道路进行检测并计算路面的纵断面高程,结果如图 7-33 所示,图中细线为 GPS 与姿态仪融合后的路面纵断面大波长形状,粗线为 GPS 信号无效时仅靠姿态仪积分计算得到的路面大波长形状。

从以上试验结果可以看出,利用 GPS 高程数据和姿态仪高程的数据融合方法能够比较精确地得到路面纵断面大波长形状的数据。

当在纵断面大波长检测过程中出现卫星丢失或者锁星失败时,此时 GPS 信号

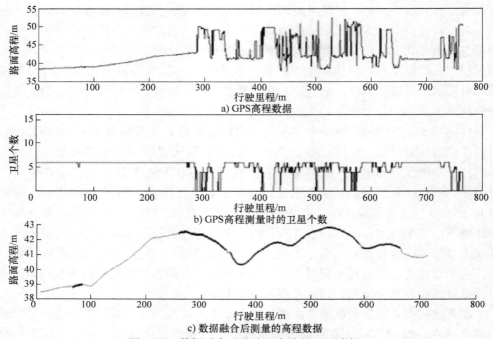

图 7-33 数据融合后的路面大波长（见彩插）

本身的误差会非常大，如果继续使用 GPS 信号进行大波长计算就会给融合测量系统带入较大的误差。这时应该优先使用姿态仪信号数据进行纵断面大波长的计算。同时由于在使用姿态仪连续积分计算纵断面大波长时，里程越长，系统的综合误差就越大，因此单独使用姿态仪连续积分计算路面纵断面大波长形状时不能计算太长的里程。

7.3 路面横断面检测技术研究

按照第 4 章提出的方法可以实现路面横断面的检测，例如，通过多点准直激光进行路面横断面检测，采用对称式多点激光进行路面横断面，还可以采用基于线激光的路面横断面检测方法或基于对称式线激光的路面横断面检测方法。具体的检测方法在第 4 章中已经说明，本节不再叙述。

路面三维重建是以路面的横断面和纵断面为基础，按照重构原理，重构出三维路面。

7.4 三维数字路面重建理论及实现方法

7.4.1 基于车载检测信息的三维重建思路

按照第 7.1 节图 7-1 所示的路面坐标系可知，x 轴包含路面的横断面信息，其值由检测车的检测间距和路面的地理路形共同决定；y 轴包含路面的高程信息，其值由检测车激光位移传感器测量值和 GPS 测量值共同来决定的；z 轴包含路面的纵断面信息，其值由测量得到的纵断面值和检测路面长度共同来决定。

通过分析可知，实际路面能够表示为一个连续的三维函数，但由于传感器本身的限制，不能得到路面的连续函数，只能够得到一些离散的点阵。将测量得到的点阵通过 OpenGL 将其绘制到三维模型中，这样就形成了离散的三维路面。对得到的三维离散点经过插值、拟合等方法，就能够重构出具有实体路面信息的三维路面。

在路面的三维重构中，为了得到接近真实道路路面的重构结果，不但要采用检测车检测得到纵断面和横断面信息，同时还要加进去 GPS 的经度和纬度信息，以下具体说明：

在路面重构过程中若只考虑检测车的检测间距，重构出来的道路将会非常平直，如图 7-34a 所示，因为这个间距是一个固定值。如果加进去了 GPS 的经度和纬度信息，就可以通过经纬度坐标计算出平面坐标，从而得到路面的轨迹，把得到的路面轨迹叠加进去就可以得到如图 7-34b 所示的更接近真实的路面重构结果。

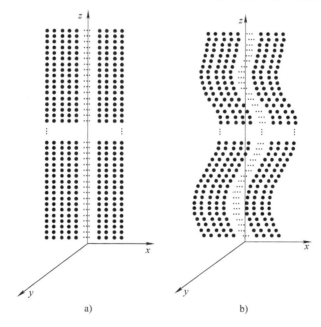

图 7-34　包含和不包含轨迹的路面重构结果对比示意图

因为检测车测量得到的横断面是校准后的断面，所以失去了路面的地理高程信息，为了得到真实的重构结果，在重构过程中至少要加进去两个纵断面的信息。

从图 7-35 中可以看出，只有在所有重构路面中的横断面中叠加进去至少两条纵断面才能在重构出的路面中反映出坡度等信息，才能更接近真实的道路路面。

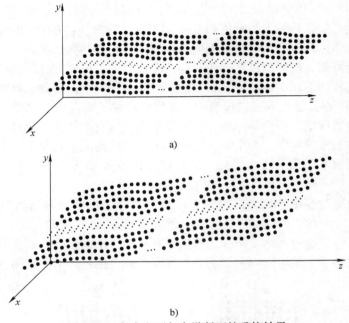

图 7-35 包含和不包含纵断面的重构结果

重构出的路面只包含了路面的凹凸形状和地理路形，为了满足较多工程的需要，要求重构结果中还应该包含路面的纹理信息，这样才能反映路面的细节。当重构结果为路面管理使用时，还应该包含相应路面处的一些参数，如平整度以及车辙等信息。纹理信息通过把拍摄的道路路面的图片映射到重构出来的路面上来实现，包括经度、纬度、平整度、车辙以及检测车速等附加信息，可以通过 SQL 查询语句访问 Access 数据库来获得并显示在指定位置上。

7.4.2　基于 Catmull – Rom 插值的三维重建

由前面的分析可知，在以所采集的离散数据为基础的道路路面的三维重建中，路面信息应该包括路面的经度、纬度和高程信息，因此路面可以采用经度线和纬度线构成的规格化网格体来表示。

具体的做法为：将需要重构的道路路面的区域分成足够多的网格，然后从数据库中读出每个网格处测量到的高程信息，按照网格的高程信息，通过计算得到网格体的顶点在三维坐标系中的位置，最后由这些在三维坐标系统中已知坐标的顶点描绘多边形，这样就能够重构出路面的三维实体。由于检测车在道路路面信息的采集过程中受实际情况和采集步长的限制，采用以上方法直接重建出的路面实体有很强的顿挫感，甚至在有些情况下会失真。为了解决这个问题，通常先对采集的离散数据进行插值处理，使其更接近连续的路面起伏，然后对插值后的数据进行曲面拟合。通过这样的方式能够使重建出的路面更接近真实路面。

插值算法有很多种,综合实际的插值效果、算法的复杂性、运算的速度,本节选择在工程中广泛适用的 Catmull – Rom 插值算法。

图 7-36 所示为 Catmull – Rom 样条曲线的示意图,其中 P_0、P_1、P_2 和 P_3 是控制点,Q 点为插值点。在具体的插值过程中,控制点就是检测车采集的离散数据,为了能够得到光滑的高程曲线,就要通过算法来计算插值点。算法的准则为样条曲线要通过所有的控制点,并最大限度地确保曲线不失真。

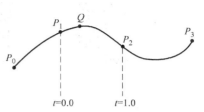

图 7-36 Catmull – Rom 样条曲线

按照插值准则定义一个时间 t,$t \in [0.0, 1.0]$。当 $t = 0.0$ 时,即为 P_1 点;当 $t = 1.0$ 时,即为 P_2 点。当 t 在 $[0.0, 1.0]$ 间变化时,所描绘的曲线方程 $Q(t)$ 为

$$Q(t) = 0.5 \times \begin{bmatrix} 1 & t & t^2 & t^3 \end{bmatrix} \begin{bmatrix} 0 & 2 & 0 & 0 \\ -1 & 0 & 1 & 0 \\ 2 & -5 & 4 & -1 \\ -1 & 3 & -3 & 1 \end{bmatrix} \begin{bmatrix} P_0 \\ P_1 \\ P_2 \\ P_3 \end{bmatrix} \tag{7-80}$$

Catmull – Rom 其实就是一种三次的分段插值样条,在路面三维的重建过程中,空间中的点越密集,重构出的曲线或曲面就越光滑,因此在检测车采集的离散点之间通过插值得到新的点,这样就可以使道路路面重建结果更光滑。但如果插值点太多,就会使计算量迅速增大,综合考虑,采用 3 × 3 的划分网格,并在此网格中使用,其插值原理如图 7-37 所示。具体的实现方法为:

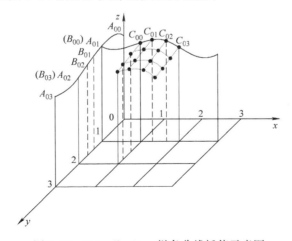

图 7-37 Catmull – Rom 样条曲线插值示意图

首先,在 $x = 0$ 平面上,取 A_{00}、A_{01}、A_{02}、A_{03} 4 个点,并且将这 4 个点代入式(7-80)中,t 取 $[0.0, 1.0]$ 区间的数。考虑到实际的使用情况,插值过程选择 4

阶插值,那么插值的每阶间隔为 0.25。当 $t=0$ 时,能够知道 $B_{00}=A_{01}$,当 $t=0.25$ 时可以计算出 B_{01},通过同样的方式可以计算出 B_{02} 和 B_{03}。

依此类推,在 $x=1$ 平面上,求出 B_{10}、B_{11}、B_{12}、B_{13};在 $x=2$ 平面上,求出 B_{20}、B_{21}、B_{22}、B_{23};在 $x=3$ 平面上,求出 B_{30}、B_{31}、B_{32}、B_{33}。

第二步,取 B_{00}、B_{10}、B_{20}、B_{30} 4 个点,同样采用 4 阶插值,求出 C_{00}、C_{01}、C_{02}、C_{03};取 $\{B_{01}, B_{11}, B_{21}, B_{31}\}$、$\{B_{02}, B_{12}, B_{22}, B_{32}\}$、$\{B_{03}, B_{13}, B_{23}, B_{33}\}$ 这 3 组点,通过插值计算就可以获得所有的插值点 $\{C_{10}, C_{11}, C_{12}, C_{13}\}$、$\{C_{20}, C_{21}, C_{22}, C_{23}\}$、$\{C_{30}, C_{31}, C_{32}, C_{33}\}$。具体实现步骤及方法如图 7-38 所示。

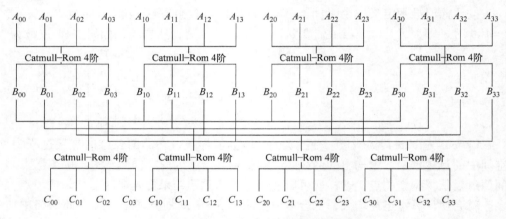

图 7-38 Catmull–Rom 样条曲线插值过程

通过对检测车检测的离散数据进行 Catmull–Rom 插值处理,能够使用于路面三维重建的数据点更加密集,可以使重构出的路面更加光滑,这样就能够使重建出的路面与实体路面更加接近。

7.4.3 基于非均匀有理 B 样条曲面拟合的三维重建

在进行插值算法处理后的检测车的检测数据已经能够重构出路面的三维实体,但是由于采集的数据必然有个别坏点,这就导致重建出的三维路面在局部有可能会出现失真的情况。为了解决这个问题,同时也为能很好地把检测车所拍摄的路面照片映射到重建的三维实体路面上,还需要对插值数据进行曲面拟合处理,可以采用非均匀有理 B 样条曲面拟合算法。

非均匀有理 B 样条曲线或曲面也叫作 NURBS 曲线或曲面,由于它具有良好的联系性、光滑性、视不变性和局部控制等优良特性,有利于曲面的自由重建,所以采用此方法来进行路面的三维重建。

(1) 非均匀有理 B 样条曲线和曲面的定义

非均匀有理 B 样条曲线定义为

$$C(u) = \frac{\sum_{i=0}^{m} w_i P_i N_{i,p}(u)}{\sum_{i=0}^{m} w_i N_{i,p}(u)} \tag{7-81}$$

式中，w_i 为权因子；P_i 为控制点；$N_{i,p}(u)$ 为非均匀 B 样条的基函数。

其中，权因子 w_i 决定控制点 P_i 对曲线的影响，基函数 $N_{i,p}(u)$ 由节点矢量 $\boldsymbol{U}=\{u_0\ u_1\cdots u_{m+p+l}\}$ 通过以下递归形式来实现。

$$N_{i,p}(u) = \frac{u-u_i}{u_{i+p}-u_i} N_{i,p-1}(u) + \frac{u_{i+p+1}-u}{u_{i+p+1}-u_{i+1}} N_{i+1,p-1}(u) \tag{7-82}$$

$$N_{i,0}(u) = \begin{cases} 1 & u_i \leqslant u \leqslant u_{i+1} \\ 0 & \text{其他} \end{cases} \tag{7-83}$$

非均匀有理 B 样条曲面可以定义为一个张量的形式

$$S(u,v) = \frac{\sum_{i=0}^{m}\sum_{j=0}^{n} w_{i,j} P_{i,j} N_{i,p}(u) N_{j,q}(v)}{\sum_{i=0}^{m}\sum_{j=0}^{n} w_{i,j} N_{i,p}(u) N_{j,q}(v)} \tag{7-84}$$

式中，$w_{i,j}$ 为与 $P_{i,j}$ 相联系的权因子；$P_{i,j}(i=0,1,\cdots,m;j=0,1,\cdots,n)$ 为控制点；$N_{i,p}(u)$ 和 $N_{j,q}(v)$ 分别为参数 u 和 v 非均匀 B 样条的基函数，它由样条节点矢量 $\boldsymbol{U}=\{0,0,\cdots,0,u_{p+1},\cdots,u_m,1,1,\cdots,1\}$ 和 $\boldsymbol{V}=\{0,0,\cdots,0,v_{p+1},\cdots v_n,1,1,\cdots,1\}$ 决定；p 和 q 分别为参数 u 和 v 的次数。

(2) 非均匀有理 B 样条曲线和曲面插值

一个非均匀有理 B 样条曲线要插补 $m+1$ 个数据 Q_k，就有 $m+1$ 个独立的条件。如果对每个数据点指定一个参数值 u_k，并且选择一个节点向量 $\boldsymbol{U}$ 和一个权因子向量，非均匀 B 样条的插值就可以表示为

$$Q_k = C(u_k) = \sum_{i=0}^{m} P_i R_{i,p}(u_k)\ k=0,\cdots,m \tag{7-85}$$

写成矩阵的形式为

$$\begin{bmatrix} R_{0,p}(u_0) & \cdots & R_{m,p}(u_0) \\ R_{0,p}(u_1) & \cdots & R_{m,p}(u_1) \\ \vdots & \vdots & \vdots \\ R_{0,p}(u_m) & \cdots & R_{m,p}(u_m) \end{bmatrix} \begin{bmatrix} P_0 \\ P_1 \\ \vdots \\ P_m \end{bmatrix} = \begin{bmatrix} Q_0 \\ Q_1 \\ \vdots \\ Q_m \end{bmatrix} \tag{7-86}$$

其中函数 $R_{i,p}(u)$ 定义为

$$R_{i,p}(u) = \frac{w_i N_{i,p}(u)}{i=\sum_{i=0}^{m} w_i N_{i,p}(u)} \tag{7-87}$$

有很多方法可以得到参数 u_i，以下介绍通常采用的三种参数化方法。

同一方法：
$$u_0 = 0, u_m = 1, u_k = \frac{k}{m} \quad k = 1, \cdots, m-1 \tag{7-88}$$

弦长法：
$$u_0 = 0, u_m = 1, u_i = u_{i-1} + \frac{|Q_i - Q_{i-1}|}{\sum_{j=0}^{m} |Q_j - Q_{j-1}|} \tag{7-89}$$

向心法：
$$u_0 = 0, u_m = 1, u_i = u_{i-1} + \frac{|Q_i - Q_{i-1}|^{\frac{1}{2}}}{\sum_{j=0}^{m} |Q_j - Q_{j-1}|^{\frac{1}{2}}} \tag{7-90}$$

在弦长法和向心法中，节点向量 U 被定义为
$$U = \{0, 0, \cdots, 0, u_{p+1}, \cdots, u_m, 1, 1, \cdots, 1\}$$

其中：
$$u_{j+p} = \frac{1}{p} \sum_{i=j}^{j+p-1} u_i \quad j = 1, \cdots, m-p \tag{7-91}$$

使用式 (7-85) ~ 式 (7-91)，控制点 p_i 可以很容易由数据点 Q_k 计算。

当为每个参数 u 和 v 选择一个节点向量，那么 $(m+1) \times (n+1)$ 个数据点 $Q_{k,l}$ ($k = 0, \cdots, m; l = 0, \cdots, n$) 表示的曲面插值可以采用两次非均匀 B 样条插值来完成。曲线插值对每个固定的数据点 v_l 去计算一组插值控制点 c_j；曲面插值需要获得一组曲面插值的控制点 $P_{i,j}$，然后对每一个固定的 u_k 进行插值，这些 u_k 也可以当作一列数据点进行插值，这些数据点可以表示为

$$Q_{k,l} = \sum_{i=0}^{m} \sum_{j=0}^{n} P_{i,j} R_{i,p}(u_k) R_{j,q}(v_l) = \sum_{j=0}^{n} \left[\sum_{i=0}^{m} R_{i,p} R_{j,p}(u_k) \right] R_{j,q}(v_l)$$
$$= \sum_{j=0}^{n} C_j(u_k) R_{j,q}(v_l)$$

(3) 非均匀有理 B 样条曲面拟合

对采样值进行插值后的数据点拟合构造曲面，需要先对数据点进行参数化处理，即对每一个数据点 $Q_{i,j}$ 给定一组参数值，也就是确定矢量 U 和 V。数据点参数化对曲面的光滑性有重要的作用，它要求能够反映数据点的分布情况和待构造曲面的性质。

对数据点 $Q_{i,j}$，把 i 行方向设为参数 u 方向，把 j 行方向设为参数 v 方向，设数据点 $Q_{i,j}$ 的规范参数化为 $u_{i,j}$，采用前文介绍的向心参数化方法，可以得到非均匀有理 B 样条曲面的节点矢量 U 和 V。

根据数据点 $Q_{i,j}$ ($i = 0, 1, \cdots, m-p+1; j = 0, 1, \cdots, m-q+1$) 拟合 $p \times q$ 次非均匀 B 样条曲面，需要求解未知的曲面控制点，计算量比较大。为了简化计算，本节将

非均匀 B 样条曲面的反算转化为两个阶段的非均匀 B 样曲线的反算,具体算法如下:

1) 设置非均匀 B 样曲面的次数 p 和 q,设定权因子 $w_{i,j}=1$。

2) 采用前文介绍的参数化方法,分别在 u 和 v 参数方向上计算节点矢量 U 和 V。

3) 在节点矢量 U 上由数据点 $Q_{i,j}$ 进行非均匀 B 样条曲线反算法构造出各截面曲线,并计算出截面曲线的控制点 $P_{i,j}(i=0,1,\cdots,m;j=0,1,\cdots n-q+1)$。

4) 在节点矢量 V 上,由截面数据点 $Q_{i,j}$ 采用非均匀 B 样条反算法求出曲面的控制点 $P_{i,j}(i=0,1,\cdots,m;j=0,1,\cdots n)$。

5) 给定权因子 $w_{i,j}$,当然也可以对曲面进行局部修正,重新计算权因子。

6) 根据计算得到的控制点 $P_{i,j}$、权因子 $w_{i,j}$、节点矢量 U 和 V 以及曲面的次数 p 和 q 就可以构造出路面三维实体形状。

(4) 重建算法验证

为了验证算法的有效性,通过对图 7-39 所示的离散点值采用非均匀 B 样条曲面拟合的方法进行重建。具体算法采用上文介绍的方法,其重建的结果如图 7-40 所示。

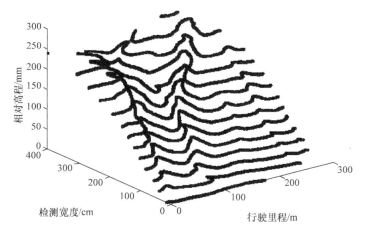

图 7-39 检测的离散点图(见彩插)

7.4.4 路面重建结果显示

通过前文介绍的插值和曲面拟合算法,在理论上和实际的算法编程中已经实现了由检测车检测的离散数据重建出路面的三维实体。为了能够更好地表示算法结果、更加形象地显示重建结果,并以此结果为不同的工程应用服务,可采用强大的 3D 图形化引擎来完成路面重构结果的显示。

(1) OpenGL 简介

OpenGL 是在 SGI 等多家公司的倡导下开发的一款性能优越的专业化 3D 应用

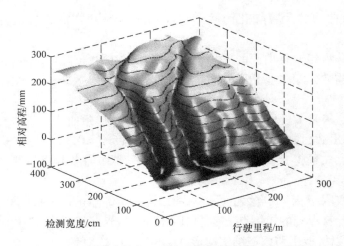

图 7-40　采用非均匀 B 样条曲面重建结果（见彩插）

程序接口（API），是在 SGI 公司的 GL 三维图形库基础上开发的一个通用的、开放式的三维图形标准。按照 OpenGL 规则开发的应用程序能够在不同的硬件上运行，具有较强的移植性。由于它的良好性能，现已成为标准图形软件的接口。

因为 OpenGL 是一个 API 接口，所以对程序员来说，它是指令和函数的集合。但是 OpenGL 只提供了最基本的图形操作函数，没有提供对较复杂形体图形操作的函数，因此对使用者而言，必须从点、线、面等最简单的单元来构建所需的三维模型。

由于 OpenGL 独立于微软操作系统的 API，所以能够很灵活地使用而不只局限于 Windows 操作系统，同时由于其在图形领域中强大的绘图性能和较好的可靠性，已经广泛应用到了涉及图形建模和模拟仿真等各个领域。

通常，OpenGL 工作流程如图 7-41 所示，由于 OpenGL 的库函数全部被封装在动态链接库 Opengl32.dll 中，工作流程为：当应用程序发出 OpenGL 指令后，OpenGL 函数立即调用动态链接库 Opengl32.dll 进行相应处理，进行完传递服务内核处理后又交还由操作系统处理，操作系统根据具体的硬件，通常交于显卡处理，显卡则调用特定的服务驱动程序或公共驱动程序，最后交于视频显示驱动，从而使显示设备显示图形。

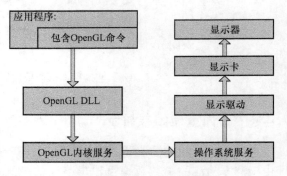

图 7-41　OpenGL 工作流程

OpenGL 具体的工作方式是将三维的物体投影到一个二维平面上，然后处理投影获得的像素并进行相应的显示。具体方法为将三维实体转换为可以描述物体几何性质的顶点（Vertex）和描述图像的像素（Pixel），通过相应的操作后将这些数据转化成像素数据，图像绘制过程如图7-42所示。

OpenGL虽然对图像提供了强大的支持，但用其开发路面三维重建系统则是一个相当复杂的过程；而Visual C++提供的完善的基础类库MFC和应用程序向导App Wizard开发一个复杂的应用程序则相对比较简单。考虑到这两点，本节将二者结合起来，开发路面三维重建系统。以下简要说明在MFC下进行OpenGL开发的大体流程。

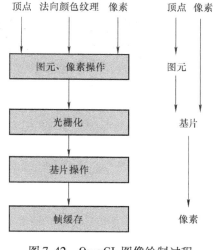

图7-42 OpenGL图像绘制过程

1）启动VC++软件，建立一个工程。

2）在工程中加入OpenGL32.lib、glu32.lib、glaux.lib等库。

3）在工程的View类中映射以下消息函数：PreCreateWindow，OnCreat，OnDestroy，OnSize，OnDraw。

4）在OnCreat()函数中设置设备上下文、像素结构和格式。

5）在PreCreateWindow()函数中修改参数CREATESTRUCT结构来修改建立窗口的一些特征。

6）在OnSize()函数中设置窗口位置、大小、颜色以及绘图的尺寸和显示的投影变换方式。

7）在OnDraw()函数中主要绘制场景、三维物体，以及设置材质、光照。

8）在OnDestroy()函数中释放或者删除设备上下文。

(2) 网格显示方式

路面三维重建结果显示中，最直接也是最简单的一种显示方式应该是网格显示方式。一个典型的网格如图7-43所示，它是一个共享部分顶点和边的多边形集合，一般典型网格包含的顶点个数没有限制。

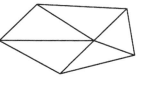

图7-43 典型网格示意图

可见一个典型的网格的存储和显示要求有一个相当复杂的数据结构，考虑到其结构的复杂性和实际的使用情况，本节采用三角形网格来显示重构结果。按照建立的路面坐标系，用(x, z)表示路面上点的位置，用y表示每个位置点的高度，采用三角形网格在OpenGL编程中只需在相邻两行数据点上形成三角形，在OpenGL中采用以下代码来实现：

```
for (u=1;u<=INTER_DIVS_REAL;u++)
{
```

```
Py = ((float)u)/((float)INTER_DIVS_REAL);
    pyold = ((float)u – 1.0f)/((float)INTER_DIVS_REAL);
    glBegin(GL_TRIANGLE_STRIP);
        for(v = 0;v < = INTER_DIVS_REAL;v + + )
        {
    px = ((float)v)/((float)INTER_DIVS_REAL);glVertex3d(last[v].x,last[v].y,last[v].z);
        last[v] = Bernstein(px,temp);
        glVertex3d(last[v].x,last[v].y,last[v].z);
        }
    glEnd();
}
```

(3) 平滑显示方式

路面重建结果如果只用网格显示，那么当数据点比较密集时，三维路面的显示图中就会有非常多的小三角形，显示处理的图像线条就会很密集，给人很不好的观察感觉。为了解决这个问题，采用第二种显示方式即平滑显示方式。

在 OpenGL 中，具体的方法为利用已知的 3 个点，通过构造三角形面来绘制曲面。其核心代码如下：

```
glBegin (GL_TRIANGLES);
    glVertex3d (point1.x, point1.y, point1.z);
    glVertex3d (point2.x, point2.y, point2.z);
    glVertex3d (point3.x, point3.y, point3.z);
glEnd ();
```

(4) 彩色显示方式

在路面三维重建结果显示中，采用网格显示和平滑显示，基本上能够较好地观察重建结果，但是对路面的起伏和凹凸的信息不能很好地观察。为了解决这个问题，提出了采用彩色显示的方式来表示路面重建结果。彩色显示就是用不同的颜色来区分不同的路面高程，具体思路为：把高程值和显示颜色对应起来，高程和显示颜色的对照见表 7-2，显示过程中对每个高程点查找相应的颜色值，并对其着色。

表 7-2 色表

红	0	0	0→255	255
绿	0→255	255	255	255→0
蓝	255	255→0	0	0
组合色	蓝→红			
高程	低→高			

具体实现方法为：对显示的高程数据进行统计，计算出最高高程、最低高程和高程差，然后将高程差分成若干等分，把整个色表颜色的变化也分成若干等份，按照高程和颜色的对照表来显示数据点。

7.4.5 路面纹理映射

（1）纹理映射技术

纹理映射能够在不改变所建实体表面几何特性的条件下，有效地模拟和增强实体表面的细节特征，能够增强实体的真实感或合成某种特定的效果，并且在改变实体几何特性时，实体上映射的纹理也随之变化。纹理映射就是数学上的映射关系，可以描述为在给定的空间曲面 $F \in R^3$ 和二维域 $D \in R^2$ 中，对于 F 中任何一点 (x,y,z)，通过纹理映射 ϕ 能够得到其在二维域中对应的 (μ,u)，可以表示为

$$(x,y,z) \in F \rightarrow \phi(x,y,z) = \begin{bmatrix} \phi_\mu(x,y,z) \\ \phi_u(x,y,z) \end{bmatrix} = \begin{bmatrix} \mu \\ u \end{bmatrix} \quad (7\text{-}92)$$

映射函数 ϕ 是一一对应的，通过映射的逆函数可以把二维域 D 上的点 (μ,u) 和三维曲面 F 上的点 (x,y,z) 对应起来，可以表示为

$$(\mu,u) \in D \rightarrow x(\mu,u) = \phi^{-1}(\mu,u) = \begin{bmatrix} x(\mu,u) \\ y(\mu,u) \\ z(\mu,u) \end{bmatrix} \quad (7\text{-}93)$$

由以上分析可知，如果知道曲面的参数信息，就可以将参数空间的纹理图像直接映射到实体表面上。

（2）路面纹理映射的实现

在给重建实体上映射路面纹理时，路面的纹理是检测车所拍摄的道路表面照片。通过读取路面图片，把照片以数组的形式存放到内存中，然后就可以在OpenGL中实现图像到所建实体的映射。具体操作过程如下：

1）定义纹理。在路面纹理映射的过程中，纹理是以二维的图片形式给出的，故使用 OpenGL 中的二维纹理定义函数 glTexImage2D（），这个函数的原型为：

void glTexImage2D（GLenumtarget，GLint level，GLint components，GLsizei width，GLsizei height，GLint border，GLenum format，GLenum type，const GLvoid * pixels）。

在路面映射过程中，路面纹理可以定义为：

glTexImage2D（GL_TEXTURE_2D，0，1，m_TreeTexwidth，m_TreeTexheight，0，GL_LUMINANCE，GL_UNSIGNED_BYTE，myimage）。

以上定义中 target 为 GL_TEXTURE_2，表示二维纹理，m_TreeTexwidth、m_TreeTexheight 分别表示定义的纹理长度和宽度，GL_LUMINANCE 表示纹理为灰度

图，myimage 为包含纹理数据的数组。

2）控制纹理。在映射过程中，从内存中读入的路面纹理的像素通常比需要着色的三维实体的像素要大，为了路面纹理映射的顺利进行，就需要对纹理进行控制。本节采用线性过滤方式对纹理的放大和缩小采用最近点采样方式。在 OpenGL 中用到的函数原型为：

glTexParameteri（GL_TEXTURE_2D，GL_TEXTURE_MIN_FILTER，GL_LINEAR）；

glTexParameteri（GL_TEXTURE_2D，GL_TEXTURE_MAG_FILTER，GL_LINEAR）；

3）定义纹理坐标。因为纹理坐标的值直接影响纹理映射的效果，所以纹理坐标的定义对纹理映射的效果有很大的影响。在 OpenGL 中，用函数 glTexCoord（）定义纹理坐标，它的取值为 0~1。在纹理映射过程中，当坐标值超出这个范围时，OpenGL 的处理方式有两种，第一种是 wrap = GL_CLAMP，采用此属性在纹理坐标到达图像边界时，会在边界处停止；第二种是 wrap = GL_REPEAT，采用此属性纹理坐标会绕转到图像的另一边并用 glTexParameteri（）函数重复定位纹理。这个函数的原型为：

glTexParameteri（GL_TEXTURE_2D，GLTEXTURE_WRAP_S，GL_REPEAT）；

glTexParameteri（GL_TEXTURE_2D，GLTEXTURE_WRAP_T，GL_REPEAT）。

4）绑定纹理对象。在 OpenGL 中使用 glBindTexture（）函数绑定纹理对象，然后用纹理来渲染实体。

5）指定合适的纹理坐标。当纹理对象绑定之后，给实体的网格顶点指定纹理坐标，这样就确定了重建实体上纹理的分布位置。在 OpenGL 中会根据顶点坐标对纹理平面内部进行分割，将所建实体上的每个点与纹理上的每个点一一对应起来。具体通过的指定纹理坐标的过程由函数 glTexCoord2f（GLfloat s，GLfloat t）来实现。这个函数的第一个参数表示纹理的 x 坐标，0.0f 是纹理的左侧，0.5f 是纹理的中点，1.0f 是纹理的右侧。第二个参数表示纹理的 y 坐标，0.0f 是纹理的底部，0.5f 是纹理的中点，1.0f 是纹理的顶部。

通过以上 5 个步骤，就可以把检测车采集到的路面图片成功映射到重建的路面三维实体上，从而实现道路路面的三维重建。

7.4.6 三维数字路面重建结果

（1）路面三维形状与路面信息数据库的关联

在重建的路面三维实体中不仅要显示实体的形状，同时也要显示相应位置的信息值，这些信息值采用文本显示，用 Access 关系数据库进行管理。数据库的属性见表 7-3。

表 7-3　路面属性数据

采样	里程	车辙	平整度	经度	纬度	破损	高程 1	…	高程 23
1	0	1.49	2	108.95338	34.23437	1.2	26.49600	…	−10.48062

对 Access 数据库编程，把重建出来的三维实体路面和路面属性数据库中的属性连接起来。当鼠标点到相应位置时，软件就会发送查询消息来查询数据库，并把查询结果以文本形式显示到界面上。

（2）路面三维重建结果

采用以上理论和方法对路面进行三维重建，并采用自行开发的软件进行测试，通过提出的方法实现三维路面的重构过程及结果如图 7-44～图 7-50 所示。

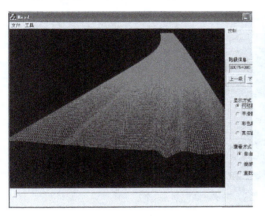

图 7-44　路面三维网格重建结果

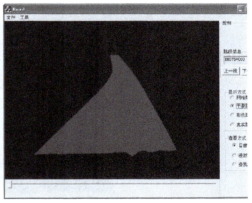

图 7-45　路面三维光滑重建结果

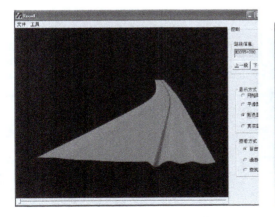

图 7-46　路面三维坑洼分布结果

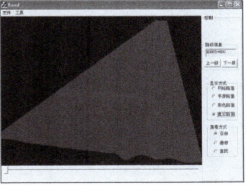

图 7-47　路面映射纹理结果

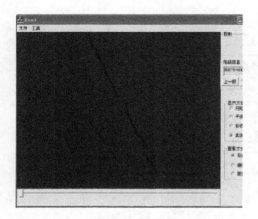

图 7-48 路面纹理局部放大

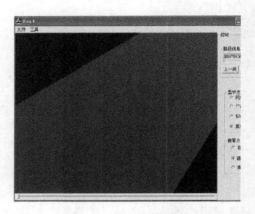

图 7-49 重建路面漫游

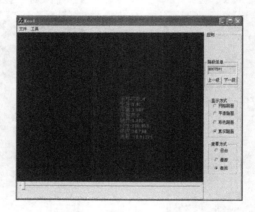

图 7-50 路面信息显示

第 8 章　道路检测车及检测系统总布置

道路检测车是在不同车辆底盘上搭载不同的检测装备，从而实现道路检测功能的专用车辆。因此，道路检测车与专用汽车总体设计的程序和方法相似。道路检测车总布置根据其技术和功能要求要考虑多种因素，如行驶舒适性、内部空间、外观及外形尺寸等，还要求开发的检测车进入国家专用车辆目录等。由于道路检测车的专用要求，通常在搭载车底盘上进行匹配和局部改装，以及对部分总成、部件的结构和位置等做必要的改变，因此道路检测车设计有其特殊性，本章仅对道路检测车设计中应考虑的一些问题进行简要的叙述。

8.1　道路检测车技术要求与特点

道路检测车属于专用汽车。因此道路检测车在总体设计时，不仅要满足道路检测的专用功能，还应满足车辆的基本性能要求以及专用车法规的要求。在设计道路检测车时，应满足以下要求。

（1）功能要求

根据所设计道路检测车的专用功能和性能要求，选择合适的基本型车辆或底盘，并进行动力匹配、传动形式、质量参数、尺寸参数、性能参数及成本等多方面分析比较，选择出一款适合度较高的基本型车辆或底盘作为道路检测车的改装车型。

根据实际应用需要，在检测车上可以进行不同检测设备的集成，满足用户对检测车不同功能的要求。目前开发的不同检测功能的道路检测车主要有以下几种：

1）能够完成平整度、车辙、构造深度检测的激光道路检测车。

2）能够完成平整度、车辙、构造深度、道路前方路况信息检测的激光道路检测车。

3）能够完成路面损坏及道路前方路况信息检测的道路检测车。

4）能够完成平整度、车辙、构造深度、路面损坏及道路前方路况信息检测的多功能道路检测车。

按照道路检测车的功能，选好基本车辆或底盘后，进行道路检测车设计时，应严格保障道路检测车的功能与性能要求，尽量保证基本型车辆或底盘的基本性能。一旦遇到道路检测车与基本型车辆或底盘发生性能冲突时，牺牲或降低基本型车辆或底盘某些性能要求，保障道路检测车功能优先。

（2）安全要求

在高速公路路面养护检测中，安全问题是第一位的。如何提高道路检测车在行驶过程的安全性，避免检测车上的设备超宽，检测车外观能否给其他行驶车辆明显的警示性提示，提高检测车内部设备安装固定的可靠性等都是搭载车在设计、安全试验中首先要考虑的问题。

（3）法规标准化

道路检测车设计应满足机动车辆相关的公路交通安全法规要求，满足国家和行业的相关规范与标准，特定环境工作的特殊车型，按专用车辆要求进行，以使道路检测车工作可靠、安全。

（4）工作环境要求

道路检测车在行驶工作中，操作人员工作位舒适性的设计、工作位朝向设计、操作台安全性设计、操作方便性设计等，也是搭载车内部各种设施设计必须要考虑的问题。

（5）外观要求

道路检测车的外观、颜色、车身外表图形、标记，车外检测设备的外观、设备与搭载车的整体协调性等，在搭载车设计中也是要考虑的。

（6）成本要求

道路检测车搭载车的成本也是要考虑的问题，配备不同的检测系统，选择与之协调的车辆，兼顾用户购买成本，是道路检测车整车成本核算应该考虑的问题。

道路检测车在设计过程中，应最大限度地考虑"系列化、标准化、通用化"原则，尽可能选用标准件或已经定型产品的零部件，减少自制件。在进行道路检测车设计时，根据其结构特点与工作要求，合理地与基本车型或底盘进行性能、结构匹配，保证基本车型或底盘与道路检测功能协调工作，使道路检测车的功能与车辆的基本性能均得到充分发挥。

目前，国内外集成检测系统搭载车的车型有很多类型。早期国外用于平整度、车辙检测的道路检测车多是采用吉普越野车型。随着检测车功能的不断增加，道路检测车选用了空间稍大一点的商务车以及空间较大的客车。从国内外道路检测系统设备搭载车实际选型及使用情况来看，搭载车的选型主要与检测车的功能和用户的要求有关。我国引进的道路检测车的搭载车，有采用国产越野车型和商务车型的，也有直接购买国外商务车型的。由于选择的搭载车型不同，造成道路检测车的外形各式各样，路面车辙检测横梁往往超出检测车车身宽度，给行车检测带来安全隐患。

8.2 道路检测车形式选择

道路检测车的形式主要是指汽车的轴数、驱动形式及布置形式。根据 GB/T 3730.1—2001《汽车和挂车类型的术语和定义》，将道路车辆分为汽车、挂车与汽车列车。根据专用乘用车、专用客车、专用货车及专用作业车的术语分类，道路检测车可选的车型有乘用车车型与商用车车型。

(1) 轴数的确定

汽车轴数一般有两轴、三轴、四轴及四轴以上的轴数。根据设计道路检测车的总质量、道路法规对轴载质量的限值、轮胎的承载能力及搭载车结构，确定道路检测车的轴数，选择合适的搭载车车型，要保证满足道路法规，负荷不超过公路设计承载能力。

(2) 驱动形式

车辆的驱动形式可表示为 $m \times n$，其中 m 为汽车车轮总数，n 为驱动轮个数，主要有 4×2、4×4、6×2、6×4、6×6 及 8×4 等。根据道路检测车的检测功能、车辆总质量及通过性等要求，选择合适的驱动形式。随着驱动轮个数的增加，车辆结构复杂度提高，整备质量与制造成本也随之增加。当搭载车型选用乘用车（越野车型）或小型商用车（工程车）时，可采用结构简单、制造成本低的 4×2 或 4×4 的驱动形式。当搭载车型选用总质量较大的商用车（中型客车车型）时，可采用 6×2 或 6×4 的驱动形式。

(3) 布置形式

车辆布置形式指发动机、驱动桥与车身（驾驶舱）的位置关系与布置特点。当搭载车型选用乘用车（越野车型）或小型商用车（工程车）时，其布置形式多采用发动机前置后轮驱动与发动机前置全轮驱动；当搭载车型选用总质量较大的商用车（中型客车车型）时，布置形式多采用发动机后置后桥驱动。

发动机前置后轮驱动主要优点如下：轴荷分配合理，有利于延长轮胎的使用寿命；前轮不驱动，因而不需要采用等速万向节，有利于节约制造成本；操纵机构简单；采暖机构简单，且管路短供暖效率高；发动机舱空间变大，发动机冷却条件好；爬坡能力相对强；变速器与主减速器分开，故拆装、维修容易；发动机接近性良好等。其主要不足之处为因为车身地板下方有传动轴，所以地板上有凸起的通道，并使后排座椅中部坐垫的厚度减薄，影响了乘坐舒适性；汽车正面与其他物体发生碰撞易导致发动机进入客厢，会使前排乘员受到严重伤害；汽车的总长、轴距较长，整车整备质量增大，影响汽车的燃油经济性和动力性。

发动机后置后桥驱动主要优点如下：能较好地隔绝发动机的噪声、气味、热量，客车内部基本不受发动机噪声和振动的影响；检修发动机方便；轴荷分配合理；由于后桥簧上质量与簧下质量之比增大，能改善车厢后部的乘坐舒适性；当发动机横置时，车厢面积利用较好，并且布置座椅受发动机影响较少；行李舱大（旅游客车）/地板高度低（城市客车）；传动轴长度短等。其主要缺点为发动机的冷却条件不好，必须采用冷却效果强的散热器；动力总成操纵机构复杂；驾驶员不容易发现发动机故障。

发动机前置全轮驱动除了具有发动机前置前驱与发动机前置后驱的优点外，还可以提高汽车的通过性与行驶稳定性，但其结构复杂、成本高，质量和油耗都相对较高。

8.3 道路检测车总体布置

8.3.1 道路检测车总布置原则

道路检测车总布置的关键在于正确选择整车参数，对检测系统部件与附件进行合理布置，使所设计的检测系统部件与搭载车型构成一个结构相互协调、运动没有干涉、整车基本性能与检测性能均能实现且相匹配的整体。在进行道路检测车总布置设计时应遵循以下原则：

1) 尽量保持搭载车型的原结构，避免对搭载车原型进行结构上的变动。因为对搭载车原型结构的变动，可能会使车辆一些性能发生改变，并增加设计成本。但为了满足检测性能要求，可以适当对搭载车型原结构进行改动与微调，但前提是尽量使搭载车整车性能不受影响。

2) 在进行道路检测车总布置设计时，应根据汽车性能综合考虑，保障检测功能充分发挥。

3) 总布置完成后，对道路检车的轴载质量分配、性能参数等进行估算与校核，判断是否满足搭载车的承载能力和整车性能要求，计算结果若不满足要求，应对总布置方案进行修正。

4) 布置检测系统部件时，应避免检测工作装置布置对车架或承载处造成应力集中，改善支承处的强度与寿命。

5) 道路检测车的尺寸参数与质量参数均应符合有关法规的要求，不能超出标准规定限值。

8.3.2 道路检测车总布置参数确定

道路检测车总布置参数主要指道路检测车的尺寸参数与质量参数。

（1）尺寸参数

道路检测车的尺寸参数包括外廓尺寸、轴距、轮距、前悬、后悬等。

1) 外廓尺寸。道路检测车的长、宽、高即为其外廓尺寸，可根据道路检测车的功能、质量、外形设计、专用设备、结构布置、使用条件和使用情况等因素确定。进行总布置设计时，在满足质量的情况下，应力求减小外廓尺寸，以减小汽车自身的质量，提高道路检测车的动力性、经济性与机动性。但是在公路和市内行驶的道路检测车，其外廓尺寸受公路宽度、公路转弯半径、桥梁和涵洞等尺寸标准限制。GB 1589—2016《汽车、挂车及汽车列车外廓尺寸、轴荷及质量限值》中明确规定：车辆高度不超过4m；车辆宽（不包括后视镜）不超过2.55m；后视镜等车辆间接视野装置单侧外伸量不应超出车辆宽度250mm；车辆的顶窗、换气装置等处于开启状态时不应超出车辆高度 300mm；乘用车与两轴商用车的长度不超过 12m。

2) 轴距与轮距。道路检测车轴距的长短除影响汽车的总长外，还影响车辆的轴荷分配、装载量、装载面积或容积、最小转弯半径、纵向通过半径等，此外，还影响车辆的操纵性和稳定性等。在保证道路检测车功能的前提下把轴距设计得短一些，可以实现自重轻、整车尺寸小、最小转弯半径小，从而具有较好的机动性；纵向通过半径小，从而具有较好的通过性。但若轴距过短使得后悬过长，车辆行驶时纵摆和横摆较大，车辆制动或驱动时质量转移过大，使车辆的操纵性和稳定性变坏。可见轴距是车辆的重要尺寸参数。道路检测车通常采用原车的轴距尺寸，当需要改变轴距时，应综合考虑上述因素的影响，根据道路检测车的用途、使用条件、装载质量、驾驶舱形式、传动系布置、轴荷分配、最小转弯半径等因素，初步确定轴距的尺寸，然后通过具体布置和总布置计算，以及适当地调整，直到满意为止。

道路检测车的轮距除影响车辆总宽外，还影响车辆的总质量、横向通过半径、车身横摆角和横向稳定性等。车辆的前轮距主要决定于车辆的车架前部宽度、前悬架的形式和尺寸、前轮轮胎宽度、转向拉杆与转向车轮与车架之间的运动间隙等。后轮距决定于车架后部宽度、后钢板弹簧的宽度、弹簧与车架及车轮之间的间隙，以及轮胎宽度等因素。表 8-1 所列为各类汽车的轴距和轮距。

表 8-1　各类汽车的轴距和轮距

车型	类别		轴距/mm	轮距/mm
乘用车	发动机排量 V/L	$V < 1.0$	2000 ~ 2200	1100 ~ 1380
		$1.0 < V \leq 1.6$	2100 ~ 2540	1150 ~ 1500
		$1.6 < V \leq 2.5$	2500 ~ 2860	1300 ~ 1500
		$2.5 < V \leq 4.0$	2850 ~ 3400	1400 ~ 1580
		$V > 4.0$	2900 ~ 3900	1560 ~ 1620
商用车	4×2 货车 汽车总质量 m_a/t	$m_a \leq 1.8$	1700 ~ 2900	1150 ~ 1350
		$1.8 < m_a \leq 6.0$	2300 ~ 3600	1300 ~ 1650
		$6.0 < m_a \leq 14.0$	3600 ~ 5500	1700 ~ 2000
		$m_a > 14.0$	4500 ~ 5600	1840 ~ 2000
	客车	城市客车（单车）	4500 ~ 5000	1740 ~ 2050
		长途客车（单车）	5000 ~ 6500	

3) 前悬与后悬。前悬尺寸对车辆的通过性、碰撞安全性、驾驶员视野、上下车方便性及车辆造型等均有影响，后悬尺寸对车辆的通过性、车辆追尾时的安全性及车辆造型等有影响，并受轴距与轴荷分配的限制。前悬尺寸增加，车辆的接近角减小，通过性变差，驾驶员的视野变差；但前悬尺寸过短会影响保险杠、散热风扇、转向器及发动机等部件的布置，甚至车辆发生撞车事故时危险性提升。后悬尺

寸增加，汽车离去角减小，通过性变差；后悬过短，不符合轴距与轴荷分配要求。因此，前悬与后悬布置首先要满足接近角与离去角要求，一般为25°以上，至少不低于20°；其次要满足轴荷分配与轴距要求，同时应考虑前、后悬所要布置的部件有足够的空间；最后应满足有关标准的规定，如对于客车和全封闭厢式车辆，后悬不得超出轴距的65%，对于其他车辆，后悬不得超出轴距的55%，但最长不得超出3.5m。

（2）质量参数

道路检测车的质量参数包括整备质量、装载质量、汽车总质量及轴载质量分配等。其中整备质量、装载质量与汽车总质量等参数的定义、计算方法与商用车总体设计中的规定一样。由于汽车轴载质量分配对车辆的多项使用性能及轮胎寿命均有影响，此处主要介绍车辆的轴载质量分配。

车辆轴载质量分配指车辆在静止状态下（满载或空载），各车轴对支承平面的法向载荷，一般用占空载或满载的百分比表示。

车辆轴载质量分配一般是根据轮胎均匀磨损的原则进行设计的。为使轮胎磨损均匀，理想的轴荷分配是满载时使每个轮胎的负荷大致相等。例如，后轴单胎的4×2式车辆，希望满载时前后轴轴载质量各为50%左右；对后轴双胎的4×2式车辆，则希望前后轴轴载质量按1/3和2/3的比例分配。但实际情况下，还应考虑其他使用性能（动力性、操纵性和稳定性、通过性和制动性等）。例如，为了提高车辆的驱动力，增大附着质量，常需提高驱动轴的负荷，从而使轮胎磨损均匀性降低。后轴单胎的4×2式车辆，其后轴轴载质量常达60%以上；后轴双胎的4×2式汽车，其前后轴轴载质量分配为30%~40%和66%~70%。专用车辆或半挂车也常出现车速降低，且驱动时的轴载质量转移系数减小等问题，为提高动力，增大附着质量，也常将后轴质量适当增加。为保证车辆在泥泞道路上的通过能力，常将前轴质量减少，从而减少前轮的滚动阻力，使后驱动轮上有足够的附着力。为避免转向沉重，前轴质量不宜过高。对于轴距短、重心高的汽车，因制动时及满载下坡时轴质量转移大，也常将满载时的前轴轴载质量减少。此外，驾驶舱的形式对车辆各轴轴载质量分配也有较大影响。长头驾驶舱的双轴汽车，由于货箱比较靠后，后轴质量在73%左右，短头车在70%左右，平头车在66%~70%。货箱和货物的重心离后轴中心线的距离对汽车轴载质量分配有决定性的影响。为了获得比较合理的轴载质量分配，对于后轴双胎的长头或短头驾驶舱的车辆，该距离为轴距的2%~10%；对于平头驾驶舱车辆或自卸车，该距离为轴距的12%~22%。

实际轴载质量分配还受最大允许轴载质量的限制。我国单轴最大允许轴载质量为14t，这也就限制了车辆的总质量。在双轴汽车上，其最大允许轴载质量不应超过18t，而三轴车辆的最大允许轴载质量不应超过24t。

在确定车辆的轴载质量分配时，应考虑轮胎负荷系数，轮胎所承受的静负荷与轮胎额定负荷之比称为轮胎负荷系数。该系数理想值为1，但实际上多数车辆在

0.9~1，该系数过小，除车辆总质重增加外，非悬架质量也显得过大，如果过大，则会导致轮胎早期磨损，甚至发生胎面剥落和爆胎现象。试验表明，该系数为1.2，其寿命缩短30%左右。因此，对于一般商用车改装的专用汽车，该系数不允许大于1.1。

在确定车辆轴载质量分配时，还应考虑车辆的稳态方向稳定性和动态方向稳定性。根据汽车理论知识，可由静态储备系数 S.M 决定车辆的稳态转向特性：

$$\text{S.M} = \frac{K_2}{K_1+K_2} - \frac{L_1}{L_1+L_2} = \frac{K_2}{K} - \frac{L_1}{L} \tag{8-1}$$

式中，K_1 为前轮轮胎侧偏刚度之和（N/rad）；K_2 为后轮轮胎侧偏刚度之和（N/rad）；K 为车辆全部轮胎的总侧偏刚度（N/rad）；L_1 为车辆重心至前轴的距离（m）；L_2 为车辆重心至后轴的距离（m）；L 为汽车轴距（m）。

当 S.M = 0 时，车辆具有中性转向特性；当 S.M > 0 时，车辆具有不足转向特性；当 S.M < 0 时，车辆具有过多转向特性。汽车设计人员希望车辆具有一定的不足转向特性。在进行汽车总体设计时，合理轴载质量分配、重心位置轴距及前后轴侧偏刚度匹配，可以得到一定不足转向特性。重心前移或减少前后轴轮胎侧偏刚度比时会增加车辆的不足转向特性。

当车辆具有过多转向特性时，此时用临界车速来表征车辆的稳态特性。当低于临界车速行驶时，车辆行驶是稳定的，高于临界车速行驶时是不稳定的。临界速度可表示为

$$V_{\text{cr}} = \sqrt{\frac{L^2 g}{G_a\left(\dfrac{L_1}{K_2} - \dfrac{L_2}{K_1}\right)}} \tag{8-2}$$

式中，G_a 为车辆总重力；g 为重力加速度。

车辆动态方向稳定性的条件为

$$1 + \frac{G_a}{g}\left(\frac{L_1}{K_2} - \frac{L_2}{K_1}\right)\frac{v^2}{L^2} \geq 0 \tag{8-3}$$

式中，v 为汽车车速（m/s）。

8.3.3 道路检测搭载车外形布置设计

根据道路检测车的技术要求与设计目标，协调统一技术要求，使各总成之间的参数合理匹配，保证道路检测车各项性能满足设计目标。在设计过程中，确定各主要性能的目标值、质量参数值、尺寸参数值及道路检测车的主要部件。进行总布置设计时，在空间上要保证各部件位置布置合理，无论车辆在静态还是动态下均不会发生部件空间干涉；保证各部件的工作条件与工作环境不会影响车辆的正常工作，在各部件布置后，保证其维修接近性良好，安装与拆卸方便等。同时一定要严格满足国家、行业等标准要求，所有的设计参数选择均在国家、行业等标准范围内。

道路检测车的集成检测系统需要安装在搭载车上,作为道路检测车重要组成部分的搭载车,对其本身的技术和功能要求是多方面的,如行驶舒适性、内部空间、外观及外形尺寸等,还要求开发的检测车申报专用汽车目录等。由于道路检测车本身在实际使用中的特殊性,目前国内外搭载车的情况是,研究开发单位基本上是根据道路检测车本身的功能和用途选择了各式各样的搭载车,还没有一个标准的确定车型。

(1) 搭载车车型的选择

1) 中型客车车型。选择中型客车作为道路检测车的搭载车,其最大的优点是:

① 内部空间大,每个工作位、设备安装机柜、车内辅助设施容易布局。
② 车辆行驶及操作检测过程中工作环境舒适。
③ 可以实现工作区与辅助区分开。
④ 可以利用搭载车的气动设备实现检测车保护舱门及伸缩机构自动工作。
⑤ 各个检测系统维护方便。
⑥ 所有的激光探头可以布局安装在存放行李箱的车舱内。
⑦ 各种传感器及数据采集器等可以安装在行李舱内。

另外,选择中型客车作为道路检测车的搭载车,最重要一点是可以采用非惯性基准传递平整度检测原理,这样检测车在行驶过程中可快可慢,不受交通干扰的影响。

长安大学与郑州宇通重工有限公司联合研发的多功能道路检测车已获批国家专用车目录,成为定型车辆(车辆型号:YTZ5310XJCK0E),这为用户购置道路检测车提供了极大方便。宇通道路检测车如图8-1所示。

图8-1 宇通道路检测车

2) 工程车车型。选择工程车作为道路检测车的搭载车,可以安装辅助的各种设备,容易进行车辆年检。

长安大学与南京汽车集团有限公司进行了工程车作为检测车设计生产,取得了多项应用成果。图 8-2 所示为所开发的已经取得专用车目录的基于依维柯工程车的道路检测车。

图 8-2 基于依维柯工程车的道路检测车

3）越野车车型。长安大学采用越野车作为道路检测车的搭载车。越野车作为单项指标如平整度或平整度构造深度两项指标检测系统的搭载车是比较合适的。越野车在工程使用中有其独特的优点。图 8-3 所示为基于猎豹越野车的道路检测车。该检测车主要用于道路前方路面状况及道路两侧环境状况检测，用于路面损坏数字图像拍摄。

图 8-3 基于猎豹越野车的道路检测车

（2）搭载车外形布置设计

根据集成检测系统搭载车的基本要求，在满足检测车功能需要、行车安全需要、工作环境等需要的前提下，搭载车的设计应做到外形美观、色彩鲜明、外装设备安装固定牢靠且易于拆装维护。为此，针对不同的集成检测系统，按照用户的实际需求，研究、设计、生产了具有不同功能的、不同车型的搭载车。

基于中通客车车型的道路检测车的外观三维设计如图 8-4 所示。该检测车为中门上下，可将检测操作人员的工作位安排在车内最前方。检测车的外形保持原车外形，检测车车顶安装前方路况及道路两侧环境采集数字相机，车的两侧设计有可以开闭的舱门，整车设计不超宽。检测车两侧面粘贴检测车名称等。检测车尾部安装有可伸缩的路面损坏拍摄相机及照明光源。

a) 搭载车的外观设计

b) 搭载车的外观三维设计

c) 侧视图

d) 俯视图

图 8-4　基于中通客车车型的道路检测车的外观三维设计

基于宇通客车车型的道路检测车如图 8-5 所示。检测车的外形保持原车外形，检测车车顶安装前方路况及道路两侧环境采集数字相机，车的两侧设计有可以开闭的舱门，整车设计不超宽。检测车两侧面喷涂检测车名称等。检测车尾部安装有可伸缩的路面损坏拍摄相机及照明光源。频闪照明光源采用外挂结构。

a) 前侧视图

b) 后侧视图

图 8-5 基于宇通客车车型的道路检测车

基于依维柯工程车车型的道路检测车的三维设计如图 8-6 所示，道路检测车如图 8-7 所示。检测车车顶安装前方路况及道路两侧环境采集数字相机，车的两侧设计有可以拆卸的舱门，整车设计不超宽。检测车两侧面喷涂检测车名称等。检测车尾部安装有可伸缩的路面损坏拍摄相机及照明光源。

图 8-6a 给出了检测车的工作状态，图 8-6b 给出了检测车非检测和存放状态。

基于依维柯小客车车型的道路检测车如图 8-8 所示。该检测车的尾部安装雷达测试设备，车辙检测横梁安装在检测车的前面。检测车车顶安装前方路况采集数字相机，检测车两侧面喷涂检测车名称等。

基于越野车车型的道路检测车的三维设计如图 8-9 所示。基于越野车车型的道路检测车如图 8-10 所示。检测车的外形保持原车外形，检测车车顶安装前方路况及道路两侧环境采集数字相机。检测车尾部安装有线阵路面损坏拍摄相机及 LED 聚光照明光源。

基于国产全顺车车型的道路检测车三维设计如图 8-11 和图 8-12 所示。图 8-11 所示为采用单台线阵相和 LED 聚光照明的多功能检测车。检测车的外形保持原车

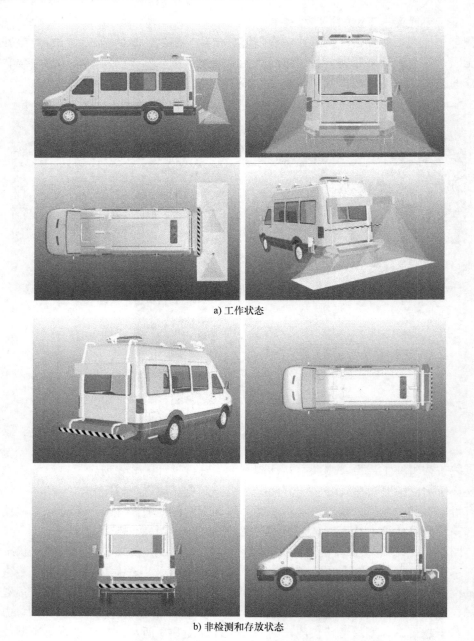

a) 工作状态

b) 非检测和存放状态

图 8-6　基于依维柯工程车车型的道路检测车的三维设计

外形，检测车车顶安装前方路况及道路两侧环境采集数字相机。平整度、车辙、构造深度检测系统安装在检测车尾部的检测梁上。图 8-12 所示为采用 2 台线阵相机和 LED 聚光照明的多功能检测车，该车前方安装有雷达检测天线。

第8章 道路检测车及检测系统总布置

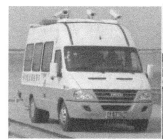

a) 前侧视图

b) 后侧视图

图 8-7 基于依维柯工程车车型的道路检测车

a) 道路行驶状态

b) 进行车辙标定及侧视图

图 8-8 基于依维柯小客车车型的道路检测车

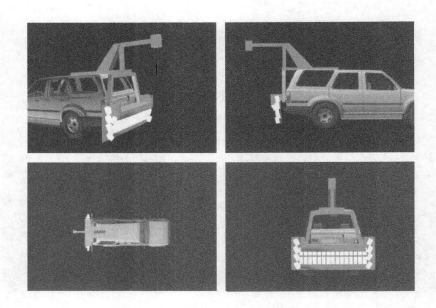

图 8-9　基于越野车车型的道路检测车三维设计

图 8-10　基于越野车车型的道路检测车

图 8-11 采用单台线阵相和 LED 聚光照明的多功能检测车

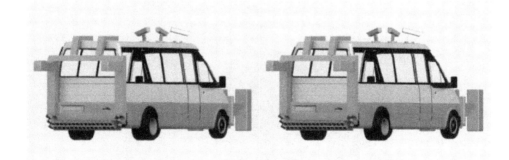

图 8-12 采用 2 台线阵相和 LED 聚光照明的多功能检测车（车前方安装有雷达检测天线）

基于考斯特车车型的道路检测车外观设计如图 8-13 所示。

8.3.4 道路检测车内部布置设计

从国内外已有的道路检测车的内部空间布局来看，没有统一的设计模式，操作人员的工作位往往不是面向前方，这给操作人员长时间工作带来不适。车内检测设备如计算机、数据采集存储设备等的安装布局不宜在车内维护，即在设备维护时必须将搭载车后门打开，这样造成进行检测车维护时要拆卸一些其他设备。另外，检测车内部基本没有辅助设施，如工作人员饮水机、洗手池等。

a) 道路全景路况摄像(3台高分辨率相机)

b) 激光探头在车的尾部(车体内部,不超车宽,提高安全性)

c) 路面损坏拍摄系统安装在尾部(不超车宽)

图 8-13　基于考斯特车车型的道路检测车外观设计

（1）搭载车内部工作空间的布局设计

将搭载车内部工作空间分为三大区：工作区、设备安装区与辅助空间。

1）工作区。检测车内的空间布局对于车内工作人员长时间工作的舒适性、视觉疲劳等都有较大影响。在检测车的工作区设计方面，应考虑工作区色彩搭配、人体工程学、视野向前等几个方面的问题，同时参考其他类型的工程车内部设计及使用效果。

2）设备安装区。在检测车内部专设了设备安装区，所有检测设备统一安装在工业机柜里，这样做便于设备的调试、维护，而且在检测车内就可以完成这些工作。

3）辅助空间。在检测车内部设置了专用的辅助空间。辅助空间区域和工作空间区域之间通过工控机柜隔离开。在辅助空间区域，可以存放一些辅助工具或长时间工作需要的食品、饮用水等物品。在以中型客车作为搭载车的检测车内，辅助空间还可以作为休息、讨论工作的区域。

基于中通客车车型的搭载车内部工作空间布局平面图如图 8-14a 所示，图 8-14b 所示为其三维设计效果。

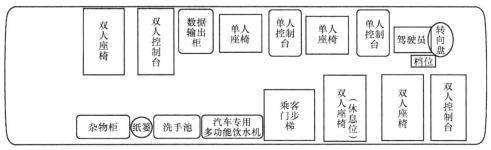

a) 平面图

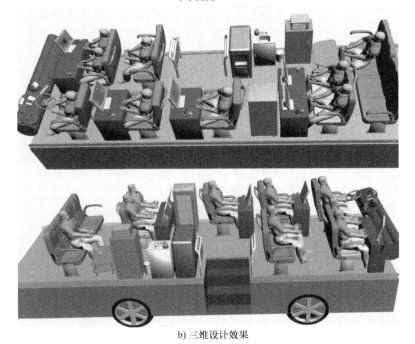

b) 三维设计效果

图 8-14 基于中通客车车型的搭载车内部工作空间布局平面

另一种基于中通客车车型的搭载车内部工作空间三维布局效果如图 8-15 所示。

图 8-15　另一种基于中通客车车型的搭载车内部工作空间三维布局效果

图 8-16a 所示为基于依维柯车车型的搭载车内部工作空间布局效果,图 8-16b 所示为基于全顺车车型的搭载车内部工作空间布局效果。

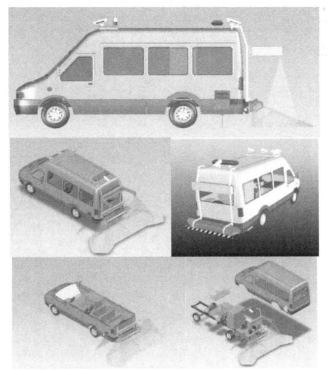

a) 基于依维柯车车型

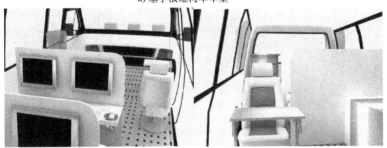

b) 基于全顺车车型

图 8-16 基于不同车型的工作空间布局效果

图 8-17 所示为基于中通客车车型的搭载车内部实际工作空间。

(2) 操作工作位设计

操作工作位主要包含工作台与操作方式。

1) 工作台。工作台设计为单人工作台和双人工作台两种。工作台上的鼠标采用磁钢吸附原理避免鼠标在行车过程中自由滑动。

2）操作方式。操作人员面向行车前方进行计算机操作。

搭载车内部操作工作位设计三维设计效果如图8-18所示。基于中通客车车型的搭载车内部实际操作工作位如图8-19所示。基于宇通客车车型的搭载车内部实际操作工作位如图8-20所示。基于依维柯客车车型的搭载车内部实际操作工作位如图8-21所示。

图8-17　基于中通客车车型的搭载车内部实际工作空间

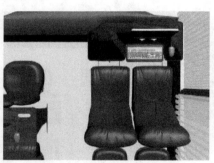

图8-18　搭载车内部操作工作位设计三维设计效果

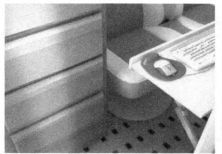

图 8-18 搭载车内部操作工作位设计三维设计效果（续）

图 8-19 基于中通客车车型的搭载车内部实际操作工作位

图 8-19　基于中通客车车型的搭载车内部实际操作工作位（续）

图 8-20　基于宇通客车车型的搭载车内部实际操作工作位

图 8-21　基于依维柯客车车型的搭载车内部实际操作工作位

8.3.5　道路检测车附件布置设计

道路检测车附件主要包括空调、道路检测搭载车灯具、外部仪器设备及车内辅助设施等。

（1）空调

空调能够改善道路检测车的工作环境，提高工作人员的舒适性。但空调是耗能相对较高的部件，选取空调时既要满足车辆的制冷和采暖要求，又要避免空调能耗冗余。根据 JT/T 216—2020《客车空调系统技术条件》的要求进行空调系统的选型。对于搭载车为工程车车型时，可根据人体适宜的空气温度、湿度、流速及清洁度进行选型。

在夏季，人们感到舒适的温度是 22～28℃，超过 28℃，人就会感到燥热，精神集中不起来，思维迟钝，容易造成交通事故。在冬季，这一温度为 16～18℃，低于 14℃，驾驶员手脚动作变得僵硬，不能灵活操作。人体面部所需要的温度比足部略低，即要求"头凉足暖"，温差大约是 2℃。夏季车内外温差 5～7℃为宜，冬季车内外温差 10～12℃为宜。因此，可把 28～29℃的温度作为搭载车型空气调节夏季车内参数的基准，冬季是 16～18℃。

人觉得舒适的湿度也会因季节而有所不同，夏季是 50%～60%，冬季是 40%～50%，在这种湿度环境下，人会觉得心情舒畅，湿度过低，皮肤会痒；湿度过高，人会觉得闷。因此，可把 35%～65%范围的湿度作为搭载车型空气调节车内参数的基准。

人在流动的空气中比在静止的空气中要舒适，车内空气流速为 0.15～0.5m/s 为宜，夏季宜取上限值，气流指向脸部；冬季宜取下限值，气流指向足部。

车室空间狭小，工作人员停留时间较长，空气中 CO_2 含量将增加，达到一定的浓度后就会影响人的健康，加上乘员吸烟、携带的食品和人体新陈代谢过程中散发的其他气味等，将使空气的品质更加恶化。根据测定，每位乘员每小时呼出的 CO_2 为 20～23L，外界空气中的 CO_2 含量为 0.3～0.5L/m^3（城市为上限），因此必须不断地通风换气，改善车内空气质量。根据汽车空调 CO_2 推荐范围，规定可把容积百分比 0.1%～0.2%作为搭载车型空气调节车内参数的基准。

（2）道路检测搭载车灯具

道路检测搭载车灯具分为两大类，第一类是车辆行驶时，特别是夜间行驶获取道路及周围环境的工具，也是发出各种车辆行驶信号的提示工具。第二类是用于道路检测工作时的辅助照明工具。第一类灯具的选取根据 GB 4785—2019《汽车及挂车外部照明和光信号装置的安装规定》进行选取，符合标准规定。第二类根据检测工作要求进行设计选择。

（3）外部仪器设备

检测车的外部设备的设计安装如图 8-22～图 8-25 所示。长安大学研究开

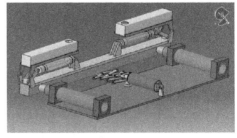

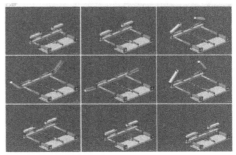

图 8-22 路面损坏拍摄相机伸缩机构三维设计（基于中通客车车型的道路检测车）

发的不同功能的检测车外部设备设计安装如图 8-26 所示。

图 8-23　路面损坏拍摄相机伸缩机构（基于中通客车车型的道路检测车）

图 8-24　路面损坏拍摄相机伸缩机构（基于宇通客车车型的道路检测车）

图 8-25　路面损坏拍摄相机伸缩机构（基于依维柯工程车车型的道路检测车）

（4）车内辅助设施

1）辅助工作位。检测车内设计配有辅助工作位，用于检测过程中临时工作人员的乘坐。在检测车用作数据处理工作间时，辅助工作位可以用作其他工作人员的临时座位。

2）饮水机。检测车上设计配有饮水机，可用于操作人员的饮水或饮食用热水。

3）文件柜。检测车内安装有文件柜，用于各种资料、文件的存放。

4）休息区。检测车内设计有休息区，用于操作人员、检测人员长时间工作需

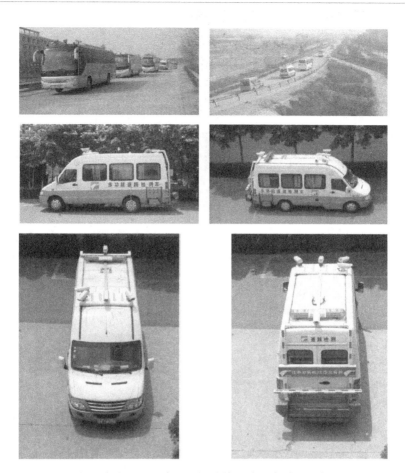

图 8-26　长安大学研究开发的不同功能的检测车外部设备设计安装

要的临时休息,也可用作几个操作人员研究协商问题的场所。

检测车辅助设施三维设计效果和实际效果如图 8-27 和图 8-28 所示。

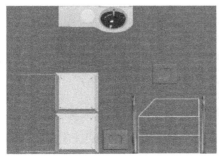 

图 8-27　检测车辅助设施三维设计效果

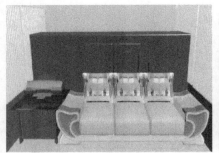
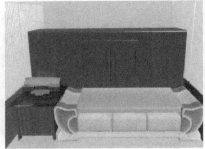

图 8-27 检测车辅助设施三维设计效果（续）

图 8-28 检测车辅助设施实际效果（基于中通客车车型的检测车）

（5）内部仪器设备的安装设计

检测车内部仪器安装需要考虑检测设备检测性能，要考虑减振等，还要考虑操作人员的使用性能以及人机工程学方面的因素，检测车内设备安装如图 8-29 所示。

图 8-29　检测车内设备安装（基于中通客车车型的检测车）

（6）其他附加设计

检测车内的其他设施还有洗手池、储物架、冷凝水储水罐等。

第 9 章 智能检测装备与道路检测车开发

前几章已经详细介绍了路面平整度、车辙、抗滑、破损等路面参数检测的具体方法，本章主要研究按照检测要求和提出的检测方法开发智能检测装备和多功能道路检测车，实现路面参数高精度快速检测。

9.1 智能检测系统关键部件开发

9.1.1 模块化 LED 聚光照明系统开发

开发能够满足线阵相机拍摄路面损坏图像基本要求的模块化 LED 照明系统。

从图 9-1 所示的大功率白光 LED 伏安特性曲线中可以看出，正向电压的微小变化会引起较大的正向电流变化，从而引起亮度的较大变化。

从图 9-2 所示的大功率白光 LED 电流和光通量的关系曲线中可以看出，LED 的光通量是电流的函数，此函数是一个非线性函数，随着电流的增加光通量也增加，但增量变小。

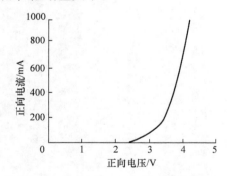
图 9-1 LED 伏安特性曲线

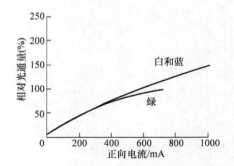
图 9-2 LED 电流和光通量的关系曲线

从图 9-3 所示的大功率 LED 光通量与温度的关系曲线中可以看出，LED 的结温升高，光通量下降，结温升高到 60℃ 时，光通量下降 5%，结温升高到 150℃ 时，光通量下降 30%。因此在应用时要加足够的散热器，以保证大功率白光 LED 的结温不超过 60℃，必要时还要进行强迫冷却。

开发 LED 照明驱动控制系统和 LED 照明散热装置。

大功率白光 LED 器件模型如图 9-4。

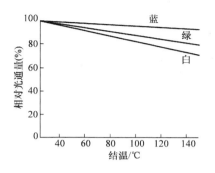
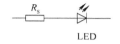

图 9-3 LED 光通量与温度的关系曲线　　图 9-4 LED 器件模型

由图 9-4 可得：

$$V_F = V_D + R_s I_F \tag{9-1}$$

式中，V_F 为 LED 二极管的正向压降；V_D 为 LED 理想二极管导通电压；R_s 为 LED 二极管的串联等效电阻；I_F 为 LED 二极管的正向导通电流。

实际应用中需要几个或十几个，甚至几百个 LED 的组合才能满足光通量的需要。一般采用多个 LED 的串联和并联组合来实现。最简单的组合电路如图 9-5 所示。

由图 9-5 可看出：

$$V_{cc} = RmI_F + nV_F \tag{9-2}$$

式中，V_{cc} 为电压源电压；R 为限流、均流电阻；I_F 为每个 LED 的正向导通电流；m 为并联的 LED 组数；n 为串联的 LED 个数。

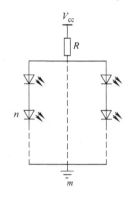

图 9-5 LED 的组合电路

将式（9-2）代入式（9-1）得到：

$$I_F = \frac{V_{cc} - nV_D}{mR + nR_s} \tag{9-3}$$

由式（9-3）可见，V_{cc} 的变化引起 I_F 的变化，因此要求在 I_F 一定时要提高电压源的稳定度。R 的接入降低了电路的效率，因此 R 要选取一个合适的范围。

由大功率 LED 的特性可知：大功率 LED 的驱动需要稳压源和稳流源的结合完成其驱动。稳压源有很多种拓扑形式。当采用车载蓄电池电源供电时，车用蓄电池的电压一般是 12V。多个大功率 LED 串联时的导通电压在十几伏到几十伏。需要一种电路将蓄电池的电压提升到几十伏，最适合的是 BOOST 拓扑的升压电路。图 9-6 所示为 BOOST 电路的基本形式。

如图 9-6a 所示，当开关 S 打到 1 的位置时，蓄电池向 L 提供电流，L 的电流线性增加，L 上电压的极性为左正右负，能量以磁能的形式储存在 L 中。由于二极管 D 的存在，电容 C 只能向负载 R_L 放电。在电感没有饱和以前，开关立即接到 3

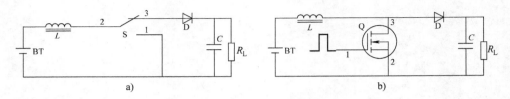

图 9-6　BOOST 电路的基本形式

的位置并通过电感向电容 C 充电，同时向负载 R_L 放电，负载上的电流是连续的，电感 L 上的极性是右正左负。当电容 C 的电压充到额定值时，开关又接到 1 的位置。这样周而复始的工作在负载 R_L 上产生稳定的电压。

如图 9-6b 所示，用 NMOS 管替代开关，在其栅极加上特定宽度的脉冲电压完成上述功能。

图 9-7 所示为研究开发的 LED 组合升压电路，最高输出电压 30V，电流 2.5A 时的效率为 91%，开关频率选取 100kHz。频率选取较高时电感体积小，磁心质量较小，在 2.5A 时磁心不饱和。

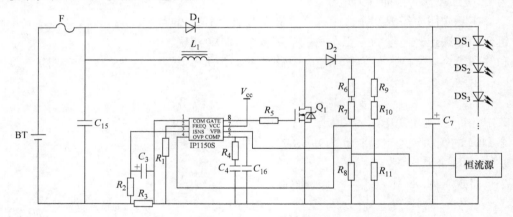

图 9-7　LED 组合升压电路

当采用 220V 车载发电机供电时，开发如图 9-8 所示的单端反激式开关电源。

图 9-9 所示为 220V 输入 33V 输出的隔离型单端反激开关电源，开关频率 130kHz，输出 70W，效率为 82%。该开关电源使用了 POWER 公司的智能电源芯片 TOP246GX，磁心选用 EPR32，电路较为简单。单端反激电路的缺点是变压器工作时只使用磁滞回线的半边，因此磁心要加气隙，其效率为 80% 左右。

在图 9-8 所示的电路中增加 PFC（功率因数校正）电路，开发如图 9-9 所示的电路。该电路效率可以达到 95% 以上，但其输出功率有限，一般最大可达到 100W 左右。

为了提高电源输出功率，使其达到 300W 左右，开发如图 9-10 所示的半桥

第9章 智能检测装备与道路检测车开发

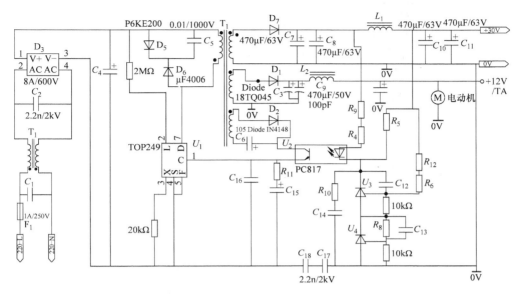

图 9-8 单端反激式开关电源

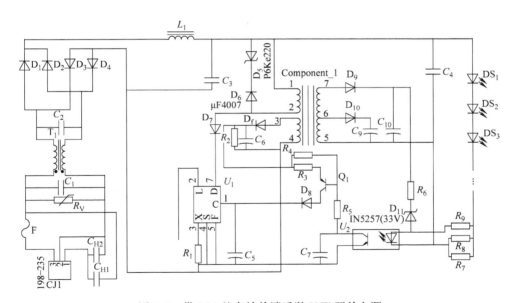

图 9-9 带 PFC 的高效单端反激 70W 开关电源

电路。

该电路是用大功率管 Q_1、Q_2 和电容器 C_1、C_2 组成两个半桥,变压器一次绕组通过隔直电容接在两个桥臂的中点。变压器工作在磁滞回线的两边,磁心不易饱和。加到 Q_1、Q_2 的波形如图 9-11 所示。

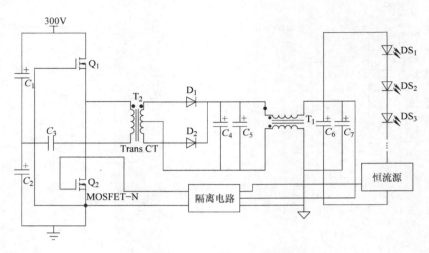

图 9-10 半桥式开关电源电路

半桥式电路输出功率可达到 330W，效率为 85%。如果加上 PFC，则电路效率可达 90%。

大功率 LED 的驱动必须加恒流电路。采用几组 LED 共用一个电源分别加恒流源，如图 9-12 所示。在恒流控制时，电压的变化只有 1V 左右，采样电阻 R_7 取值 0.15Ω，每组 LED 的电流为 3.5A，$W = I^2 R = 3.5^2 \times 0.15 = 1.8375$（W），实际上采样电阻的功耗很小。

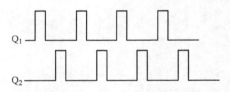

图 9-11 加到 Q_1、Q_2 栅极的驱动波形

大功率 LED 相对于其他光源有很强的优越性，因此选用其作为高速线阵相机拍摄的光源。由大功率 LED 生成的光带均匀、无阴影，其连续使用寿命达数万小时到十万小时。

本书作者团队研究开发的模块化 LED 聚光照明光源如图 9-13 所示。

9.1.2 多路频闪照明系统开发

开发能够满足面阵相机拍摄路面损坏图像基本要求的多路频闪照明系统。

在一个频闪周期内，频闪氙灯的伏安特性可表示为

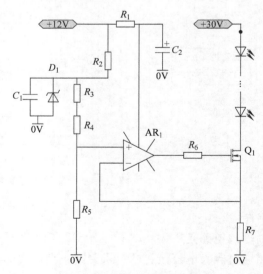

图 9-12 恒流控制电路

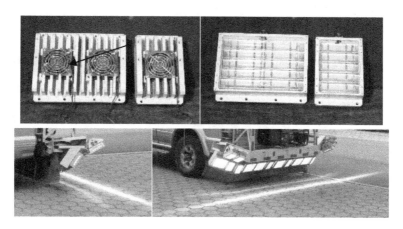

图 9-13 模块化 LED 聚光照明光源

$$V = K_0 I^{\frac{1}{2}} \tag{9-4}$$

式中，K_0 为电阻系数；V 为氙灯两端阴阳极的电压；I 为氙灯放电电流。

对于充气气压在 20～50kPa 的频闪氙灯，$K_0 \approx 1.3 \dfrac{l}{d}$，其中 l 为频闪灯电极间的长度，d 为频闪灯管的直径。

确定灯管直径、电极间距以后，频闪氙灯的起动特性与灯管的充气气压、气体的纯度、电极的形状、触发丝的位置和绕制方法、触发脉冲的频率和脉冲宽度有关。

频闪氙灯的点火电压（即加触发电压时，频闪氙灯点燃的最小阴阳极电压）V_z 与充气气压 p 的平方根成正比：

$$V_z \propto l \sqrt{p} \quad (l \text{ 为频闪氙灯电极极距}) \tag{9-5}$$

频闪氙灯的外触发原理如图 9-14 所示。电容器充电后其电压加到频闪氙灯的

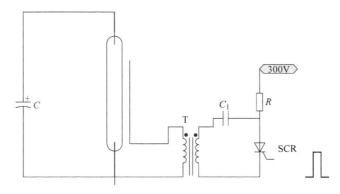

图 9-14 频闪氙灯的外触发原理

阴阳极，电容器 C_1 由 300V 电源充电，其极性为右正左负。当外触发脉冲加到 SCR 的门极时 SCR 导通，电容器 C_1 通过变压器右端放电。电流方向由下向上，于是在变压器左边感应出一个正高压。触发脉冲过后，由于 R 的限流，通过 SCR 的电流小于其擎住电流，SCR 立刻截止，等待下一个触发脉冲的到来。

经过分析，根据频闪灯的伏安特性和触发特性调整频闪灯的氙气压以及氙灯管径可以使其分别工作在 1J 和 2J，通过改变阴极材料使其工作频闪寿命超过 4×10^7 次。

图 9-15 所示为本研究开发的 1J 频闪氙灯的闪光相对光强度特性的实验曲线。

从图 9-15 可以看出，当同步脉冲到来时，脉冲前沿有一个约 20μs 的振荡，因此要求相机的触发脉冲最少需要延迟 20μs。由图 9-15 可以看出，当定义频闪灯的脉冲持续时间 τ_f 为峰值光强的 $\frac{1}{e}$（≈1/3）所对应的脉冲宽度时，闪光相对强度宽度大约为 32μs。

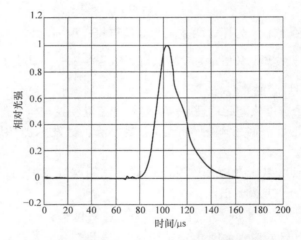

图 9-15　频闪灯的时间–相对光强度特性曲线

频闪灯的转换效率有两种，一是发光效率 η，即电能转换成可见光的效率；二是电容器存储的能量输入灯的效率 η_e，等于输入灯的能量 E_{in} 和电容器储存能量之比，即 $\eta_e = E_{in} / \frac{1}{2} C V_c^2$。频闪灯的效率由式（9-6）给定：

$$\eta_e = \frac{K'l}{K'l + dR_l I^{\frac{1}{2}}} \tag{9-6}$$

从式（9-6）中可以看出，灯管长（l 大）、直径小（d 小）的灯管效率高，但是灯管长时点火电压高。

经过试验，选定长度为 150mm、直径为 6mm 的灯管，点火电压为 500~650V。

经过试验，研究开发的频闪氙灯的频闪频率可以达到 30~50Hz。该闪光频率可以实现路面损坏拍摄行驶速度达到 100km/h 以上。

经过试验，研究开发的频闪氙灯经过特定的光学组合和结构布局，可以满足沥青路面损坏高速拍摄。

频闪灯的寿命定义为灯正常的闪光次数。一般频闪灯的寿命可以达到 10^6 次以上。试验发现，当闪光次数大于 1.5×10^7 时，氙灯灯管的阴极由白慢慢变黑，灯管的击穿电压也慢慢提高。当击穿电压接近电路峰值时，出现闪光间断现象。

经过试验，改进闪光氙灯参数和电路参数，使灯管的寿命提高到 4.5×10^7 次以上。研究开发的整体式频闪照明光源如图 9-16 所示。

图 9-16　整体式频闪照明光源

9.1.3　频闪照明触发同步控制器

为了满足路面分辨率的要求，采用面阵数字相机拍摄，由于单台面阵相机的分辨率的限制，在横断面方向上必须采用多台相机同时拍摄，并采用同步闪光照明与面阵相机拍摄配套。若采用同步闪光照明技术，则必须解决多个频闪灯的精确同步。

检测行驶速度一般在 80km/h 以上，为了获得清晰的图像，相机曝光时间应小于 50μm。因此，照明光源也必须在 50μs 内使照明强度达到最大，同时保证拍摄相机在此时打开快门拍摄被照射路表面，实现闪光照明与拍摄像机同步。

采用频闪灯照明，照明灯管的驱动电路和灯管本身的参数或多或少会存在一些差异，即使同时触发，灯光强度一般也不会同时达到最大值。为了能让每个灯管都能在相机的曝光时间内光照强度达到最大，就必须使闪光灯和相机同步。

为此需研究开发频闪照明触发同步控制器，以实现相机快门与频闪灯触发同步，其工作原理如图 9-17 所示。

采用光电编码器作为触发器，将编码器输出的原始触发脉冲，经过信号分配同步控制器中的计数器和驱动电路产生符合相机曝光时间要求的触发脉冲，经过频闪照明触发同步控制器的智能控制，实现让每个灯管都能在相机的曝光时间内光照强度达到最大，从而使闪光灯和相机同步。

开发的同步控制器电路原理如图 9-18 所示。

实际中，每个闪光灯管及其驱动电路的参数都不尽相同，为了保证闪光灯与拍

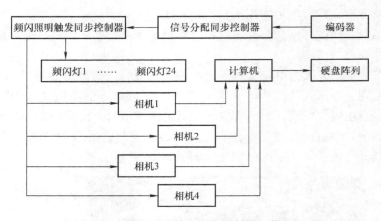

图 9-17 频闪照明触发同步控制器工作原理

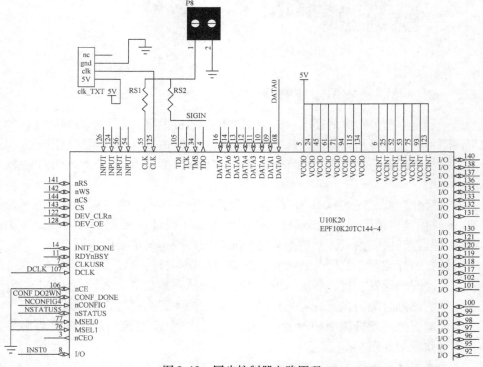

图 9-18 同步控制器电路原理

摄相机严格同步并且考虑到维护更换的方便性,研究开发可以通过上位机进行参数修正的软件及硬件,为系统操作提供了方便的人机交互界面,即采用上位机输入参数,通过上下位机之间的通信来完成参数修正。采用 RS232 接口实现通信的电路如图 9-19 所示。图 9-20 所示为研究开发的同步脉冲触发电路。

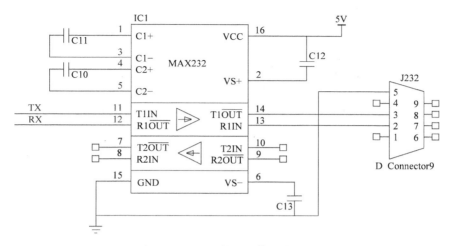

图 9-19 RS232 接口通信电路原理

9.1.4 激光位移传感器数据采集器

为了采集多个激光位移传感器给出的路面高低不平位移量,本研究开发了同步数据采集器,可用于 42 路以上的激光位移传感器的数据采集。数据采集器硬件设计总体方案原理如图 9-21 所示。其中,硬件采集电路采用 51 系列单片机+可擦除可编程逻辑器件(EPLD)+网卡控制芯片,软件系统采用 VC++编制。

图 9-20 同步脉冲触发电路

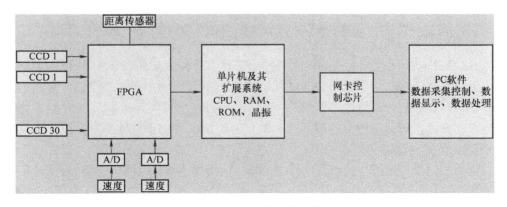

图 9-21 数据采集器硬件设计总体方案原理

激光位移传感器采用 CCD 模块进行数据采集处理，CCD 模块的输出信号进入现场可编程逻辑门阵列（FPGA），然后由 FPGA 内部的逻辑电路进行处理，并在 FPGA 内部完成与单片机系统的通信，原理如图 9-22 所示。

采用数字温度器件 DS1820B 进行温度采集，工作原理如图 9-23 所示。

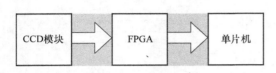 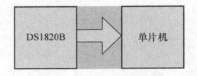

图 9-22　激光位移传感器信号采集方案原理　　图 9-23　温度传感器信号采集方案原理

本系统采用 MCS-51 系列单片机组成的单片机系统实现采集、处理和通信功能。选用的单片机为 Winbond 公司生产的低功耗、高性能的 8 位微控制器，与 C51 系列产品兼容，具有 32KB 电可擦编程只读存储器（EEPROM）和 3 个定时器/计数器。

选用 RTL8019as 以太网卡芯片作为单片机与 PC 通信方式，TCP/IP 协议作为通信协议，通信原理如图 9-24 所示。

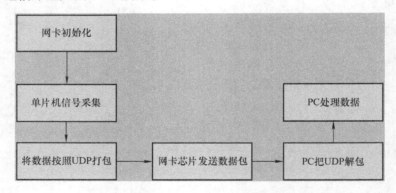

图 9-24　单片机与 PC 通信方式原理

REALTEK 公司设计生产的以太网控制芯片 RTL8019as 是一款 10M 以太网局域网（LAN）控制器，片内有 16KB 的随机存储器（RAM），支持全双工，它的内部 RAM 可以作为发送和接收的缓冲区，访问这些内存可以使用远程直接存储器访问（DMA）方式，降低了中央处理器（CPU）的负担，简化了软件的复杂度，控制器能缓存完整的发送帧和接收帧。

芯片的主要功能模块包括：ISA 总线接口、802.3MAC 引擎、集成的缓冲区内存、串行 EEPROM 接口和具有 10BASET、10BASE2 和 10BASE5 的完整模拟前端。芯片的介质访问控制引擎完全兼容 IEEE802.3 以太网标准，可以处理所有的以太网帧的发送和接收，包括冲突检测、前导码的产生和检测以及循环冗余码（CRC）

的产生和检测。串行 EEPROM 用于保存芯片的配置信息，能在系统加电时自动加载这些信息。RTL8019as 芯片工作原理如图 9-25 所示。

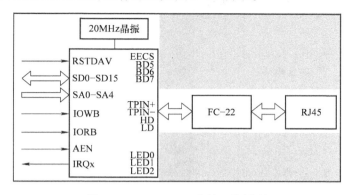

图 9-25　RTL8019as 芯片工作原理

FPGA 电路设计原理如图 9-26 所示。

在硬件系统加电时，单片机通过配置电路对 FPGA 实现在线编程。首先给 10K10 芯片的 Config 引脚一个低脉冲，表示开始配置 FPGA，然后单片机读取保存在片内只读存储器（ROM）中的程序，在 DCLK 为高电平的时候，往

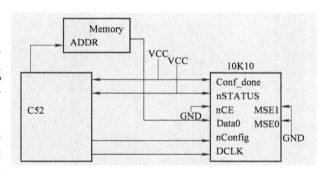

图 9-26　FPGA 电路设计原理

FPGA 中写入一个字节的程序，在配置的过程中检测 nSTATUS 状态，若为高，则该字节的程序配置成功。配置完成之后，检测 Conf_done 引脚，如果 Conf_done 为高，则配置成功。

系统总体电路原理如图 9-27 所示。

系统时钟是一切微处理器内部电路工作的基础。振荡周期和时钟周期又决定 CPU 的时序。单片机内部有存在自激振荡或外部提供振荡源两种方式，驱动内部时钟电路产生系统时钟信号。本系统选用内部自激振荡。

单片机的晶振为 24MHz。为适应信号采集的要求，选择 12M 的晶振。其振荡周期为 $1/12\mu s$，时钟周期为 $1/6\mu s$，机器周期为 $1\mu s$。ALE 输出地址锁存允许脉冲，在不访问外存时，能产生 1/6 振荡频率的时钟，作为外部定时或时钟。本系统所使用的时钟电路如图 9-28 所示，其中，X1、X2 分别引至单片机的 XTAL1、XTAL2 引脚。

单片机应用系统工作时，要求复位电路能准确、可靠地工作。复位电路的核心

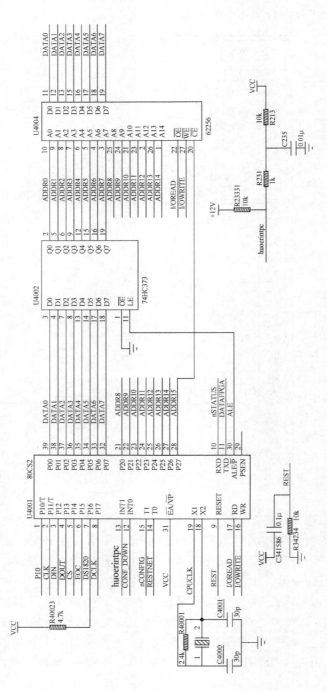

图 9-27 系统总体电路原理

就是必须保证 reset 引脚上持续出现一段时间稳定的高电平。系统复位工作主要有两部分,一是上电初始化复位,二是运行过程中出现异常情况时手动按键复位。

当单片机在运行中出现死机、程序跑飞等现象时,最简单的办法是人工复位。但这种方法需要有人的参与,而且复位不及时。因此,可以在程序中设计一种软件"看门狗"电路,或者采用硬件的看门狗,其主要功能是在程序出现死机、跑飞或者超过规定的输出时间时,输出复位信号,使单片机复位。本系统采用软件 watchdog 的方法。

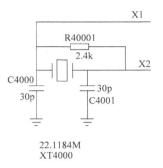

图 9-28 时钟电路图

单片机内部 RAM 的大小为 128B,可以满足工作寄存器、堆栈、数据缓冲器及软件标志等。系统在运行的时候,还会产生大量采集的路面信息数据,因此,只有片内的 RAM 不能满足系统的要求,需要另外扩展 RAM。本系统选用 62256 (32KB) 扩充为片外 RAM。

单片机的 RD 和 WR 引脚分别与 62256 的读允许 OE 和写允许 WE 连接,实现读/写控制。CS 是 RAM 的片选端,与单片机的 P27 引脚相连,在 P27 引脚为低电平的时候,62256 选通。

以太网芯片 RTL8019as 通过一个隔离变压器实现与 10BASET 的网络连接,在网络控制芯片外围加上隔离变压器与 RJ45 接口。单片机与网卡芯片的连接如图 9-29 所示。

DATA0 ~ DATA7 是网卡的 8 位数据总线,接单片机的 P0 口。网卡的 RESTI-NET 信号连接到单片机的 T0 端口 (14 脚),单片机可以通过 T0 端口复位网卡。I/OREAD、I/OWRITE 接到单片机的 $\overline{RD}$、$\overline{WR}$ (17 脚、16 脚),GND 是电源地,VCC 为 +5V 的电源。ADDR0 ~ ADDR4 和 ADDR13 ~ ADDR15 为网卡的地址线,共 8 根。

RTL8019 和网络介质之间的连接由 FB2022 隔离变压器芯片完成,如图 9-30 所示。FB2022 主要用于以太网的接口。图中 TPOUT +、TPOUT -、TPIN +、TPIN - 是 RTL8019 芯片输出信号的 4 个引脚,隔离变压器右边是以太网 RJ45 接口,通过标准 RJ45 插头的双绞线接入以太网。

FPGA 是现场可编程门阵列,在系统加电时,单片机系统把存储在系统 ROM 中的 FPGA 程序通过配置电路,实现对 FPGA 的现场编程。程序流程如图 9-31 所示。

RTL8019 控制程序的编程包括网卡的上电复位、初始化、发送和接收三部分功能。在接收和发送数据之前要进行必要的检测和初始化。RTL8019 的初始化主要设置所需的寄存器状态,建立网络接口收发的条件。初始化完成后,RTL8019 处于接收状态,只要网络上有可以接收的数据包,RTL8019 就会自动将数据存入接收缓冲

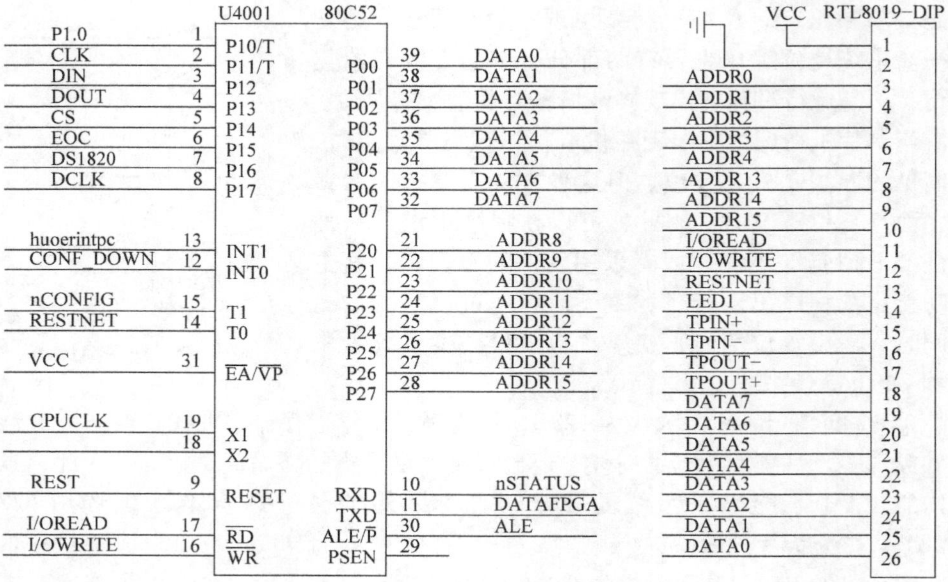

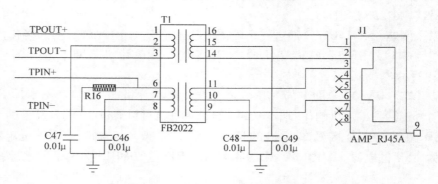

图 9-29 单片机与网卡芯片的连接

图 9-30 单片机与网卡芯片的连接

区并在收完后向 51 单片机发送中断申请，51 单片机响应申请，进入中断服务程序开始接收数据。数据的发送过程包括三个步骤：数据包的封装；通过远程 DMA 把数据包送入 RTL8019 的数据发送缓冲区；通过 RTL8019 将数据送入 FIFO 进行发送。

RTL8019AS 的基本情况如下：

1）网卡的复位。与复位有关的引脚为 RSTDRV，其用途如图 9-32 所示。

RSTDRV 连接到 ISA 总线的 RSTDRV 的引脚上。RSTDRV 同时也是 ISA 总线的复位信号。RSTDRV 为高电平有效，至少需要 800ns 的宽度。给该引脚施加一个 $1\mu s$ 以上的高电平就可以复位。施加一个高电平之后，再施加一个低电平，网卡复位时序如图 9-33 所示。

第 9 章 智能检测装备与道路检测车开发

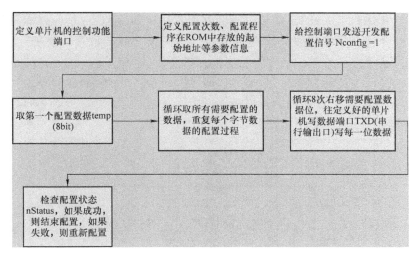

图 9-31　FPGA 初始化配置程序流程

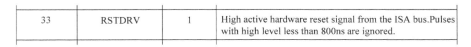

图 9-32　网卡复位引脚说明

图 9-33　网卡复位时序

RSTDRV 信号可以接到单片机的一个引脚进行网卡复位，也可以直接将 RSTDRV 和单片机的 RESET 引脚并联，单片机复位的时候，网卡也复位，从而减少一个单片机引脚的使用。

复位寄存器如图 9-34 所示。

复位标志位如图 9-35 所示。

图 9-34　复位寄存器说明

2）网卡初始化。完成复位之后，要对网卡的工作参数进行设置，以使网卡开始工作。网卡的初始化子程序如下：

Bit	Symbol	Description
7	RST	This bit is set when NIC enters reset state and is cleared when a start command is issued to the CR.It is also set when receive buffer overflows and is cleared when one or more packets have been read from the buffer.

图 9-35　复位标志位说明

① 读取网卡的网卡地址：完成上面的过程之后，网卡还不能正确地接收数据包，因为还需要对网卡的物理地址（48 位的地址）进行设置。

② TCP/IP 协议栈的实现：本系统利用 51 单片机的汇编语言实现了 TCP/IP 协

议的 ARP、RARP、IP、UDP 协议，驱动网卡芯片和 PC 实现通信；以太网数据帧、IP 包、ARP 包、RARP 包和 UDP 包的打包，包头校验码的计算，解包过程都是通过编制软件实现。单片机发送程序基于编制的 TCP/IP 协议栈程序把数据放入 UDP 包，一层一层向下传送，然后 PC 接收 UDP 包，一层一层地解包，最终获得测量数据。数据通过 TCP/IP 协议栈的传输过程如图 9-36 所示，研究开发的数据采集器如图 9-37 所示。

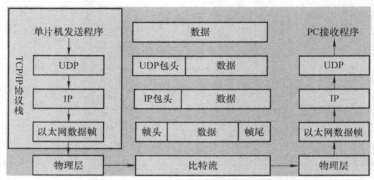

图 9-36　TCP/IP 协议栈的传输流程图

9.1.5　检测系统信号分配同步控制器

集成检测系统中的平整度、车辙、构造深度、路面损坏拍摄、道路环境拍摄、GPS 数据采集，均采用外部距离脉冲触发采集数据。路面构造深度的采样距离大约为 1mm，平整度采样间距大约 50mm，车辙采样间距大约 60mm，路面损坏拍摄采样间距 1000mm，道路环境拍摄采样间距大约 6000mm。这些不同的采样间距，需要采用同一个光电编码器。根据检测车轮周长的不同，可以采用两种输出脉冲的光电编码器，一种是 4096 脉冲/r，一种是 3600 脉冲/r。根据不同检测指标要求的采样间距，通过信号分配同步控制器可以分配给不同采样脉冲。

信号分配同步控制器的工作过程原理如图 9-38 所示。

图 9-37　数据采集器

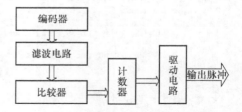

图 9-38　信号分配同步控制器的工作过程原理

对于编码器输出的原始触发脉冲，需要经过滤波器和比较器才能用作触发。触发脉冲经过计数器和驱动电路可为各个检测系统提供符合要求的触发脉冲。图 9-39 给出了检测系统中原始脉冲和各路采集系统触发脉冲之间的关系。

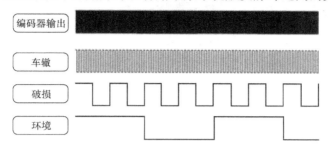

图 9-39　检测系统中原始脉冲和各路采集系统触发脉冲之间的关系

由于要满足运行速度和多路同时触发的要求,故选用 FPGA 来实现上述过程,其电路如图 9-40 所示,图 9-41 所示为开发的距离触发脉冲分配器电路板。

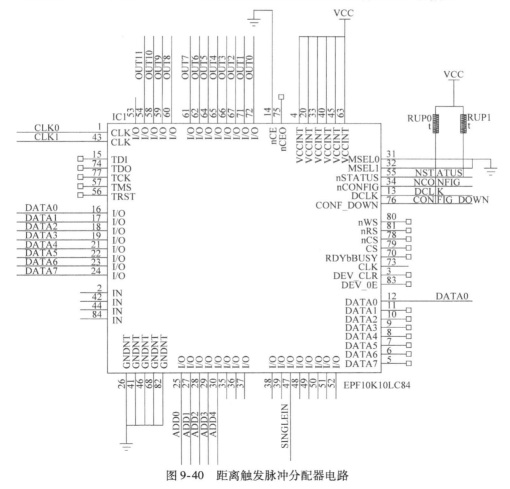

图 9-40　距离触发脉冲分配器电路

图 9-41　开发的距离触发脉冲分配器电路板

研究开发的脉冲信号分配器和频闪脉冲同步控制器如图 9-42 所示。

图 9-42　脉冲信号分配器和频闪脉冲同步控制器

9.2　智能检测系统软件

9.2.1　数据采集监控存储系统软件

本研究开发了平整度、车辙、构造深度、GPS 等传感器的数据采集、监控、存储、传输等集成软件，同时也开发了路面单项指标检测的数据采集监控存储传输软件。研究开发的单项指标传感器检测的数据采集监控存储传输软件主要有：

1）基于非惯性基准传递检测原理，采用 5 个激光位移传感器进行路面平整度检测的数据采集监控存储传输软件。

2）基于非惯性基准传递检测原理，采用 10 个激光位移传感器进行 2 个轮迹带路面平整度检测的数据采集监控存储传输软件。

3）基于惯性检测原理，采用 2 个激光位移传感器和 2 个加速度计进行路面平整度检测数据采集监控存储传输软件。

4）采用 2 个激光位移传感器进行路面构造深度检测的数据采集监控存储传输软件。

5）采用 31 个激光位移传感器进行路面车辙检测的数据采集监控存储传输软件。

6）采用 39 个激光位移传感器进行路面平整度、车辙检测的数据采集监控存储传输软件。

（1）集成采集监控存储传输软件整体结构

采用上下位机配合来完成车辙、平整度、GPS 等各类传感器数据的采集。下位机采用 CPLD 芯片为线阵 CCD 产生驱动信号，采用 51 系列单片机并配合 FPGA 来完成 CCD 数据的读取，然后驱动网络芯片，将采集到的数据按照 UDP 协议发送给上位机；采用 USB 数据采集器来采集加速度传感器与激光位移传感器的信号。上位机对采集的数据进行实时显示与存储，同时使用串口通信协议来采集 GPS 接收机的数据，采集完成后进行车辙计算与报表处理，集成采集监控存储传输软件整体结构如图 9-43 所示。

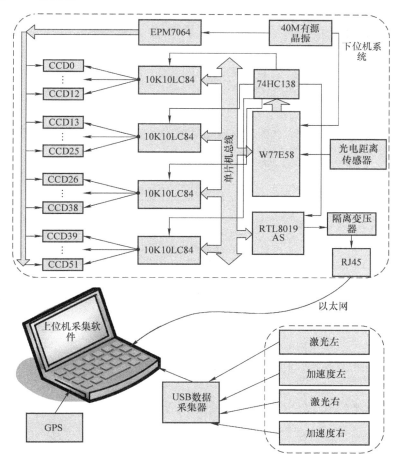

图 9-43　集成采集监控存储传输软件整体结构

(2) 多路 CCD 信号的同步处理

研究开发的激光位移传感器采用线阵 CCD（日本东芝公司的 TCD1208）作为光电接收器。线阵 CCD – TCD1208 芯片引脚如图 9-44 所示。该芯片有 2160 个有效像素单元，像元尺寸及间距为 $14\mu m \times 14\mu m$，单 5V 供电，F_{rs} 可以达到 2MHz，共需要 4 个 5V 的输入驱动时钟（Φ1、Φ2、SH 和 RS），相关时序如图 9-45 所示，其中 SH 是移位脉冲，Φ1、Φ2 是相时钟，RS 是输出单元的复位脉冲，OS 是采样信号输出。在 SH 正跳变的作用下，CCD 光敏单元内的电荷信号

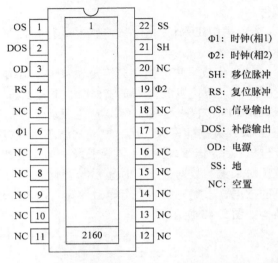

图 9-44　线阵 CCD – TCD1208 芯片引脚

转移到各自的寄存器中，接着在相时钟 Φ1、Φ2 的作用下从 OS 信号输出。从 SH 正跳变开始的第 40 个脉冲（首先输出 13 个哑元，再输出 27 个暗信号）以后是有效的 2160 个光敏信号，输出信号的大小与入射光的光强及光照时间成正比关系，其后输出 9 个暗信号，再输出 2 个奇偶检测信号，之后是任意个空驱动（一般为 1 个）。

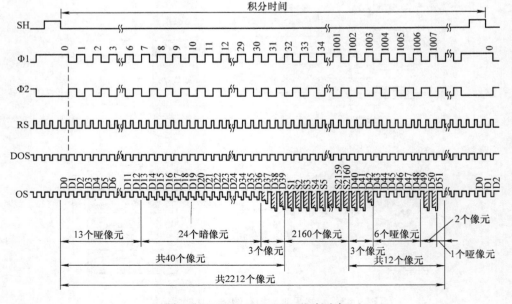

图 9-45　CCD – TCD1208 芯片时序

使用 40MHz 有源晶振作为所有系统的唯一时钟信号 CLK，将它 10 分频后得到 1MHz 的 Φ1，取反后得到 Φ2，将 CLK 信号 20 分频并与 Φ1 信号进行运算后得到 2MHz 的 RS 信号（占空比 1∶3）。由图 9-46 的时序可知，SH 信号的高电平宽度可取 500ns，低电平部分宽度可取 2212×500ns=1106ms。从而可以使用 CPLD 根据输入的 4MHz 信号，产生 Φ1、Φ2、RS 和 HS 信号。

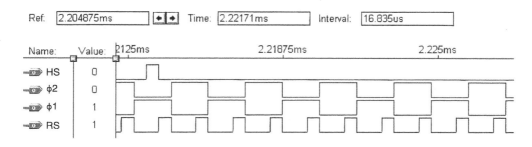

图 9-46 MaxplusⅡ中模拟的 CCD 驱动时序

本系统中的多个 CCD 芯片需要进行同步采集，从而保证检测车高速行驶时各个 CCD 采集的一组数据都在同一时刻，车辙采集的数据位于同一个纵断面上，因此所有 CCD 的 4 个驱动信号都使用同一个信号源驱动。因为 CPLD 的驱动能力有限，所以需要在电路中加入多个 74HC244 进行驱动。

（3）CCD 数据的采集

CCD 数据的采集采用 FPGA 芯片，但是一片 FPGA 的容量和可用引脚有限，实测发现一片 FPGA 可以容纳 13 路 CCD 数据的采集，因此采用在单片机总线上加挂 4 个 FPGA 芯片的方法来完成更多路 CCD 数据的采集。

FPGA 芯片与单片机的连接采用总线方式，外围采用一片 74HC138 译码器，对每一个 FPGA 分配不同的读端口基地址。每个 FPGA 内部有一个 12 位计数器和 13 个 12 位 CCD 数据暂存器，将每个 CCD 的 OS 信号上升沿对应的 RS 信号记数值进行暂存，由单片机根据检测车行走的距离脉冲信号统一进行读取。FPGA 芯片中的译码逻辑和计数与暂存逻辑如图 9-47 和图 9-48 所示。

（4）平整度信息的采集

道路平整度的计算分左右两个轮迹独立运算完成。采用 USB 数据采集器同步采集左右轮迹得出的加速度和激光位移传感器信息，然后根据计算得到左右两轮迹处的道路形状，再根据道路形状计算出路面的平整度。

（5）GPS 地理信息的采集

采用串口通信技术来实时采集 GPS 接收机的数据，并实时解析出经度、纬度和海拔以及时间信息，与采集到的其他数据一起进行存储，主要采用的技术包括串口通信、GPS 数据格式解析和多线程编程等。

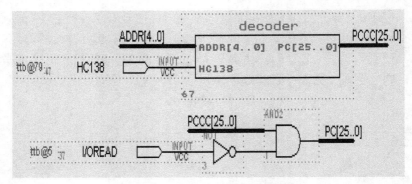

图 9-47　FPGA 芯片中的译码逻辑

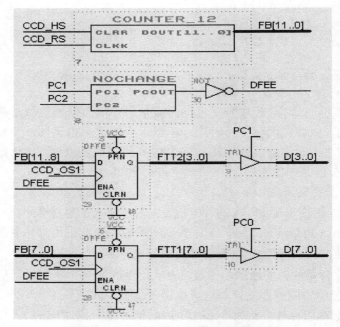

图 9-48　FPGA 芯片中的计数与暂存逻辑

(6) 与上位机的数据通信

单片机采集到的每组 CCD 数据有 $2 \times 52 = 104$ 个字节,按每 5cm 采集一组数据计算,当检测速度为 90km/h (25m/s) 时,数据的采集和传输速度为 0.39Mbit/s,因此本系统采用可以达到 10Mbit/s 传输率的以太网芯片向上位机发送采集到的数据,电路连接如图 9-49 所示。

采集和发送 CCD 数据的工作流程为:利用单片机根据距离传感器产生的中断信号 INT1 采集 52 个 CCD 的数据,经单片机的系统总线读至单片机在 RAM 中开辟的数据缓冲区,根据 UDP 协议进行组包(图 9-50),然后通过远程 DMA 操作将组

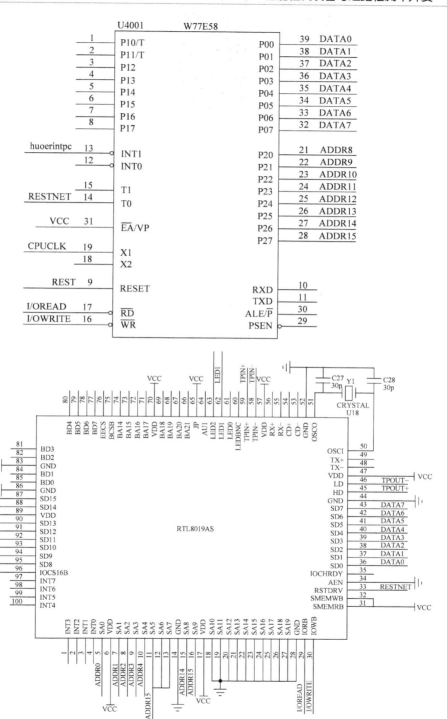

图 9-49　单片机与以太网芯片的电路连接

包后的数据写入以太网芯片的内部 SRAM，再经 RJ45 接口发送至以太网，由上位机采用 UDP 协议接收数据并进行存储。

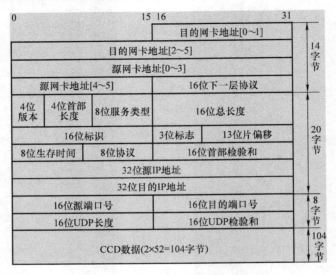

图 9-50　UDP 协议的组包方案

(7) 上位机软件系统研制

通过 VC++.net 2005 软件开发平台，可以研究开发出有关平整度、车辙、构造深度、GPS 等数据采集监控存储传输集成软件，图 9-51 所示为系统工作原理，采集系统软件界面如图 9-52 所示。

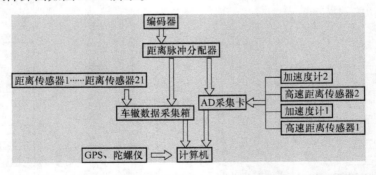

图 9-51　平整度、车辙、构造深度、GPS 等数据采集系统工作原理

研究开发的平整度、车辙、构造深度、GPS 等数据采集监控存储传输集成软件具有以下主要功能和特点：

1) 该采集软件可以实现激光位移传感器、加速度计、GPS 等传感器的数据采集，是一套激光路面检测系统的通用数据采集界面。

2) 在该采集软件中，激光位移传感器的数量可以根据实际使用数量进行设

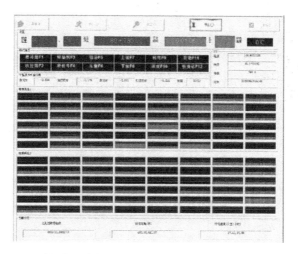

图 9-52 平整度、车辙、构造深度、GPS 等数据采集软件界面

置,可以进行单类传感器的数据采集。

3)此外,该采集软件还具有道路状况的文本实时输入及语音的录入等功能。

9.2.2 路面损坏数字图像采集监控存储传输软件

拍摄路面损坏数字图像,可以采用面阵相机或线阵相机拍摄。为了获得高分辨率的路面数字图像,必须采用高分辨率的数字相机。对于高等级公路,路面宽度一般为 3750mm,当要求路面图像的分辨率为 1mm 时,拍摄相机在横断面方向上的像元数量应不少于 3750 个。在实际拍摄中可选择以下几种拍摄方案:

1)当采用 1024×1024 分辨率的面阵相拍摄时,为了达到 1mm 的分辨率,必须采用 4 台相机同步拍摄。

2)当采用 1920×1040 分辨率的面阵相拍摄时,为了达到 1mm 的分辨率,必须采用 2 台相机同步拍摄。

3)当采用 4096×1 分辨率的线阵相拍摄时,为了达到 1mm 的分辨率,可采用 1 台相机拍摄。

4)当采用 2048×1 分辨率的线阵相拍摄时,为了达到 1mm 的分辨率,必须采用 2 台相机同步拍摄。

本项目对以上 4 种拍摄方式均进行研究开发和试验,研究开发了 4 种拍摄方式的数字图像采集监控存储传输软件,掌握了不同拍摄方式应采取的技术措施,攻克了不同拍摄方式的关键技术。

图 9-53 所示为本项目研究成果之一的采用 2 台高分辨率面阵相机拍摄数字图像采集原理。

测量装置包含了 2 台高速数字相机,相机的作用是在道路测量过程中实时采集路面的图像，用于数据的后处理。由于车辆行驶速度较快，这对拍摄相机的采集速度提出了很高的要求。本方案采用的系列高速工业数字相机是专门针对需要高图像质量、高速图像输出的应用领域设计的。系统中采用了2台灰度数字式摄像机，其采集速度在一定范围内可调，其动态响应性和长期工作稳定性都适合于本系统的需求。路面损坏图像采集子系统由高速CCD数字相机、图像存储阵列、外部采集脉冲发生器和照明光源系统等组成。

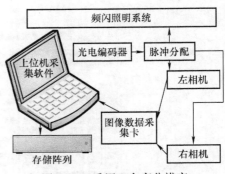

图9-53 采用2台高分辨率面阵相机拍摄数字图像采集原理

本系统采用2个高性能相机对路面进行拍摄，检测宽度为3.75米。通过图像采集卡将图像输入高性能计算机，计算机对路面的影像进行实时采集与压缩存储。为了减轻主机的存储负担，本系统采用M-JPEG的压缩格式，对采集到的路面数据图像进行压缩，从而保证了系统的数据存储量不会过大。其数据采集流程如图9-54所示。图9-55和图9-56所示为采用2台高分辨率相机进行路面损坏数字图像采集的界面。图9-57和图9-58所示分别为采用4台高分辨率相机进行路面损坏数字图像采集原理和数据采集界面。

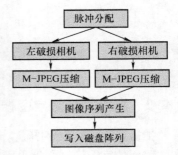

图9-54 2台相机拍摄数据采集流程

9.2.3 道路环境数字图像采集监控存储传输软件

道路环境信息的拍摄方案，与需要检测和评价道路环境状况信息的具体情况有关。当仅仅需要了解道路前方路况时，可以采用1台高分辨率相机拍摄方案。当采用2台、3台或4台拍摄相机方案时，可以获取不同分辨率不同检测范围的环境状况信息。本研究开发了采用1台、2台、4台、6台拍摄相机进行道路环境信息拍摄检测的系统，并研究开发了有关道路环境数字图像采集监控存储传输软件。

图9-59所示为本项目研究成果之一的采用4台相机进行道路环境检测的原理。

对于道路环境信息的采集，本系统采用了Basler的scout系列相机来进行。该相机有兼容GigEVision标准的千兆网（GigE）接口，因此省去了采集卡。另外千兆网的线长可以达到100m，非常方便集成检测系统的布线与连接。具体的系统结构框图如图9-60所示。

第 9 章　智能检测装备与道路检测车开发

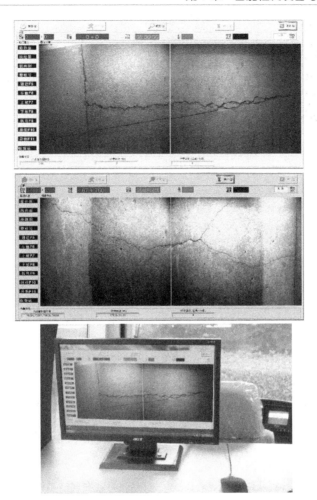

图 9-55　采用 2 台高分辨率相机拍摄路表面数字图像的数据采集界面（水泥混凝土路面）

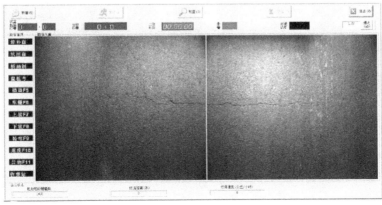

图 9-56　采用 2 台高分辨率相机拍摄路表面数字图像的数据采集界面（沥青混凝土路面）

259

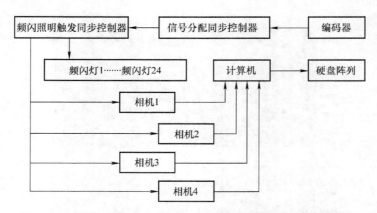

图 9-57 采用 4 台高分辨率相机进行路面损坏数字图像采集原理

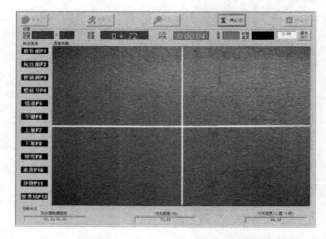

图 9-58 采用 4 台高分辨率相机拍摄路表面数字图像的数据采集界面

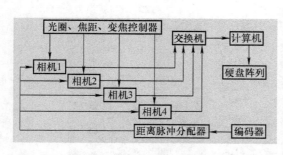

图 9-59 采用 4 台相机进行道路环境检测的原理

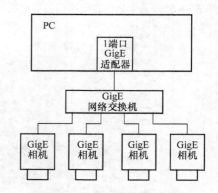

图 9-60 采用 4 台千兆网相机拍摄的系统结构框图

由于采用了4台相机进行图像采集，因此采集系统需要多线程来进行，并且也需要对采集到的图像进行实时压缩，从而降低存储的空间。图像采集系统的线程调度算法如图9-61所示。

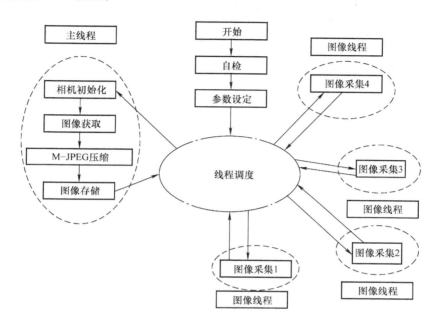

图9-61　采用4台相机进行图像采集的线程调度算法原理

系统5个线程同时运行，主线程完成复杂耗时的压缩与存储工作，其他线程完成耗时少的实时性要求高的图像采集工作。试验表明，这种设计能够较好地适应4台环境相机的控制、采集、压缩与存储任务。图9-62和图9-63分别给出了采用4台相机进行道路环境信息拍摄的数据采集界面和采用2台相机进行道路环境信息拍摄的数据采集界面。

9.2.4　平整度数据处理软件

平整度数据处理软件包括两种，一种是基于惯性基准检测原理的平整度处理软件，另一种是基于非惯性基准传递检测原理的处理软件。对平整度处理软件的基本要求是：

1）能够对不同采样间距进行处理。
2）能够获得路面相对纵断面曲线。
3）能直接计算IRI和其他指标值（如路面行驶质量指数）。
4）能够按照用户及国家标准规定的模板生成完整的报告。
5）处理结果能够保存成excel格式或文本格式。

图 9-62　采用 4 台相机进行道路环境信息拍摄的数据采集界面

图 9-63　采用 2 台相机进行道路环境信息拍摄的数据采集界面

6）能够现场直接分析数据并打印结果。

（1）基于惯性基准检测原理的平整度处理软件

基于惯性基准检测原理的平整度检测方法，采集的数据包括激光位移传感器数据、加速度数据及对应的里程位置信息。为了得到国际平整度指数（IRI），必须根据激光位移传感器数据和加速度数据计算出被测路面的相对纵断面。通过激光位移传感器计算路面高低不平位移值相对简单，利用加速度数据计算车辆在检测过程中的上下振动位移相对复杂。

依据得到的路面相对纵断面，根据标准的国际平整度指数计算公式计算出 IRI，处理软件界面如图 9-64 所示，可完成 IRI 计算与报表生成。

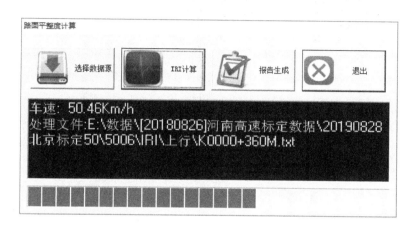

图 9-64　基于惯性基准检测原理的平整度处理软件界面

（2）基于非惯性基准传递检测原理的处理软件

依据本研究成果，采用非惯性基准传递检测原理进行平整度检测，其数据处理方法的关键是根据激光位移传感器采集的数据，通过数据处理得到被测路面的相对纵断面。然后根据 IRI 的标准计算方法计算规定长度路段的 IRI。

非惯性基准传递平整度处理软件分为 4 大模块，包括标定模块、计算模块、显示模块和报告生成模块，如图 9-65 ~ 图 9-67 所示。

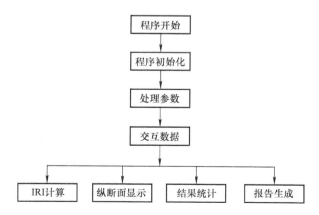

图 9-65　非惯性基准传递平整度处理软件基本组成

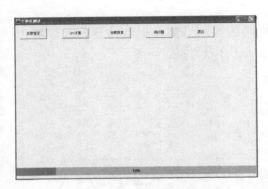

图 9-66 非惯性基准传递平整度
处理软件界面

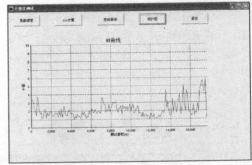

图 9-67 非惯性基准传递平整度
处理软件界面（IRI 分布图）

9.2.5 车辙数据处理软件

车辙数据处理软件主要包括 3 个部分：
1) 对采集的原始数据进行数学变换得到路面高低不平相对位移值。
2) 根据相对位移值确定路面车辙。
3) 绘制路面横断面曲线。

车辙数据处理程序流程如图 9-68 所示。

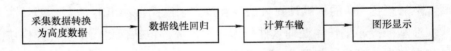

图 9-68 车辙数据处理程序流程

依据计算出的路面数据，采用 3 次差值曲线绘制路面横断面曲线，采用最大值与最小值之差，计算路面的左右车辙大小，如图 9-69 所示。从图中可以看出，为了获得客观准确的车辙结果，横断面上应布设较多的激光位移传感器。

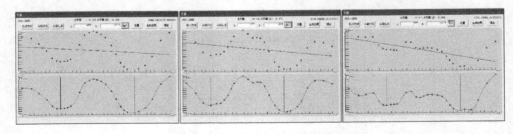

图 9-69 路面横断面（车辙）曲线

9.2.6 构造深度数据处理软件

路面构造深度处理软件界面如图 9-70 所示,该软件可完成路面构造深度计算和不同报表生成。

图 9-70　路面构造深度处理软件界面

9.2.7 路面损坏数字图像处理软件

该软件以路面数字图像为处理对象,采用人工交互与自动处理的方法,测量路面损坏的长度、宽度以及面积,判别路面损坏的严重程度,并按照国家标准规定的数据报表格式生成用于路面评价的损坏检测报告。

该软件主要提供了 7 个功能模块:

1) 图片显示与浏览模块:对压缩图像进行解码处理并显示,可进行路面图片的缩放、平移与自动连续播放。

2) 路面损坏的人机交互提取模块:采用连线选择与框选的方法对路面损坏进行标识与分类,能够测量裂缝类损坏的宽度,自动计算损坏的长度与面积,根据损坏的尺寸判别损坏的严重程度。

3) 路面损坏的自动提取模块:对路面图片进行滤波去噪与光场均匀化处理,自动分割路面损坏、计算损坏尺寸并对损坏进行分类,可将裂缝类损坏分为横裂、纵裂、龟裂以及其他等类型。

4) 路面损坏信息查看模块:用于查看路面图像的损坏数据信息,可对损坏信息进行删除修改操作。

5）路面图片定位模块：提供了粗定位与精定位两个滑动条，粗定位滑块的默认滑动单位是50m，精定位滑块的默认滑动单位是1m，二者结合便于准确快速地定位到指定路段。

6）报表生成模块：可以按10m、100m以及1000m间隔，生成路面损坏统计报表，报表文件可与路面管理系统接口，也可通过OFFICE工具打印输出。

7）参数设置模块：可设置图片自动播放速度、图片显示数量、图片显示窗口大小、图片显示模式以及用于损坏自动检测的相关参数。

图9-71给出了基于图像的路面损坏检测的总体流程。考虑到路面情况复杂，例如路面材料纹理、路面油漆标记、路面油污、树木阴影以及采集到的路面图像光场分布不均匀等因素均会导致自动识别困难，所给出的基于图像的路面损坏检测方案集成了人工方式的损坏检测方法与自动方式的损坏检测方法，以满足不同路面养护检测的需要，提高检测结果的完整性与可靠性。

针对路面损坏的自动检测，以工程化、实用化为目标，研究了路面图像的预处理、路面图像的自适应分割、分割结果的形态学处理以及路面裂缝损坏的自动识别技术。在跟踪研究了国内外最新的路面图像损坏检测成果的基础之上，提出一种"基于先验知识的低对比度路面裂纹损坏分割方法"对路面图像中的裂缝进行分割，取得了较好的效果。

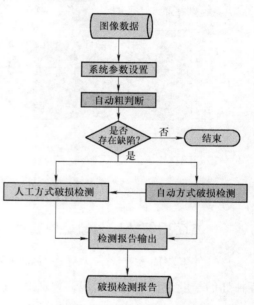

图9-71　基于图像的路面损坏检测的总体流程

图9-72给出了路面裂缝损坏的自动检测流程。首先，对路面图像进行滤波与光场矫正处理；然后，通过基于学习的方法获取图像的自适应分割参数并使用自适应分割参数对路面图像进行自适应分割，对图像分割后得到的二值化图像进行形态学处理，连接路面裂缝并去除单点噪声；最后，对路面裂缝损坏进行分类识别并统计长度、面积等几何量。

图9-73给出了研究开发的路面损坏图像处理界面。

9.2.8　道路环境数字图像处理软件

道路环境数字图像处理软件的基本要求是：

1）具有图像回放、缩放、参数设置等功能。

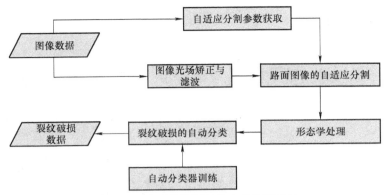

图 9-72 路面裂缝损坏的自动检测流程

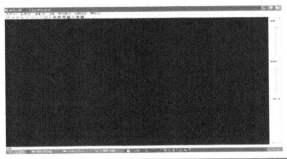

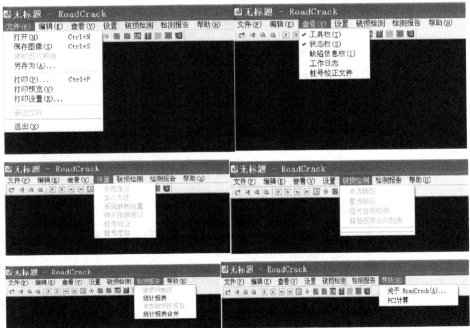

图 9-73 研究开发的路面损坏图像处理界面

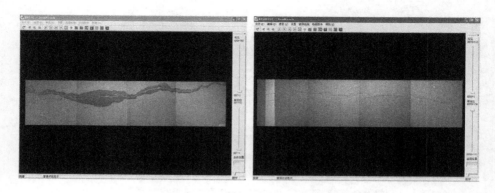

图 9-73　研究开发的路面损坏图像处理界面（续）

2）具有图像测量功能，即可以根据平面图像测量道路沿线设施及状况。

3）具有按照国家标准和用户要求生成检测结果的报表功能。

本项目研究开发的道路环境数字图像处理软件是在路面图像处理软件研究开发成果的基础上进行的，其处理界面和功能如图 9-74 所示。

图 9-74　项目研究开发的路道路环境图像处理界面和功能

第 9 章 智能检测装备与道路检测车开发

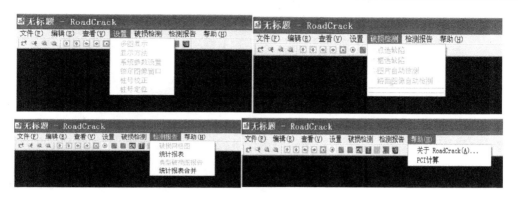

图 9-74　项目研究开发的路道路环境图像处理界面和功能（续）

9.2.9　数据管理及报表生成软件

为了满足用户不同养护需求和国家标准规定的检测结果养护报表，作者团队研究开发了功能强大、形式多样的检测结果报表生成软件。

9.2.10　综合检测与处理软件

作者团队开发了应用于长安大学多功能道路检测车的车辙、平整度、构造深度、磨耗、跳车和路面破损数据的集成采集软件和集成处理软件。

（1）集成采集软件

集成采集软件的主界面如图 9-75 所示。

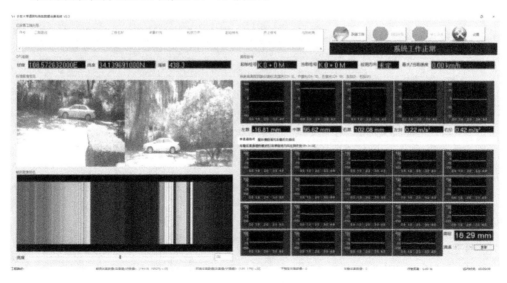

图 9-75　集成采集软件的主界面

269

采集系统主界面功能主要分为如下区域：

1) 已采集功能列表：用于显示已采集的工程项目基本信息，包括工程路径、工程名称等。用户通过鼠标双击列表内的项目可快速跳转至指定项目所在文件夹。

2) 车辆定位信息显示栏：用于显示车辆当前的 GPS 经纬海拔数据，当前进行项目的桩号及车辆行驶速度。

3) 道路环境、路面破损显示窗口：用于道路环境、路面破损图像的显示。用户可将鼠标移动至该窗口，通过滚轮对图像进行缩放，或通过左键双击该窗口进入图像全屏预览模式。

4) 状态栏：状态栏中显示当前采集工程的所在路径、各数据采集计数器数值等信息。数据计数器分别显示路面破损图像相机、道路环境相机的采集/存储图片数量，以及平整度、车辙传感器所采集的数据数量。计数器的数值有助于操作人员了解系统工作是否正常。

5) 车辙传感器单通道测量结果查看窗口：用户可在该窗口内观察每个激光位移传感器的读数。用户可单击窗口内的"置零"按钮将当前各传感器的读数值作为基准。

6) 传感器单通道波形显示窗口：用于显示各激光位移传感器、加速度计的读数与信号波形，便于用户观察系统工作状况。

7) 系统采集状态显示栏：用于显示系统的异常信息。

8) 按钮区：用户通过各按钮操作数据采集进程。

（2）集成处理软件

集成处理软件如图 9-76 所示。

图 9-76　集成处理软件

集成处理软件功能如下：

1)"选择 zdm 文件"按钮：选择要处理的数据工程文件（.zdm，.zdmx）。备注：可选择一个文件处理，或是选择批量文件处理。

2)"开始计算"按钮：软件根据计算任务选择栏的计算指标类型，对工程列表的所有工程数据进行单一处理或是批量处理。

3)"停止计算"按钮：用于中断当前计算任务。

4)"生成报表"按钮：用于用户手动生成工程列表所列的工程数据 excel 报表。报表的存放路径可由数据计算与报表生成附加选项栏的报表文件存放路径编辑器进行指定，或默认生成在工程文件目录下的 report 文件夹。软件根据报表类型选择栏的复选框选择生成的报表类型。

5)"打开报表文件夹"按钮：用于用户快速打开各项目的报表存放文件夹。

6)"数据示波器"按钮：用于启动道路数据可视化显示窗口。

7)"设置"按钮：用于用户选择激光位移传感器的数据通道，主要影响车辙计算。

8)"帮助文档"按钮：用于开启帮助文档。

9)"计算完成后自动打开示波器"：用于指定软件完成数据处理后，是否自动打开道路数据可视化显示窗口。

10)"计算完成后自动生成报表"：用于指定软件完成数据处理后，是否自动开始生成报表。

11)"报表文件单独保存"：用于指定报表生成时，表格的存放路径。当该控件勾选时，表格默认保存在工程路径下的 report 文件夹内，如果不勾选，则用户可以在报表文件存放路径编辑器中自行指定表格存放目录。

12)"报表类型选择栏"：用于选择表格的生成类型。除了 10m、100m、1000m 的默认长度报表外，用户可自行定制特殊长度的报表，但是用户指只能在 10~1000m 的范围内进行指定，并且软件只接受整数型的长度数据。

9.3 多功能道路检测车研发

按照准确、快速的道路检测要求，作者团队自主开发了多种多功能道路车，这些检测车集成了所开发的装备，利用提出的检测方法实现了路面参数的高效检测。

9.3.1 基于客车车型的智能检测车

作者团队开发的以客车为搭载车的多功能道路检测车的优点是：

1) 内部空间大，每个工作位、设备安装机柜、车内辅助设施容易布局。

2) 车辆行驶及操作检测过程中工作环境舒适。

3) 可以实现工作区与辅助区分开。

4）可以利用搭载车的气动设备实现检测车保护舱门及伸缩机构自动工作。

5）各个检测系统维护方便。

6）所有的激光探头可以布局安装在存放行李箱的车舱内。

7）各种传感器及数据采集器等可以安装在存放行李箱的车舱内。

另外，选择中型客车作为道路检测车的搭载车，最重要的一点是可以采用非惯性基准传递平整度检测原理，这样检测车在行驶过程中可快可慢，不受交通干扰的影响。

（1）基于中通客车车型

基于中通客车车型的集成道路检测车外观及夜间检测情况如图 9-77、图 9-78 所示。该类型集成道路检测车主要具有以下特点：

1）基于基准传递的平整度检测。

2）采用 31 路对称式激光位移传感器测量车辙。

3）采用 2 个高精度激光位移传感器进行构造深度检测。

4）采用 6 台高分辨率相机进行道路环境状况数字图像检测。

5）采用 2 台高分辨率面阵相机进行路面损坏检测。

6）采用 24 路频闪灯同步照明系统。

7）采用 GPS 对里程校正。

图 9-77　基于中通客车车型的集成道路检测车外观

中通客车车型的集成检测系统如图 9-79 ~ 图 9-83 所示，主要用于平整度、车辙、构造深度、路面损坏和前方环境的检测。

第 9 章　智能检测装备与道路检测车开发

图 9-78　检测车夜间检测情况

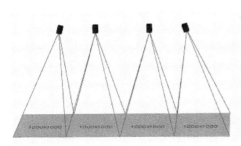

图 9-79　基于中通客车车型的集成检测系统

图 9-80　4 台面阵相机拍摄原理

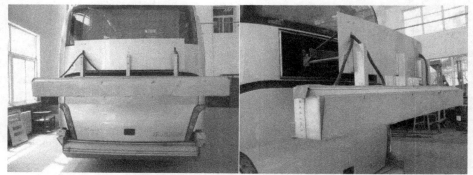

图9-81　4台面阵相机结构伸出后外观（基于中通客车的路面损坏拍摄系统）

图9-82　面阵拍摄频闪照明系统（基于中通客车的路面损坏拍摄系统）

图9-83　基于中通客车的光电测距装置

图9-84给出了39路激光位移传感器（车辙检测为31个激光探头）激光束实际分布情况。该检测的环境相机可以基于不同的组合实现测量功能。当左右两侧交会拍摄时，可以进行立体三维测量。

（2）基于宇通客车车型

基于宇通客车车型的集成道路检测车外观如图9-85所示。该类型集成道路检测车主要具有以下特点：

1）基于基准传递的平整度检测。

图 9-84　39 路激光位移传感器激光束实际分布情况

图 9-85　基于宇通客车车型的集成道路检测车外观

2）采用 23 路对称式激光位移传感器测量车辙。
3）采用 2 个高精度激光位移传感器进行构造深度检测。
4）采用 4 台高分辨率相机进行道路环境状况数字图像检测。
5）采用 2 台高分辨率面阵相机进行路面损坏检测。
6）采用 24 路频闪灯同步照明系统。
7）采用 GPS 对里程校正。

检测车的外形保持了原车外形，检测车车顶安装前方路况及道路两侧环境采集数字相机，车的两侧设计有可以开闭的舱门，整车设计不超宽。检测车两侧面喷涂检测车名称等。检测车尾部安装有可伸缩的路面损坏拍摄相机及照明光源。频闪照明光源采用外挂结构。

基于宇通客车车型的集成检测系统如图 9-86～图 9-89 所示，主要用于平整度、车辙、构造深度、路面损坏和前方环境的检测。

图 9-90 给出了 31 路激光位移传感器（车辙检测为 23 个激光探头）激光束实际分布情况。该检测车采用 4 台环境相机拍摄道路前方路况和道路两侧环境状况。

图 9-86 基于宇通客车车型的集成检测系统

图 9-87 2 台面阵相机结构收回后外观（基于宇通客车的路面损坏拍摄系统）

第 9 章 智能检测装备与道路检测车开发

图 9-88 基于宇通客车的光电测距装置

图 9-89 基于宇通客车的道路检测车
（基准传递整体梁安装在车内）

图 9-90 31 路激光位移传感器激光束实际分布情况

（3）基于依维柯小客车车型

基于依维柯小客车车型的集成道路检测车如图 9-91 所示，可以进行道路平整

图 9-91 基于依维柯小客车车型的集成道路检测车

度、车辙、构造深度、前方路况检测。该类型集成道路检测车主要具有以下特点：
1) 采用2个高精度激光位移传感器进行2个轮迹带的平整度、构造深度检测。
2) 采用21路激光位移传感器进行车辙测量。
3) 采用1台高分辨率相机进行道路前方路况数字图像检测。
4) 采用GPS对里程进行校正。

该检测车中车辙检测横梁安装在检测车的前面。由于检测横梁要让开前照灯，检测横梁设计超出车辆宽度，其余车辆外形保持原车外形。检测车车顶安装前方路况采集数字相机。

9.3.2 基于越野车车型的智能检测车

长安大学采用越野车作为道路检测车的搭载车，主要是考虑用户的实际情况，即在用户原有车辆的基础上进行改造升级。越野车作为单项指标（如平整度或度构造深度）检测系统的搭载车是比较合适的。越野车在工程使用中有其独特的优点。图9-92所示为基于猎豹越野车的道路检测车。该检测车主要用于道路前方路面状况及道路

图9-92 基于猎豹越野车的道路检测车

两侧环境状况的检测，以及路面损坏数字图像拍摄。该类型集成道路检测车主要具有以下特点：
1) 采用1台4096像元高分辨率线阵相机进行路面损坏检测。
2) 采用2台高分辨率相机进行道路环境状况数字图像检测。
3) 采用模块化LED聚光灯照明系统。

检测车的外形保持原车外形，检测车车顶安装前方路况及道路两侧环境采集数字相机。检测车尾部安装有线阵路面损坏拍摄相机及LED聚光照明光源。

基于越野车车型的检测系统如图9-93和图9-94所示。

9.3.3 基于工程车车型的智能检测车

长安大学选择工程车作为道路检测车的搭载车的主要原因是工程车可以安装辅助的各种设备，容易进行车辆年检。长安大学和南京汽车集团有限公司使用工程车作为检测车设计生产，取得了多项应用成果。基于依维柯工程车车型的集成道路检测车主要用于平整度、车辙、构造深度、路面损坏和前方环境的检测。该类型集成道路检测车主要具有以下特点：

图 9-93　国产越野型搭载车（按照用户要求设计）

图 9-94　基于越野车的光电测距装置

基于工程车车型的检测系统如图 9-95 和图 9-96 所示。
1）采用 2 个高精度激光位移传感器进行 2 个轮迹带的平整度、构造深度检测。

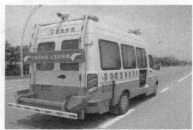

图 9-95 基于依维柯工程车车型的集成道路检测车外观

2）采用 21 路激光位移传感器进行车辙测量。

3）采用 4 台高分辨率相机进行道路环境状况数字图像检测。

4）采用 2 台高分辨率面阵相机进行路面损坏检测。

5）采用 24 路频闪灯同步照明系统。

给出了 21 路激光位移传感器激光束实际分布情况。

图 9-96 21 路激光位移传感器激光束实际分布情况

该检测车采用 4 台环境相机拍摄道路前方路况和道路两侧环境状况。检测车的外形保持原车外形，检测车车顶安装前方路况及道路两侧环境采集数字相机，车的两侧设计有可以拆卸的舱门，整车设计不超宽。检测车两侧面喷涂检测车名称等。检测车尾部安装有可伸缩的路面损坏拍摄相机及照明光源（图 9-97、图 9-98）。

图 9-97 2 台面阵相机结构伸展后外观（基于依维柯工程车的路面损坏拍摄系统）

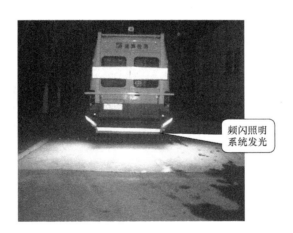

图 9-98 2 台面阵相机结构收回后外观

第 10 章　车载道路智能检测技术及装备试验

为了验证所开发的检测系统和集成多功能道路检测车的性能，本章将介绍多项试验研究，主要包括传感器试验、部件性能试验、集成检测系统性能试验以及集成的多功能道路检测性能试验。

10.1　智能检测系统关键部件试验

10.1.1　激光位移传感器试验

为满足平整度、车辙、构造深度检测的要求，应研制不同型号的传感器，如图 10-1～图 10-3 所示，结构参数见表 10-1。

图 10-1　350mm、1300mm 激光位移传感器

图 10-2　800mm 激光位移传感器

图 10-3　对称式激光位移传感器

表 10-1　不同型号传感器结构参数

型号	工作距/mm	测量范围/mm	分辨率（平均值）/mm	用途
1	100	±10	<0.005	构造深度
2	440	±150	<0.2	平整度、车辙
3	850	±200	<0.5	车辙
4	1300	±250	<1.2	车辙

本试验主要完成对传感器工作距、测量范围、测量精度和抗干扰的测试，采用的工具主要有标定量块、标定工作示波器等，如图10-4、图10-5所示。

图 10-4　短工作距激光位移传感器标定量块及标定工作台

（1）分辨率试验

激光位移传感器分辨率试验是确定其对路面最小高低变化的反应。

分辨率试验的方法是分别用尺寸为 5mm、10mm、50mm、100mm、150mm 的专用标定量块，依次放置在激光位移传感器下面，激光束直射在块规上，读取传感器输出值，验证激光位移传感器检测范围内的分辨率。激光位移传感器的分辨率在其检测范围内是不同的，工作距小，分辨率高；工作距大，分辨率相对低。不同工作距的激光位移传感器分辨率实际检测值见表10-2。

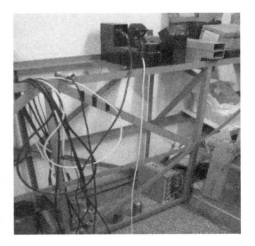

图 10-5　长工作距激光位移传感器标定量块及标定工作台

（2）检测范围试验

激光位移传感器检测范围试验是确定其能够测量的路面凹凸不平最大值。

检测范围试验的方法是依次检测每一个激光位移传感器的最远工作距、最近工作距与中心工作距的差。因加工及装配的差别，会造成每一个激光位移传感器的检测范围有所不同，表 10-2 给出了不同工作距激光位移传感器检测范围的实测值。

表 10-2　不同工作距的激光位移传感器分辨率实际检测值

位移/mm	分辨率/mm		位移/mm	分辨率/mm	
	长工作距传感器	短工作距传感器		长工作距传感器	短工作距传感器
10	0.83	0.67	220	0.45	0.48
20	0.63	0.77	230	0.42	0.37
30	0.67	0.59	240	0.40	0.42
40	0.59	0.67	250	0.38	0.38
50	0.67	0.63	260	0.38	0.38
60	0.67	0.71	270	0.37	0.38
70	0.59	0.63	280	0.37	0.36
80	0.56	0.56	290	0.36	0.33
90	0.59	0.59	300	0.34	0.36
100	0.56	0.50	310	0.33	0.37
110	0.53	0.71	320	0.30	0.29
120	0.50	0.48	330	0.34	0.30
130	0.56	0.53	340	0.30	0.29
140	0.56	0.67	350	0.30	0.31
150	0.48	0.45	360	0.29	0.29
160	0.50	0.48	370	0.28	0.31
170	0.53	0.45	380	0.27	0.29
180	0.43	0.50	390	0.24	0.24
190	0.43	0.48	400	0.27	0.27
200	0.48	0.43	410	0.24	0.22
210	0.42	0.43	420	0.23	0.25

（3）太阳光影响情况

在路面平整度、车辙、构造深度、弯沉等质量指标的检测中，激光传感器在使用中如何抗太阳光干扰，是必须解决的关键技术。太阳光的存在，往往造成激光位移传感器中的光电接收芯片像点位置输出受到干扰、输出信号不稳定等，将直接影响传感器的检测精度，可以采用窄带滤光技术消除光照不同的影响。本试验的主要目的在于检验传感器受太阳光影响的特性，试验方法如图 10-6 所示，检测结果见表 10-3。

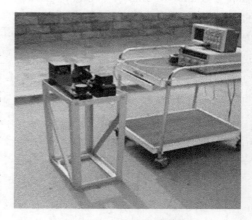

图 10-6　太阳光影响试验

表 10-3 太阳光影响试验结果

型号	太阳光遮挡/mm	太阳光直射/mm	备注
1	100	101.5	工作距 850mm
2	100	101.1	工作距 440mm
3	100	100.2	对称结构

图 10-7 所示为长安大学研发的激光位移传感器光学滤光片及成像镜头等部件。

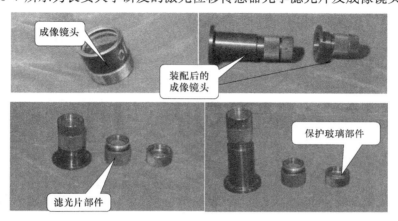

图 10-7 激光位移传感器光学滤光片及成像镜头等部件

由表 10-3 可知，太阳光对 440mm 激光位移传感器影响较小，对单头 850mm 激光位移传感器有较大的影响，对对称结构传感器影响最小。

（4）不同路面材料对激光位移传感器检测精度的影响

一般路面分为水泥混凝土路面和沥青混凝土路面。由于水泥和沥青对激光的散射率差别很大，在设计传感器时要兼顾各种路面材料，两种路面材料的试验如图 10-8、图 10-9 所示。

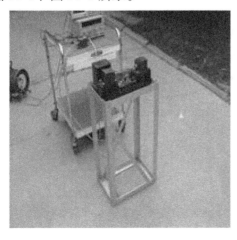

图 10-8 传感器在混凝土路面上的试验

图 10-9 传感器在沥青路面上的试验

通过试验可知，沥青路面的照度达到 80000～120000lx，可以拍摄出清晰的数字图像，基本不受外界光强弱变化的影响，特别是不受太阳光亮暗、有无的影响。试验结果表明，设计的激光位移传感器在水泥路面和沥青路面上都保持较高的精度和稳定性，能够满足各种路面的检测需要。

（5）激光位移传感器的抗振性能试验

激光位移传感器包括激光准直系统和光学成像系统，其光电接收器件是 CCD，横向尺寸仅有 $14\mu m$，检测过程中要求传感器具有较好的抗振动能力。为此，在 MTS 振动试验台上对设计的传感器进行振动测试，如图 10-10 所示。试验方法如下：

1）低频大幅值测试，1Hz，10mm，测试时间 6h。
2）高频小幅值测试，30Hz，0.2mm，测试时间 6h。
3）随机振动测试三部分，测试时间 6h。

测试结果表明，经过以上振动试验，传感器一直保持原有的精度和检测范围。传感器性能可靠，可以满足检测要求。同时，已完成的上百万千米的检测应用也从另一方面验证了传感器的抗振动性能。

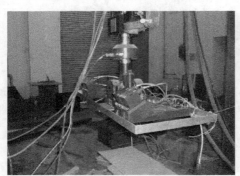

图 10-10　传感器在 MTS 振动试验台上进行抗振性能测试

（6）激光位移传感器的抗电磁干扰性能

在检测过程中，传感器会随时面临着检测车起动加速及发电机点火操作的干扰，因此，系统的抗电磁干扰能力也是一项重要指标。为此，所研发传感器的设计和加工采用多层封闭结构。

激光位移传感器的抗电磁干扰试验主要是检验光电器件、接口电路、通信电缆以及接插件的可靠性。检测方法是在电焊机、冲击钻工作时检测系统是否正常工作。采用冲击钻模拟发电机的点火操作，如图 10-11 所示。试验结果表

图 10-11　冲击钻干扰试验

明，传感器的抗电磁干扰性能可以满足实际应用要求。

（7）激光位移传感器耐高低温性能

为检验激光位移传感器和接口电路等电子元器件的温度性能，将传感器放在冰箱中和烘箱中进行加电和储存温度试验（图10-12、图10-13）。试验方法为：

1）冰箱温度控制在-10℃，储存时间24h。

2）烘箱温度控制在40℃，储存时间24h。

试验结果表明，经过以上高低温储存和带电试验，各传感器工作正常。因此可以满足各种检测环境下的温度要求。

图10-12 传感器低温试验冰箱

图10-13 传感器高温试验烘箱

（8）传感器性能试验结论

通过以上对比试验，可以得出以下结论：

1）对称式激光位移传感器检测范围大，可用于不同等级路面。

2）对称式激光位移传感器可以减小阳光照射的影响。

3）对称式激光位移传感器可以减小路表面散射不均匀的影响。

4）对称式激光位移传感器可以减小光电接收器强光饱和的影响。

5）研究开发的激光位移传感器可以满足检测车行驶过程中的颠簸振动影响。

6）研究开发的激光位移传感器可以经受在高速公路行驶检测过程中的各种电磁干扰。

10.1.2 里程距离检测试验

采用霍尔传感器和光电编码器进行道路检测距离测量。其测量精度取决于距离测量传感器本身的精度和里程评价长度。里程计的航迹推算定位方法主要基于光电编码器在采样周期内脉冲的变化量计算出车轮相对于地面移动的距离和方向角的变化量，从而推算出移动机器人位姿的相对变化。假设一个机器人在其轮子或腿关节处配备有光电编码器等设备，当它向前移动一段时间后，想要知道大致的移动距离，通过测量光电编码器脉冲数目就可以得出轮子旋转的圈数，如果知道了轮子的周长，便可以计算出机器人移动的距离。

光电编码器是利用光栅衍射原理实现位移-数字变换，通过光电转换，将输出轴上的机械几何位移量转换成脉冲数字量的传感器。

光电编码器采用德国倍加福生产的光电编码器，其脉冲数为 4096 脉冲/r、3600 脉冲/r。图 10-14 所示为霍尔传感器安装位置。

试验时，先将检测车检测轮位置和 1km 直道的起点位置重合，然后保持沿直线行驶；快到终点时，缓慢行驶，直至与终点重合，如图 10-15 ~ 图 10-17 所示。

图 10-14　霍尔传感器安装位置

图 10-15　1km 直道测试起点

图 10-16　行驶过程沿直道行驶

图 10-17　距离标定终点

检测结果见表 10-4，可得出检测结论：1km 直道检测时，通过标定里程误差不超过 1‰；检测精度与行驶过程路线有关。检测中要求严格沿直线行驶。起始和结束时，要确保与基准重合。

表 10-4 光电编码器距离检测结果

次数	1	2	3
标准/m	1000	1000	1000
检测结果/m	1000.01	999.826	1000.729
误差	校准	0.18/1000	0.72/1000

10.2 平整度检测试验

10.2.1 惯性基准检测原理台架试验

平整度惯性检测原理是目前国内外平整度检测中最常用的一种,为了试验检测,在 MTS 试验台上搭建了惯性平台,如图 10-18 所示。该平台主要由 MTS 试验机、激光位移传感器、加速度计、数据采集仪和计算机组成。MTS 给出稳定的振动波形,由激光位移传感器检测出振动过程中位移的变化,加速度计检测出激光位移传感器的振动,两者相减后应该为 0。

试验结果见表 10-5。在高频振动下,加速度计有着很好的检测精度。在频率低于 0.5Hz 时,精度下降较多。因此,在道路检测时,要对最低检测速度进行限制。

图 10-18 惯性检测原理平台试验

表 10-5 惯性检测原理台架试验结果

试验序号	频率/Hz	振幅/mm	最大速度/(mm/s)	最大加速度/g	位移/mm
1	0.5	10	31.4	0.01	波峰丢失
	1		62.8	0.04	8.5
	2	5		0.08	5.22
2	0.1	1	0.6	—	波峰丢失
		2	1.3		
		5	3.1	0.0001	
	5	1	31	0.1	0.87
		2	62	0.2	2.12
		5	157	0.5	4.97
	10	1	63	0.4	0.95
		2	125	0.8	1.94
		5	314	2	5.12

(续)

试验序号	频率/Hz	振幅/mm	最大速度/(mm/s)	最大加速度/g	位移/mm
3	2	10	125	0.16	9.1
	3	8	150	0.29	8.26
	5	5	157	0.5	4.94

10.2.2 基准传递原理波长试验

基准传递原理克服了惯性基准中加速度计不适应于低频测振的情况。图 10-19 所示为本研究进行基准传递检测原理的试验检测梁。

为此，对长安大学道路检测实验室外的路面进行了标定，基准传递检测结果对比如图 10-20 所示。

基准原理试验结果表明，基准传递原理与检测速度无关。为检验基准传递原理对各种路面波长的响应，用检测车分别对汽车试验场的长波路和扭曲路进行测试。

图 10-19 基准传递检测原理试验检测梁

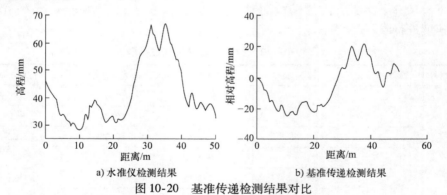

a) 水准仪检测结果　　　　b) 基准传递检测结果

图 10-20 基准传递检测结果对比

（1）长波路试验

长波路试验的检测现场如图 10-21 所示，标定结果和检测结果如图 10-22 和图 10-23 所示。

（2）扭曲路

对波长较短的扭曲路进行测试，检测现场如图 10-24 所示，标定结果和检测结果如图 10-25 和图 10-26 所示。

10.2.3 基准传递原理路面试验

在河南省许昌市公路局的配合下,在许昌市周围分别指定了 8 段不同平整度的路段进行了水准标定,如图 10-27 所示,每段路 300m,标定间隔 0.25m,标定采用了精密水准仪,读数精度 0.01mm。图 10-28a 所示为许昌 – 禹州段 K11 + 950 ~ K12 + 50 的水准标定结果,图 10-28b 所示为该段的检测结果。通过线性校正后对比,两端的最大误差小于 3mm。

图 10-21　长波路检测现场

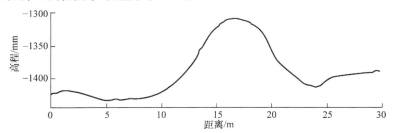

图 10-22　长波路标定结果

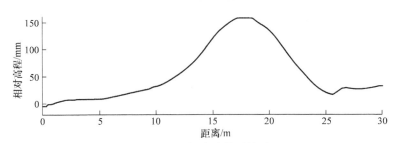

图 10-23　长波路检测结果

图 10-24　扭曲路检测现场

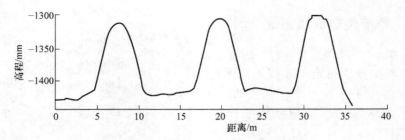

图 10-25　扭曲度标定结果

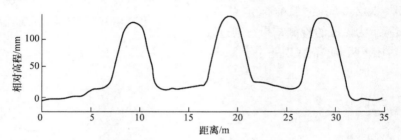

图 10-26　扭曲路检测结果

图 10-27　许昌平整度对比检测

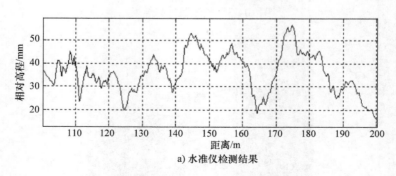

a) 水准仪检测结果

图 10-28　基准传递原理实际检测对比

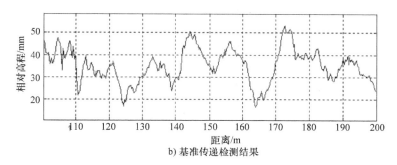

b) 基准传递检测结果

图 10-28　基准传递原理实际检测对比（续）

在不同车速下，分别将检测系统测得的纵断面曲线和水准仪测得的曲线带入 IRI 计算公式计算 IRI 值，其对比结果见表 10-6。

表 10-6　不同基层、面层、行驶速度平整度 IRI 检测结果

路段名称		健康路	311 国道 K334+450	311 国道 K334+100	许繁路 K7+680	许繁路 K7+500	省道 31 线改造	省道 26 线改造	苏桥路
路面材料		沥青	水泥	水泥	沥青	沥青	基层①	基层②	沥青
精密水准仪/(m/km)		1.37	2.08	2.52	3.57	4.41	4.62	4.61	10.43
基准传递原理的平整度检测结果	步行推拉/(m/km)	1.39	2.08	2.45	3.48	4.43	4.63	4.60	—
	10km/h 左右/(m/km)	1.41	2.10	2.47	3.72	4.41	—	—	—
	30km/h 左右/(m/km)	1.43	2.10	2.45	3.71	4.37	—	—	10.68
	平均值/(m/km)	1.41	2.09	2.40	3.64	4.40	4.63	4.60	10.68
	相对误差③	2.9%	0.4%	-2.5%	1.8%	-0.2%	1.0%	-1.5%	2.4%

① 水泥稳定土级配碎石基层。
② 水泥石灰稳定土基层。
③ 相对误差 =（IRI 激光 - IRI 水准）/IRI 水准。

表中数据为每一检测路段（检测路段的长度均为 300m）国际平整度指数的平均值。由表 10-6 可知，基于基准传递原理的纵断面检测系统检测结果的相对误差均小于 3%，平均相对误差为 2% 左右。从图 10-28 可以看出，两种检测仪器的测量结果比较吻合。图中曲线的局部差别主要是由于两种检测方法的采样间隔不一致（精密水准仪每间隔 250mm 采 1 个点，激光平整度检测系统每间隔 247mm 采 5 个点取平均值）、检测行走路线不重合等因素引起的，因而也造成两种检测方法计算的国际平整度指数有差别。

10.2.4　平整度标定试验

路面平整度试验方法参照 JTG 3450—2019《公路路基路面现场测试规程》，以

及世界银行技术文件 45 号文件（*The International Road Roughness Experiment，Establishing Correlation and a Calibration Standard for Measurements*）、46 号文件（*Guidelines for Conducting and Calibrating Road Roughness Measurements*）中的要求进行。具体试验方法简述如下：

1）选择 5~6 段不同平整度的路面。
2）每段路面长度大于 100m。
3）每隔 0.25m（或 0.5m）标出记号。
4）用精密水准仪测量每个记号的相对高程。
5）计算每个路段的国际平整度指数（IRI）。
6）在每段路面上进行 3~5 次试验。

为了进行重复性、对比性试验，以下选定了两段路面进行相对高程标定。

（1）路段 1（水泥路面，全长 76m）

具体试验数据见表 10-7。

表 10-7 路段 1 水准标定数据

距离/m	高程/mm	距离/m	高程/mm	距离/m	高程/mm
0	1360.00	5.00	1342.00	10.00	1353.00
0.25	1361.00	5.25	1343.00	10.25	1353.00
0.50	1357.00	5.50	1345.00	10.50	1354.00
0.75	1353.00	5.75	1346.00	10.75	1355.00
1.00	1353.00	6.00	1350.00	11.00	1354.00
1.25	1349.00	6.25	1350.00	11.25	1353.00
1.50	1347.00	6.50	1349.00	11.50	1354.00
1.75	1343.00	6.75	1348.00	11.75	1358.00
2.00	1342.00	7.00	1350.00	12.00	1359.00
2.25	1340.00	7.25	1349.00	12.25	1359.00
2.50	1343.00	7.50	1349.00	12.50	1358.00
2.75	1342.00	7.75	1350.00	12.75	1359.00
3.00	1342.00	8.00	1352.00	13.00	1359.00
3.25	1344.00	8.25	1351.00	13.25	1360.00
3.50	1342.00	8.50	1351.00	13.50	1358.00
3.75	1342.00	8.75	1352.00	13.75	1358.00
4.00	1342.00	9.00	1350.00	14.00	1356.00
4.25	1342.00	9.25	1353.00	14.25	1354.00
4.50	1342.00	9.50	1353.00	14.50	1355.00
4.75	1343.00	9.75	1355.00	14.75	1352.00

（续）

距离/m	高程/mm	距离/m	高程/mm	距离/m	高程/mm
15.00	1354.00	23.25	1320.00	31.50	1299.00
15.25	1351.00	23.50	1320.00	31.75	1302.00
15.50	1349.00	23.75	1319.00	32.00	1304.00
15.75	1347.00	24.00	1321.00	32.25	1305.00
16.00	1346.00	24.25	1322.00	32.50	1304.00
16.25	1344.00	24.50	1325.00	32.75	1302.00
16.50	1341.00	24.75	1327.00	33.00	1302.00
16.75	1337.00	25.00	1323.00	33.25	1300.00
17.00	1336.00	25.25	1322.00	33.50	1298.00
17.25	1332.00	25.50	1322.00	33.75	1299.00
17.50	1329.00	25.75	1319.00	34.00	1297.00
17.75	1327.00	26.00	1316.00	34.25	1295.00
18.00	1326.00	26.25	1315.00	34.50	1293.00
18.25	1326.00	26.50	1310.00	34.75	1297.00
18.50	1324.00	26.75	1310.00	35.00	1299.00
18.75	1324.00	27.00	1311.00	35.25	1301.00
19.00	1324.00	27.25	1309.00	35.50	1303.00
19.25	1324.00	27.50	1307.00	35.75	1304.00
19.50	1325.00	27.75	1308.00	36.00	1303.00
19.75	1325.00	28.00	1307.00	36.25	1304.00
20.00	1326.00	28.25	1306.00	36.50	1306.00
20.25	1326.00	28.50	1304.00	36.75	1307.00
20.50	1325.00	28.75	1303.00	37.00	1306.00
20.75	1324.00	29.00	1302.00	37.25	1305.00
21.00	1322.00	29.25	1302.00	37.50	1307.00
21.25	1324.00	29.50	1302.00	37.75	1309.00
21.50	1323.00	29.75	1300.00	38.00	1314.00
21.75	1322.00	30.00	1298.00	38.25	1314.00
22.00	1325.00	30.25	1297.00	38.50	1315.00
22.25	1326.00	30.50	1294.00	38.75	1315.00
22.50	1326.00	30.75	1294.00	39.00	1315.00
22.75	1325.00	31.00	1296.00	39.25	1320.00
23.00	1324.00	31.25	1299.00	39.50	1322.00

（续）

距离/m	高程/mm	距离/m	高程/mm	距离/m	高程/mm
39.75	1323.00	48.00	1326.00	56.25	1331.00
40.00	1324.00	48.25	1325.00	56.50	1330.00
40.25	1326.00	48.50	1324.00	56.75	1330.00
40.50	1325.00	48.75	1324.00	57.00	1329.00
40.75	1326.00	49.00	1322.00	57.25	1328.00
41.00	1327.00	49.25	1323.00	57.50	1327.00
41.25	1330.00	49.50	1323.00	57.75	1328.00
41.50	1329.00	49.75	1325.00	58.00	1328.00
41.75	1330.00	50.00	1326.00	58.25	1330.00
42.00	1331.00	50.25	1326.00	58.50	1328.00
42.25	1330.00	50.50	1324.00	58.75	1328.00
42.50	1330.00	50.75	1332.00	59.00	1322.00
42.75	1329.00	51.00	1331.00	59.25	1323.00
43.00	1330.00	51.25	1329.00	59.50	1322.00
43.25	1330.00	51.50	1327.00	59.75	1322.00
43.50	1331.00	51.75	1329.00	60.00	1322.00
43.75	1331.00	52.00	1332.00	60.25	1323.00
44.00	1329.00	52.25	1332.00	60.50	1320.00
44.25	1330.00	52.50	1334.00	60.75	1320.00
44.50	1328.00	52.75	1332.00	61.00	1319.00
44.75	1328.00	53.00	1334.00	61.25	1317.00
45.00	1329.00	53.25	1335.00	61.50	1316.00
45.25	1330.00	53.50	1334.00	61.75	1317.00
45.50	1330.00	53.75	1335.00	62.00	1316.00
45.75	1331.00	54.00	1332.00	62.25	1314.00
46.00	1331.00	54.25	1332.00	62.50	1314.00
46.25	1332.00	54.50	1332.00	62.75	1314.00
46.50	1331.00	54.75	1332.00	63.00	1312.00
46.75	1330.00	55.00	1331.00	63.25	1308.00
47.00	1327.00	55.25	1331.00	63.50	1307.00
47.25	1326.00	55.50	1333.00	63.75	1305.00
47.50	1326.00	55.75	1331.00	64.00	1305.00
47.75	1326.00	56.00	1332.00	64.25	1307.00

（续）

距离/m	高程/mm	距离/m	高程/mm	距离/m	高程/mm
64.50	1307.00	68.75	1327.00	73.00	1340.00
64.75	1310.00	69.00	1330.00	73.25	1341.00
65.00	1314.00	69.25	1331.00	73.50	1333.00
65.25	1315.00	69.50	1331.00	73.75	1333.00
65.50	1316.00	69.75	1334.00	74.00	1330.00
65.75	1318.00	70.00	1335.00	74.25	1332.00
66.00	1318.00	70.25	1335.00	74.50	1335.00
66.25	1319.00	70.50	1336.00	74.75	1336.00
66.50	1321.00	70.75	1337.00	75.00	1338.00
66.75	1320.00	71.00	1338.00	75.25	1338.00
67.00	1320.00	71.25	1336.00	75.50	1340.00
67.25	1318.00	71.50	1337.00	75.75	1342.00
67.50	1319.00	71.75	1335.00	76.00	1347.00
67.75	1318.00	72.00	1333.00	76.25	1350.00
68.00	1318.00	72.25	1335.00	76.50	1355.00
68.25	1323.00	72.50	1335.00		
68.50	1327.00	72.75	1338.00		

（2）路段2（水泥路面，全长100m，路况较差）

具体实验数据见表10-8。

表10-8 路段2水准标定结果

距离/m	南/mm	中/mm	北/mm	距离/m	南/mm	中/mm	北/mm
0.00	1395	1379	1383	2.75	1398	1389	1393
0.25	1396	1379	1382	3.00	1400	1390	1398
0.50	1397	1379	1387	3.25	1398	1390	1399
0.75	1398	1375	1383	3.50	1400	1391	1399
1.00	1398	1374	1383	3.75	1400	1391	1398
1.25	1398	1375	1383	4.00	1400	1391	1398
1.50	1398	1375	1388	4.25	1402	1395	1396
1.75	1398	1378	1390	4.50	1404	1398	1398
2.00	1400	1379	1391	4.75	1410	1400	1399
2.25	1400	1379	1392	5.00	1412	1405	1399
2.50	1399	1382	1392	5.25	1415	1409	1391

(续)

距离/m	南/mm	中/mm	北/mm	距离/m	南/mm	中/mm	北/mm
5.50	1418	1410	1398	13.75	1469	1452	1446
5.75	1420	1410	1399	14.00	1468	1452	1450
6.00	1421	1400	1399	14.25	1470	1454	1451
6.25	1422	1399	1400	14.50	1470	1452	1450
6.50	1421	1398	1400	14.75	1465	1452	1458
6.75	1420	1395	1400	15.00	1463	1455	1459
7.00	1420	1394	1400	15.25	1467	1458	1460
7.25	1420	1391	1399	15.50	1470	1459	1460
7.50	1420	1398	1400	15.75	1470	1459	1462
7.75	1420	1400	1400	16.00	1470	1459	1465
8.00	1421	1401	1420	16.25	1470	1460	1468
8.25	1422	1409	1410	16.50	1471	1460	1470
8.50	1429	1410	1410	16.75	1472	1460	1472
8.75	1430	1412	1411	17.00	1474	1460	1478
9.00	1430	1418	1418	17.25	1477	1470	1480
9.25	1432	1419	1420	17.50	1480	1469	1484
9.50	1435	1420	1420	17.75	1485	1469	1484
9.75	1438	1423	1420	18.00	1489	1469	1481
10.00	1441	1425	1421	18.25	1481	1470	1480
10.25	1445	1430	1432	18.50	1481	1470	1480
10.50	1460	1430	1437	18.75	1480	1466	1479
10.75	1450	1435	1440	19.00	1480	1464	1478
11.00	1451	1437	1441	19.25	1480	1465	1478
11.25	1455	1460	1455	19.50	1480	1468	1479
11.50	1470	1460	1456	19.75	1480	1470	1480
11.75	1470	1460	1458	20.00	1480	1471	1480
12.00	1469	1460	1458	20.25	1481	1473	1481
12.25	1469	1459	1451	20.50	1481	1478	1481
12.50	1468	1453	1450	20.75	1481	1478	1481
12.75	1468	1452	1450	21.00	1480	1478	1482
13.00	1465	1453	1449	21.25	1480	1476	1487
13.25	1465	1455	1450	21.50	1480	1474	1489
13.50	1469	1452	1445	21.75	1480	1472	1489

（续）

距离/m	南/mm	中/mm	北/mm	距离/m	南/mm	中/mm	北/mm
22.00	1482	1472	1489	30.25	1530	1518	1520
22.25	1489	1475	1490	30.50	1530	1514	1520
22.50	1490	1474	1492	30.75	1529	1512	1520
22.75	1491	1480	1492	31.00	1529	1512	1520
23.00	1493	1480	1494	31.25	1528	1512	1520
23.25	1491	1480	1490	31.50	1528	1514	1521
23.50	1495	1482	1498	31.75	1525	1514	1521
23.75	1498	1488	1500	32.00	1521	1510	1519
24.00	1500	1489	1501	32.25	1520	1508	1517
24.25	1511	1493	1500	32.50	1520	1504	1514
24.50	1515	1499	1501	32.75	1518	1505	1514
24.75	1517	1500	1504	33.00	1518	1505	1515
25.00	1519	1501	1506	33.25	1519	1505	1516
25.25	1522	1502	1510	33.50	1519	1505	1514
25.50	1521	1503	1505	33.75	1520	1505	1513
25.75	1521	1505	1501	34.00	1519	1506	1512
26.00	1522	1505	1508	34.25	1518	1506	1512
26.25	1521	1506	1509	34.50	1519	1506	1511
26.50	1524	1507	1508	34.75	1519	1502	1511
26.75	1529	1508	1508	35.00	1520	1503	1511
27.00	1531	1510	1509	35.25	1516	1505	1513
27.25	1532	1512	1509	35.50	1513	1505	1512
27.50	1535	1516	1509	35.75	1511	1504	1512
27.75	1538	1516	1512	36.00	1510	1504	1512
28.00	1539	1514	1518	36.25	1511	1504	1511
28.25	1538	1516	1520	36.50	1511	1502	1511
28.50	1535	1518	1521	36.75	1511	1504	1510
28.75	1534	1519	1523	37.00	1510	1501	1502
29.00	1533	1520	1524	37.25	1513	1499	1500
29.25	1531	1520	1526	37.50	1514	1499	1499
29.50	1533	1521	1526	37.75	1514	1499	1500
29.75	1532	1519	1524	38.00	1515	1499	1504
30.00	1530	1518	1523	38.25	1517	1502	1504

（续）

距离/m	南/mm	中/mm	北/mm	距离/m	南/mm	中/mm	北/mm
38.50	1519	1502	1504	46.75	1513	1499	1510
38.75	1519	1504	1506	47.00	1513	1491	1508
39.00	1518	1502	1510	47.25	1513	1496	1509
39.25	1519	1504	1510	47.50	1513	1496	1508
39.50	1520	1504	1510	47.75	1511	1495	1510
39.75	1519	1506	1509	48.00	1511	1494	1520
40.00	1518	1501	1509	48.25	1510	1490	1531
40.25	1519	1499	1510	48.50	1513	1488	1520
40.50	1517	1498	1509	48.75	1512	1491	1514
40.75	1517	1495	1509	49.00	1512	1488	1514
41.00	1516	1496	1509	49.25	1509	1494	1512
41.25	1516	1496	1508	49.50	1509	1486	1510
41.50	1517	1496	1509	49.75	1515	1485	1508
41.75	1519	1498	1510	50.00	1515	1489	1504
42.00	1520	1499	1510	50.25	1516	1489	1504
42.25	1520	1500	1512	50.50	1517	1487	1504
42.50	1520	1500	1513	50.75	1519	1489	1504
42.75	1520	1500	1511	51.00	1519	1494	1502
43.00	1520	1503	1511	51.25	1520	1489	1502
43.25	1523	1505	1513	51.50	1522	1486	1499
43.50	1528	1505	1512	51.75	1525	1490	1498
43.75	1528	1506	1513	52.00	1521	1486	1499
44.00	1528	1505	1512	52.25	1525	1483	1495
44.25	1522	1501	1513	52.50	1524	1480	1497
44.50	1521	1500	1513	52.75	1521	1478	1489
44.75	1520	1509	1510	53.00	1513	1474	1482
45.00	1521	1508	1517	53.25	1511	1475	1482
45.25	1527	1501	1513	53.50	1517	1481	1482
45.50	1522	1498	1519	53.75	1518	1485	1494
45.75	1521	1497	1515	54.00	1519	1483	1498
46.00	1519	1501	1511	54.25	1518	1482	1499
46.25	1511	1498	1510	54.50	1518	1481	1498
46.50	1511	1500	1508	54.75	1517	1478	1498

（续）

距离/m	南/mm	中/mm	北/mm	距离/m	南/mm	中/mm	北/mm
55.00	1515	1478	1498	63.25	1491	1465	1476
55.25	1511	1476	1496	63.50	1485	1472	1474
55.50	1508	1467	1493	63.75	1484	1472	1475
55.75	1502	1463	1489	64.00	1489	1471	1475
56.00	1501	1464	1479	64.25	1485	1474	1480
56.25	1502	1464	1493	64.50	1485	1474	1478
56.50	1450	1460	1495	64.75	1489	1474	1485
56.75	1450	1459	1501	65.00	1493	1473	1493
57.00	1499	1459	1505	65.25	1496	1474	1494
57.25	1500	1463	1503	65.50	1498	1478	1493
57.50	1500	1464	1503	65.75	1498	1480	1489
57.75	1500	1469	1495	66.00	1499	1482	1491
58.00	1500	1465	1497	66.25	1499	1480	1494
58.25	1500	1465	1501	66.50	1499	1482	1494
58.50	1501	1464	1503	66.75	1499	1483	1496
58.75	1501	1465	1499	67.00	1503	1484	1495
59.00	1498	1473	1501	67.25	1508	1486	1500
59.25	1497	1467	1499	67.50	1508	1494	1506
59.50	1491	1466	1495	67.75	1509	1495	1511
59.75	1489	1464	1494	68.00	1510	1498	1514
60.00	1488	1463	1493	68.25	1509	1497	1516
60.25	1483	1465	1493	68.50	1509	1494	1514
60.50	1490	1466	1488	68.75	1519	1502	1514
60.75	1491	1473	1487	69.00	1520	1504	1515
61.00	1492	1474	1486	69.25	1520	1504	1524
61.25	1495	1475	1486	69.50	1522	1505	1524
61.50	1497	1476	1486	69.75	1524	1506	1525
61.75	1498	1476	1485	70.00	1529	1513	1526
62.00	1498	1480	1484	70.25	1534	1514	1534
62.25	1494	1478	1485	70.50	1535	1514	1536
62.50	1494	1475	1485	70.75	1537	1515	1543
62.75	1495	1475	1475	71.00	1540	1522	1545
63.00	1492	1465	1476	71.25	1539	1524	1545

（续）

距离/m	南/mm	中/mm	北/mm	距离/m	南/mm	中/mm	北/mm
71.50	1542	1526	1545	79.75	1608	1589	1606
71.75	1541	1526	1543	80.00	1610	1595	1610
72.00	1538	1526	1542	80.25	1614	1599	1614
72.25	1535	1524	1545	80.50	1618	1606	1617
72.50	1535	1519	1545	80.75	1615	1606	1624
72.75	1534	1518	1550	81.00	1616	1607	1627
73.00	1533	1524	1553	81.25	1618	1614	1640
73.25	1534	1526	1555	81.50	1619	1619	1649
73.50	1538	1532	1558	81.75	1619	1620	1655
73.75	1543	1534	1558	82.00	1618	1624	1656
74.00	1549	1538	1558	82.25	1617	1624	1654
74.25	1555	1543	1560	82.50	1614	1620	1654
74.50	1559	1547	1562	82.75	1610	1615	1650
74.75	1559	1553	1566	83.00	1608	1614	1645
75.00	1558	1552	1563	83.25	1605	1607	1635
75.25	1557	1552	1563	83.50	1602	1604	1629
75.50	1558	1552	1565	83.75	1599	1601	1624
75.75	1558	1553	1567	84.00	1598	1600	1622
76.00	1559	1555	1573	84.25	1595	1599	1620
76.25	1565	1560	1576	84.50	1596	1599	1618
76.50	1569	1563	1583	84.75	1596	1598	1618
76.75	1571	1564	1585	85.00	1597	1595	1613
77.00	1572	1564	1585	85.25	1597	1591	1612
77.25	1575	1565	1584	85.50	1595	1587	1610
77.50	1577	1565	1585	85.75	1594	1584	1607
77.75	1579	1566	1585	86.00	1593	1587	1605
78.00	1585	1568	1588	86.25	1593	1588	1600
78.25	1588	1572	1590	86.50	1598	1590	1597
78.50	1591	1577	1591	86.75	1598	1587	1597
78.75	1592	1580	1594	87.00	1596	1586	1600
79.00	1596	1582	1599	87.25	1593	1586	1600
79.25	1599	1584	1602	87.50	1590	1585	1597
79.50	1605	1584	1603	87.75	1589	1587	1597

（续）

距离/m	南/mm	中/mm	北/mm	距离/m	南/mm	中/mm	北/mm
88.00	1588	1588	1599	94.25	1548	1637	1642
88.25	1585	1589	1599	94.50	1544	1639	1644
88.50	1586	1589	1599	94.75	1552	1639	1647
88.75	1585	1589	1600	95.00	1558	1639	1648
89.00	1584	1589	1605	95.25	1557	1641	1657
89.25	1582	1587	1608	95.50	1554	1639	1659
89.50	1579	1587	1609	95.75	1553	1638	1658
89.75	1579	1586	1608	96.00	1553	1641	1655
90.00	1580	1586	1605	96.25	1555	1643	1653
90.25	1579	1587	1605	96.50	1555	1544	1651
90.50	1579	1588	1604	96.75	1557	1543	1654
90.75	1577	1585	1601	97.00	1558	1546	1654
91.00	1574	1582	1597	97.25	1558	1548	1655
91.25	1570	1576	1589	97.50	1556	1550	1655
91.50	1568	1571	1585	97.75	1554	1547	1651
91.75	1562	1662	1577	98.00	1554	1544	1655
92.00	1556	1655	1667	98.25	1553	1543	1651
92.25	1554	1650	1658	98.50	1548	1543	1650
92.50	1552	1643	1645	98.75	1552	1543	1651
92.75	1553	1634	1637	99.00	1551	1543	1650
93.00	1545	1632	1638	99.25	1548	1543	1648
93.25	1545	1634	1638	99.50	1549	1543	1646
93.50	1546	1633	1639	99.75	1551	1544	1647
93.75	1546	1636	1640	100.00	1553	1544	1646
94.00	1549	1636	1640				

（3）试验场试验

在北京交通部公路工程检测中心对道路检测车的平整度检测性能进行了对比检测，检测报告如图10-29所示，平整度试验数据如图10-30所示。

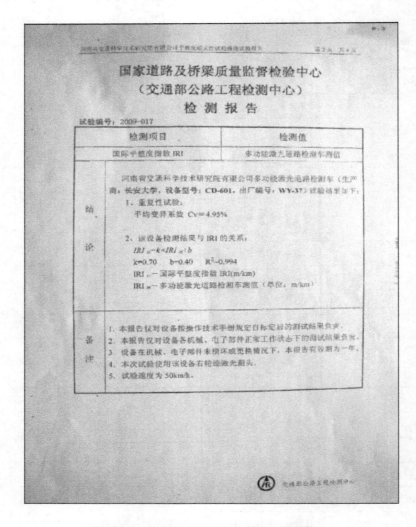

图 10-29 交通部公路工程检测中心检测报告

通过对比试验，可以得出以下结论：

1）基准传递原理与水准仪标定结果符合程度较高。

2）基准传递原理检测速度快，对车辆的正常通行影响较小，检测不受速度限制。

3）激光路面平整度检测系统整体结构的可靠性、行车安全性好，可以满足实际应用的要求。

第10章 车载道路智能检测技术及装备试验

图 10-30 平整度试验数据

10.3 车辙检测试验

10.3.1 多点激光位移传感器车辙检测试验

本研究中，依据双余弦模型分析，在检测车设计时，为了满足不同检测精度，根据用户要求分别采用了 21 路、23 路、30 路、31 路激光位移传感器测量路面车辙，如图 10-31 所示。

a) 21路激光车辙检测系统

b) 23路激光车辙检测系统

图 10-31 多激光位移传感器车辙测试试验

c) 30路激光车辙检测系统　　　　d) 31路激光车辙检测系统

图 10-31　多激光位移传感器车辙测试试验（续）

试验检测的路段为 G40 沪陕高速西商段 K320+000~K380+000，方向为西安到商洛，检测车道为第二车道，实车试验测试如图 10-32 所示。车辙系统分析软件将车辙检测系统采集到的路面车辙图像数据处理之后可以自动生成与之相对应的车辙深度报表，车辙采集界面如图 10-33 所示。表 10-9 为分析软件处理之后得到的每段里程的车辙深度的检测结果和车辙深度指数的计算结

图 10-32　实车试验测试

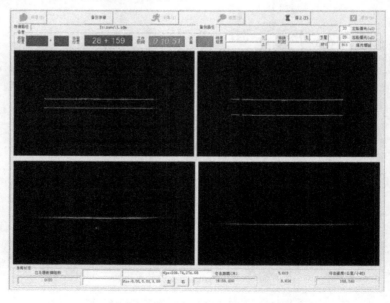

图 10-33　车辙采集界面

果，表10-10是车辙深度指数 – 车辙深度对应关系及车辙深度评价等级。由此可知，被测量路面车辙深度的总平均值为2.184mm，车辙深度指数（RDI）的平均值为95.63，根据标准JTG 5210—2018《公路技术状况评定标准》可知，现阶段沪陕高速公路西商段的道路状况达到优级标准。此外，这一检测结果与人工抽检有很高的一致性，与传统的检测仪器相比，该车辙检测系统具有工作效率高并且检测精度高的优势，能够实现路面车辙检测中需要的高速、实时、准确等要求。

表10-9 每段里程路面车辙深度测试结果

里程桩号	车辙深度（RD）/mm	车辙深度指数（RDI）
K360 +000 ~ K361 +000	1.215	97.57
K361 +000 ~ K362 +000	1.358	97.28
K362 +000 ~ K363 +000	2.338	95.32
K363 +000 ~ K364 +000	2.198	95.60
K364 +000 ~ K365 +000	2.682	94.64
K365 +000 ~ K366 +000	2.177	95.65
K366 +000 ~ K367 +000	2.539	94.92
K367 +000 ~ K368 +000	2.404	95.19
K368 +000 ~ K369 +000	2.299	95.40
K369 +000 ~ K370 +000	2.626	94.75
平均值	2.184	95.63

表10-10 RDI – RD 对应关系及车辙深度评价等级

RDI	90	80	70	60	0
RD/mm	5	10	15	20	35
评价等级	优	良	中	次	差

10.3.2 车载标定试验

车辙检测系统在使用前需要进行标定。在静态标定的过程中，采用标准4m横梁作为车辙标准，通过改变横梁的高度来模拟车辙深度的变化，具体步骤如下：

1) 把一根长于检测宽度的横梁与车身平行放于路面上（图10-34），并使所有激光点投射到该横梁上，设定此高度位置为0mm处，如图10-35所示，记录此时各激光点在线阵CMOS上的成像位置。

2) 以10mm为单位，逐渐增加标定块（图10-36）数量，抬高横梁的高度，并记录当前光点的成像位置。重复操作，直至标定横梁抬高至200mm处结束（图10-37）。

3) 求每个光斑在线阵CMOS图像传感器上成像的平均位置。

4)利用最小二乘法拟合光斑高度与成像位置之间的关系式。

图 10-34　标定横梁实物图

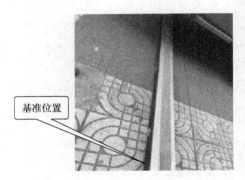

图 10-35　标定横梁基准位置

图 10-36　标定块实物图

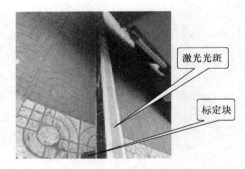

图 10-37　标定横梁抬高至 200mm 位置

在静态标定的过程中，随着标定板下方标定块的增加，位置也越来越高。由于这个过程并不是在瞬间完成的，因此在某个位置时候，每个图像传感器会记录大量的采样数据。以基准点高度的 3 号激光器为例，标定采集的部分数据见表 10-11（未完全列出）。可知部分成像点位置有稍微差别，这是由于在标定过程中车辆本身的振动或者是风速等外界条件所致，无法完全消除。也有可能出现数值过大或者过小，这是由于系统误差引起的，在数据处理的过程中需要剔除这种数据。

表 10-11　基准点位置是 3 号激光器光斑成像位置表（部分）

成像位置	成像位置	成像位置	成像位置	成像位置	成像位置	成像位置	成像位置	成像位置	成像位置	成像位置	成像位置
960	959	959	960	960	959	959	960	959	959	960	959
963	959	959	960	960	959	959	960	959	959	960	959
964	960	959	959	960	959	959	959	959	959	960	959
964	960	959	959	960	959	959	960	959	959	960	960

(续)

成像位置	成像位置	成像位置	成像位置	成像位置	成像位置	成像位置	成像位置	成像位置	成像位置	成像位置	成像位置
963	960	959	959	960	960	959	960	959	959	959	960
960	960	959	959	960	960	959	960	959	959	960	960
960	960	959	959	960	960	959	960	959	959	959	959
960	960	959	959	959	960	960	959	960	959	959	960
960	960	959	959	959	960	960	959	960	959	959	960
960	960	959	960	959	960	960	959	960	959	959	960

对每次每个激光点在线阵 CMOS 上的成像位置消除坏值,然后进行平均求值,可以减小误差。随着横梁高度的增加,各成像位置见表 10-12。

表 10-12　1~4 号激光器光斑标定成像位置

高度/mm	1 号	2 号	3 号	4 号
0	915.4073	1014.0608	959.7432	984.8769
10	924.2814	1001.3200	971.2714	973.2657
20	933.3412	985.8754	987.0030	957.5801
30	941.5208	967.9647	1007.8974	942.1506
40	950.8475	949.6066	1027.0329	923.6083
50	960.4502	931.4817	1044.6047	903.5382
60	973.3101	912.0869	1067.8365	885.8739
70	980.2669	890.0000	1084.8995	966.7858
80	992.6122	868.3548	1107.0660	843.5611
90	1001.7883	844.0103	1133.0017	820.7040
100	1009.2545	821.0000	1156.5435	799.0312
110	1020.1994	794.0000	1179.3907	773.8325
120	1030.2591	766.9817	1212.3455	746.9983
130	1042.7683	738.0300	1238.8100	718.8683
140	1054.3661	706.0032	1267.0000	689.0613
150	1065.7679	673.3498	1298.7202	657.9968
160	1079.0606	637.7831	1337.1085	623.0080
170	1090.2020	600.3744	1372.9327	587.9951
180	1103.8782	559.8876	1412.2424	548.1461
190	1113.8782	515.1582	1456.2816	507.0000
200	1126.9536	470.0000	1502.1184	463.2384

根据表 10-12，对每个激光束的成像位置与横梁高度（类似于车辙深度）使用分段插值拟合的方法，以第一个模块内的 4 个图像传感器采集到的位移数据为例，拟合可得它们之间的关系图如图 10-38 所示。

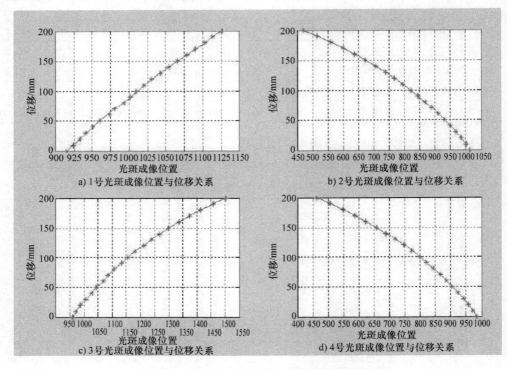

图 10-38 光点成像位置与位移高度关系图

图中曲线的斜率正负不同，是因为在线阵 CMOS 的安装过程中，起点方向不确定引起的。根据拟合求出的关系式，只要知道光斑在图像传感器上的成像位置，即可知道该光斑的相对距离。

10.3.3 车辙试验及对比

（1）扭曲路面对比

扭曲路面是汽车试验场中一段弧形路面，用水准仪对其几何形状进行标定，如图 10-39 所示，标定结果如图 10-40 所示，检测车检测结果如图 10-41 所示。由图可知，最大车辙误差在 1.5% 以内。

图 10-39 扭曲路面几何断面标定

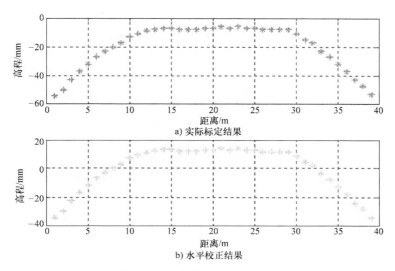

图 10-40　扭曲路面标定结果

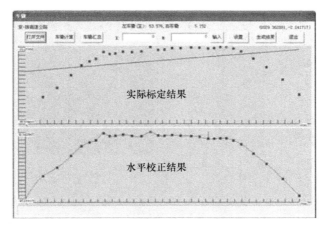

图 10-41　扭曲路面测试结果

检测车搓板路面标定如图 10-42 所示。

（2）长安大学斜坡对比

在长安大学道路交通智能检测与装备工程技术研究中心楼后斜坡进行标定，分别采用水准和卡尺对该斜坡进行标定，如图 10-43 和图 10-44 所示。结果对比如图 10-45 所示，可以看出车辙检测和水准标定具有很好的一致性。

图 10-42　搓板路面标定

(3) 实际检测路面对比

在实际检测过程中,为了验证检测车车辙系统的准确性,在检测现场和装备使用用户一起对检测车的车辙数据进行标定。如图 10-46 ~ 图 10-48 所示。

图 10-43　斜坡水准标定

图 10-44　斜坡千分尺标定

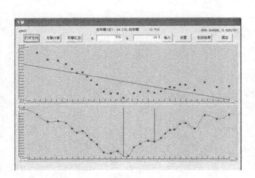

图 10-45　斜坡 30 路激光检测结果

图 10-46　三门峡路面车辙检测

图 10-47　三门峡车辙标定

图 10-48　山东日东高速公路车辙对比试验

通过试验标定,多路激光车辙检测系统和标定结果一致性较好。在检测过程中,通过与用户在现场抽检,该一致性得到进一步验证。

10.4 构造深度检测试验

构造深度试验方法依照 JTG 3450—2019《公路路基路面现场测试规程》的要求进行。为提高构造深度检测的客观性,应采用双路构造深度检测,即同时检测两个轮迹带的构造深度。

10.4.1 双激光位移传感器构造深度试验

在进行试验之前,需要对激光路面构造深度检测仪器设备进行标定。

(1) 激光传感器的标定

对于每个激光传感器,在进行实际应用之前,为了得到实际测量距离与激光器输出信号之间的准确关系,都要进行标定。进行试验时,首先将激光位移传感器精确固定在精密滑动导轨上,导轨另一端固定有反射激光器光束的挡板,滑动导轨的最小刻度值为1mm。将激光传感器与挡板的距离调节到激光器能有效测量的最小量程300mm,数据采集卡记录下传感器输出的电压值。采用同样的方法,每次将激光传感器和挡板之间的距离增加1mm,记录数据,如此进行测量共计200组,即可得到200组距离与电压的对应值。用线性回归方法分析实测距离与所得电压的关系。根据电压与距离的对应关系,可得出激光传感器与距离的回归方程。

(2) 加速度传感器的标定

同激光传感器一样,加速度计在使用之前也需要标定,但加速度计通常标定后可长时间使用。加速度计的标定方法采用正置倒置试验。首先将加速度计通过夹具正向放置在分度头上,记录加速度计的值,再通过分度头将加速度计旋转180°,同样读取加速度计的值,计算两次读数的差值是否为 $2g$,如果差值超出误差范围,则应对加速度计进行微调,之后再重新进行标定。本系统所用到的加速度计在进行标定之后,结果误差在允许范围内,无需调节。

将加速度计安装好后,采集加速度传感器静止且正置时电压数据共200组,计算200组电压数据的平均值作为加速度为零时的电压,得到加速度计测量输出的电压与实际加速度值之间的关系表达式。

(3) 旋转编码器的标定

由于旋转编码器输出的脉冲数与车轮旋转周数成线性关系,若检测车的轮胎气压、载荷等因素发生变化,则会导致轮胎外径变化,直接影响编码器输出脉冲之间的间距发生变化,因此需要对编码器进行经常性的标定。具体的标定过程如下:

1) 选择一段较为平坦无坑洼凹陷的直线路面,精确量取100m路段并在起始点和终止点做好标记。

2) 将检测车停在起始点处,打开激光位移传感器,并确保激光光束打在起始线上,启动软件进入标定程序。检测车沿直线行驶,直至检测车行驶至激光器光束打在终点线上。记录旋转编码器输出的脉冲数 n。

3）重复以上步骤若干次，取测量的多次脉冲数平均值作为标定脉冲数 N。计算可得标定系数为

$$C = N/100000 \tag{10-1}$$

标定完成之后，先按照国家标准规定，采用铺砂法测量路面的构造深度；在相同的路面上使用激光构造深度检测系统进行测量，计算构造深度大小；分析两者的差异，求出有关相关系数等。

在许昌，分别选取多种不同的路段对双路激光构造深度仪进行标定（图10-49）。对混凝土路面、沥青路面的构造深度进行对比分析，所开发系统

图 10-49　双路激光构造深度仪标定

的检测结果与铺砂法检测结果的相关性如图 10-50 和图 10-51 所示。

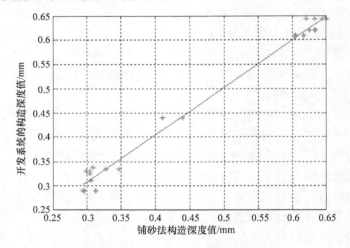

图 10-50　混凝土路面构造深度标定结果

以上结果说明该双路激光构造深度仪的测量结果与铺砂法的结果相差不大，在误差范围内能够满足精度要求。双路激光构造深度仪小巧方便，易于携带，操作方便，但需要人来推动，工作效率较低，不能实现大规模的测量。

10.4.2　实车构造深度试验

构造深度检测装置作为激光路面检测系统的一部分搭载在道路检测车上，在经过对摄像头、激光器等一系列设备标定、确定设备正常工作之后，进行实车构造深度检测试验。

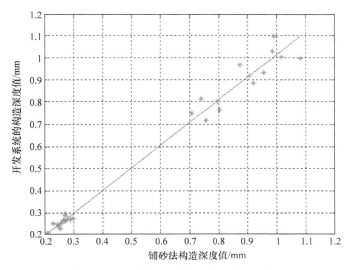

图 10-51 沥青路面构造深度标定结果

基于非惯性基准传递激光路面检测系统激光探头三维设计如图 10-52 所示，其可以应用于多功能道路检测车上。

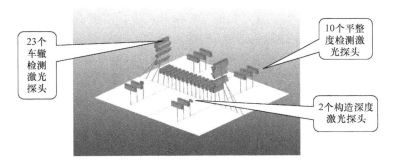

图 10-52 基于非惯性基准传递激光路面检测系统激光探头三维设计

该系统安装了 2 个构造深度激光探头，对称分布在客车的两侧，主要检测车轮轮迹位置的构造深度。

依托项目，试验地点选择在陕北地区里程桩号为 K92－K78zc 的路段，利用宇通车型的激光道路检测车进行路面构造深度的检测，检测结果见表 10-13。

表 10-13 构造深度检测结果　　　　　（单位：mm）

桩号	整百米									
	0	100	200	300	400	500	600	700	800	900
K92	0.367	0.388	0.331	0.463	0.548	0.617	0.607	0.536	0.641	0.427
K91	0.601	0.646	0.592	0.568	0.620	0.470	0.496	0.679	0.640	0.720

(续)

桩号	整百米									
	0	100	200	300	400	500	600	700	800	900
K90	0.973	0.768	0.347	0.239	0.276	0.272	0.385	0.433	0.467	0.529
K89	0.417	0.438	0.390	0.346	0.416	0.454	0.445	0.470	0.638	0.750
K88	0.379	0.352	0.423	0.904	0.681	0.424	0.438	0.415	0.499	0.549
K87	0.445	0.347	0.351	0.370	0.303	0.354	0.391	0.340	0.377	0.445
K86	0.305	0.324	0.356	0.396	0.365	0.517	0.442	0.404	0.456	0.341
K85	0.347	0.345	0.233	0.374	0.312	0.399	0.430	0.464	0.514	0.325
K84	0.483	0.279	0.316	0.333	0.468	0.435	0.269	0.376	0.347	0.459
K83	0.329	0.290	0.344	0.516	0.405	0.549	0.423	0.463	0.533	0.463
K82	0.324	0.306	0.312	0.271	0.422	0.286	0.450	0.456	0.522	0.330
K81	0.269	0.371	0.303	0.359	0.368	0.310	0.311	0.335	0.301	0.356
K80	0.343	0.335	0.299	0.323	0.285	0.181	0.173	0.171	0.251	0.274

10.4.3 试验结果对比及分析

通过标定对比试验，本项目开发的双路激光构造深度仪和铺砂法有着较好的相关性。双路激光构造深度仪能够较准确地检测路面的构造深度，但工作效率相对较低。相比之下，道路检测系统有更高的检测效率，同时，准确率也能达到精度要求，能够满足目前的检测要求。目前使用较多的也是利用激光技术进行路面构造深度检测，其中的关键技术主要是高精度采样、高频率激光位移传感器抗干扰技术及数据采集技术。

10.5 路面损坏检测试验

路面损坏检测试验主要包括路面损坏数字图像检测试验、同步频闪照明试验、LED 聚光照明试验以及裂缝识别试验。

路面损坏检测试验所用到的道路检测车及相机安装支架如图 10-53 所示，本研究开发了基于中通客车的道路检测车的路面损坏拍摄相机安装固定架（4 台相机）、基于宇通客车的道路检测车的路面损坏拍摄相机安装固定架（2 台相机）和基于依维柯工程车的路面损坏拍摄相机安装固定架（2 台相机）。路面损坏拍摄相机安装固定架（4 台相机，2 台相机）的设计安装主要考虑了固定架的伸缩结构要可靠不变形，相机保护架本身应防雨，相机安装调试方便等。

照明是路面损坏拍照中最为关键的技术，在本研究中，为了获得清晰的路面损坏数字图像，可以采用面阵和线阵两种拍摄方式。本研究采取两种不同的照明方

图 10-53　路面损坏拍摄相机安装固定架

式，并对光源的亮度和均匀性都提出了很高的要求。为此，作者团队研发了多路同步高强闪光照明光源和模块化 LED 照明光源，并用实际试验验证其照明效果。

10.5.1　路面损坏数字图像检测试验

（1）图像分辨率试验

图像分辨率的试验内容主要包括：

1）检验图像在横断面方向上拍摄图像分辨率的均匀性。
2）在高速行驶条件下拍摄图像的清晰度。
3）在车辆振动颠簸情况下的图像清晰度。
4）在路面散射率差别大的条件下的图像饱和均匀性。
5）在不同太阳光照射条件下的裂缝清晰度等。

（2）检测速度试验

检测速度试验内容主要是检验图像拍摄系统在高速检测时系统数据采集存储是否满足要求，系统运行是否稳定，系统辅助照明是否满足要求，系统结构可靠性是否满足要求，检测车内计算机、控制器、采集器等工作是否稳定可靠等。

（3）对比试验

对比试验的内容主要是进行拍摄的图像与实际路面状况的一致性检验，桩里程的一致性检验，图像处理结果与实际路面一致性检验等。

10.5.2 同步频闪照明试验

在面阵拍照中，本项目研究开发的同步频闪照明如图 10-54 和图 10-55 所示。多路同步高强闪光照明试验主要验证每一路频闪灯的稳定性、调整每一路频闪灯的闪光起始时间，使其与拍摄相机准确同步，同时检验频闪照明的均匀性。

图 10-54　同步频闪照明工作中

图 10-55　同步频闪照明

拍摄照片如图 10-56 所示，可以看出，照片的清晰度和均匀性都比较好，非常利于后续的图片自动识别。

10.5.3　LED 聚光照明试验

LED 聚光照明应用于线阵相机的照明。由于裂缝拍摄时采用扫描方式，因此，对照明的均匀性要求很高。否则，图像将出现光栅。本项目研究开发的模块化 LED 聚光照明系统，每一块 LED 聚光灯的照射角度及方位均可以调整，并且其发光强度也可以调整，这就保证了横断面方向上的光照均匀性。所设计的 LED 光源照度均匀性调整架如图 10-57 所示。

图 10-56　面阵相机+同步频闪照明拍摄路面裂缝

LED 照度计测试结果见表 10-14。从表 10-14 可以看出，研究开发的 LED 聚光照明系统，其横向照明均匀性比较好。

图 10-57　LED 光源照度均匀性调整架

表 10-14　LED 照度计测试结果

位置	1	2	3	4
照度（万 lx）	8.06	8.68	9.34	8.73

线阵相机拍摄现场如图 10-58 所示，拍摄图片如图 10-59 所示。

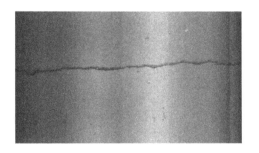

图 10-58　线阵相机拍摄现场　　　　图 10-59　线阵相机拍摄路面图像

10.5.4　裂缝识别试验

路面损坏检测的难点是路面裂缝的检测。为了获得清晰的路面裂缝图像，在照明方式及照明系统的设计上采取了独特的结构，使拍摄的数字图像避免阴影的干扰，并且可以实现夜间拍摄。

裂缝识别试验，一是检验路面裂缝图像拍摄的清晰度，二是检验图像处理软件裂缝识别的准确性。对于同一条路面，分别采用人工调查、人工图像识别、软件自动别的方法进行，并统计识别率。

为了检验路面损坏识别率，在本项目修建的试验路段上，对横向裂缝进行了现场拍摄，如图 10-60 所示。为了在

图 10-60　面阵相机在标准损坏路面上检测

图像上能清晰显示，做出如图 10-61 所示的标记，4 台相机叠加后的裂缝图片及识别结果如图 10-62 所示。

从试验结果可以看出，该路段共有 3 条裂缝。通过识别，3 条裂缝全部准确识别出来。本研究开发的面阵相机 + 同步频闪照明和线阵相机 + LED 聚光照明可以准确清晰地拍摄路面损坏，并给出准确识别。

a) 相机1裂缝图片及识别

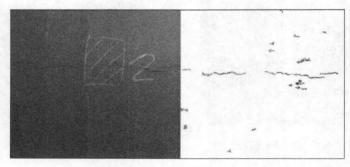

b) 相机2裂缝图片及识别

c) 相机3裂缝图片及识别

图 10-61　单台相机裂缝拍摄图片及识别

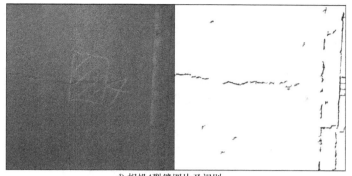

d) 相机4裂缝图片及识别

图 10-61　单台相机裂缝拍摄图片及识别（续）

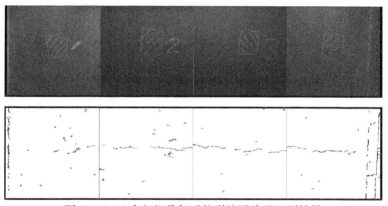

图 10-62　4 台相机叠加后的裂缝图片及识别结果

10.6　环境检测试验

环境相机数字图像检测试验，主要是检验环境相机的分辨率、拍摄图像的清晰度和相机拍摄频率等。

分辨率决定了图像细节的精细程度。通常情况下，相机分辨率的高低，取决于相机中 CCD 芯片上像素的多少，像素越多，分辨率越高。

图像清晰度是指图像上各细部影纹及其边界的清晰程度。它会随 CCD 像素数的多少和视频带宽而变化，像素越多、带宽越宽，分辨率就越高。相机拍摄频率与分辨率是反比例函数，相机拍摄频率越高，分辨率越低，反之，频率越低，分辨率越高。

环境相机主要用于拍摄道路两侧的环境状况信息，用于分析路边护栏、路牌、绿化现状。本研究根据不同要求，配备了不同数量的环境相机。在实际的环境相机检测试验中,最重要的是检测相机的动态特性,即检测相机在运动过程中成像的好坏。为此,在不同路况环境下多次进行试验,拍摄环境相机拍摄的视频图像如图10-63所示。

a) 2台环境相机

b) 4台环境相机

图 10-63 检测车环境图像检测

经过试验验证,本系统设计的多相机环境检测系统具有高清晰度和覆盖面宽等优势。

10.7 智能检测系统应用

在本项目研究开发取得的成果基础上,项目组进行了大量应用于装备试验研究的长距离现场检测。项目组开发的高速激光道路检测车从2005年下半年开始,在陕西省、河南省、山东省、福建省、安徽省、江苏等地的行驶里程达到 4 万 km 以上，检测总路程超过 2.7 万 km，全面系统地检验了本项目研究开发的激光位移传感器、激光路面平整度检测系统、激光路面车辙检测系统、激光路面构造深度检测系统、路面损坏裂缝检测系统、道路环境检测系统等各个检测系统及数据采集处理软件的可靠性和实用性，全面检验了系统搭载车的各项性能。另外，还对本研究开发的其他类型检测车的各项性能进行了试验。

进行本项目各种检测系统现场性能试验的同时，在实际检测应用和装备试验中，检测试验成果也为用户带来了很好的经济效益。

（1）陕西省检测应用情况

1）高速公路：

① 西潼高速平整度检测：147km×2×2。

② 西临高速平整度、车辙、路面损坏、道路环境综合检测：20km×4×2，两次。

③ 西禹高速平整度、车辙、路面损坏、道路环境综合检测：178km×4×2，两次。

④ 铜黄高速平整度、车辙检测：80km×4×2，两次。

⑤ 西兰高速车辙检测：超过 80km×2。

⑥ 西户高速车辙检测：超过 80km×2。

⑦ 勉宁高速车辙检测：超过 200km。

⑧ 西安绕城高速：超过 60km。

⑨ 西宝高速公路：超过 564km。

⑩ 陕蒙高速平整度、车辙、构造深度、路面损坏检测：180km×2。

⑪ 西延高速平整度、车辙、构造深度、路面损坏检测：215km×2。

⑫ 临渭高速平整度、车辙、路面损坏、道路环境综合检测：32km×4。

⑬ 榆林高速平整度、车辙、构造深度、路面损坏、道路环境综合检测：超过 390km。

2）一级公路：

① 西沣一级路平整度、车辙、损坏检测：20km×2×2。

② 咸永一级路平整度、车辙检测：62km×2。

③ 兵马俑线路平整度、车辙检测：14km×2。

④ 绛、法、汤线平整度、车辙检测：34km×2。

3）国道省道：咸阳地区国道省道 G211、S104、S106、S107、S208、S209、S306 损坏检测超过 400km。

陕西省检测应用的部分图片如图 10-64 所示。

a) 咸宁一级路检测

b) 西潼高速检测

c) 西禹高速检测

d) 高陵检测

图 10-64　陕西省检测应用

（2）河南省检测应用情况

1）京珠高速安新段平整度、车辙检测超过 300km。

2）连霍高速平整度、车辙检测超过 300km。

3）连霍高速路面损坏、环境检测超过 80km×4。

4）京珠高速许临段损坏检测超过 300km。

5）少洛高速平整度、车辙、损坏检测超过 200km。

6）濮鹤高速平整度、车辙、路面损坏检测超过 400km。

7）郑焦晋高速平整度、车辙、路面损坏检测超过 284km。

在河南省应用中，部分检测现场图片如图 10-65 所示。

（3）山东省检测应用情况

1）2007 年，高速公路 3000km 以上平整度、车辙、路面损坏、道路环境综合检测。

2）2007 年，国道省道近 5000km 的平整度、车辙、路面损坏、道路环境综合检测。

3）2008 年，高速公路国道省道平整度车辙检测超过 4000km。

在山东省应用中，部分检测现场图片如图 10-66 所示。

（4）福建省检测应用情况

在福建省完成了 3000km 的平整度、车辙、构造深度检测，部分检测现场图片如图 10-67 所示。

a) 京珠高速检测　　　　　　　　　b) 濮鹤高速检测

c) 许昌107国道检测　　　　　　　d) 连霍高速检测

图 10-65　河南省检测应用

a) 山东高速检测　　　　　　　　　b) 山东菏泽检测

c) 山东济南检测　　　　　　　　　d) 山东日照检测

图 10-66　山东省检测应用

e）裂缝标定1　　　　　　　　　f）裂缝标定2

图 10-66　山东省检测应用（续）

a）福建检测1　　　　　　　　　b）福建检测2

c）福建检测3　　　　　　　　　d）福建检测4

e）车辙标定1　　　　　　　　　f）车辙标定2

图 10-67　福建省检测应用

（5）安徽省检测应用情况

在安徽省完成了700km高速公路平整度车辙损坏等检测，部分检测现场图片如图 10-68 所示。

1) 合安高速平整度、车辙、路面损坏、道路环境综合检测：56km×2×2。
2) 合徐南高速平整度、车辙、路面损坏、道路环境综合检测：25km×4×2，两次。
3) 合徐北高速平整度、车辙、路面损坏、道路环境综合检测：14km×4×2，两次。
4) 合宁高速平整度、车辙、路面损坏、道路环境综合检测：24km×4×2，两次。
5) 合巢芜高速平整度、车辙、路面损坏、道路环境综合检测：33km×2。

a) 永康检测

b) 合宁检测

c) 淮北检测

d) 界首检测

图 10-68　安徽省检测应用

(6) 江苏省检测应用情况

在江苏省完成了 2700km 的平整度、车辙、路面损坏、道路环境的综合检测。

1) 沪苏浙高速平整度、车辙、路面损坏、道路环境综合检测：50km×6。
2) 长江大桥平整度、车辙、路面损坏、道路环境综合检测：13km×4×2。
3) 江阴大桥平整度、车辙、路面损坏、道路环境综合检测：8km×4×2。
4) 润扬大桥平整度、车辙、路面损坏、道路环境综合检测：13km×4×2。
5) 苏通大桥平整度、车辙、路面损坏、道路环境综合检测：13km×2。
6) 沪宁高速平整度、车辙、路面损坏、道路环境综合检测：250km×8。
7) 宁杭高速平整度、车辙、路面损坏、道路环境综合检测：34km×4。

参 考 文 献

[1] 马建，赵祥模，贺拴海，等．路面检测技术综述［J］．交通运输工程学报，2017，17（5）：121-137．

[2] 王建锋，宋宏勋，马荣贵．路面平整度评价指标 IRI 的影响因素［J］．重庆交通大学学报（自然科学版），2012，31（6）：1145-1148．

[3] 王建锋，宋宏勋，马荣贵．基于阵列信号融合的路面平整度检测原理研究［J］．微电子学与计算机，2012，29（10）：69-73．

[4] 王建锋，李平，韩毅．基于多传感器综合的路面不平度测量［J］．武汉大学学报（工学版），2012，45（3）：361-365．

[5] 王建锋，马建，马荣贵，等．精确车辙检测系统的研究与开发［J］．微电子学与计算机，2011，28（2）：175-177，180．

[6] 王建锋，马建，马荣贵，等．动位移的加速度精确测量技术研究［J］．计算机科学，2010，37（12）：201-202，237．

[7] 王建锋，马建，马荣贵，等．路面三维检测技术研究［J］．武汉理工大学学报（交通科学与工程版），2010，34（6）：1202-1205．

[8] 王建锋．激光路面三维检测专用车技术与理论研究［D］．西安：长安大学，2010．

[9] 宋宏勋，马建，王建锋，等．基于双相机立体摄影测量的路面裂缝识别方法［J］．中国公路学报，2015，28（10）：18-25，40．

[10] 陆凌凯．车载式路面三维重构技术及系统研究［D］．西安：长安大学，2020．

[11] 马园．基于卷积神经网络的路面裂缝检测方法研究［D］．西安：长安大学，2020．

[12] 骆磊．车辆轮廓三维重建技术研究［D］．西安：长安大学，2020．

[13] 魏芳．基于语义分割的车载路面裂缝自动识别技术研究［D］．西安：长安大学，2019．

[14] 司永伟．集成式多点激光路面车辙检测技术研究［D］．西安：长安大学，2018．

[15] 贺拴海，赵祥模，马建，等．公路桥梁检测及评价技术综述［J］．中国公路学报，2017，30（11）：63-80．

[16] 邵志超．基于多传感器数据融合的路面平整度检测系统［D］．西安：长安大学，2015．

[17] 王金洋．车载式道路破损自动识别系统［D］．西安：长安大学，2014．

[18] 马荣贵，王建锋，李平．沥青路面构造深度精确检测方法研究［J］．科学技术与工程，2014，14（8）：265-268．

[19] 崔国丽．基于立体摄影测量的路面损坏裂缝自动检测技术研究［D］．西安：长安大学，2013．

[20] 宁岳斌．基于立体摄影的道路沿线设施检测技术研究［D］．西安：长安大学，2012．

[21] 谷珊．对称式多点准直激光路面车辙检测技术研究［D］．西安：长安大学，2011．

[22] 豆晓瑜．基于多尺度分析的沥青路面裂缝自动检测技术研究［D］．西安：长安大学，2010．

[23] 方翠．对称式线激光路面车辙检测技术研究［D］．西安：长安大学，2010．

[24] 马荣贵，沙爱民，宋宏勋．路面车辙多路传感器检测误差分析［J］．长安大学学报（自然科学版），2007（3）：34-36，41．

[25] 申福林，冯还红，王建锋，等．客车空调技术［M］．北京：人民交通出版社股份有限公司，2020．